Basisboek marketing

Basisboek marketing

Kees Benschop

Meer informatie over deze en andere uitgaven kunt u verkrijgen bij:
BIM Media B.V.
Postbus 16262,
2500 BG Den Haag
tel.: (070) 304 67 77
www.bimmedia.nl

© 2013 Kees Benschop
Academic Service is een imprint van BIM Media B.V.

Omslag en binnenwerk: Studio Bassa, Culemborg

ISBN 978 90 395 2785 6
NUR 164

Alle rechten voorbehouden. Alle intellectuele eigendomsrechten, zoals auteurs- en databankrechten, ten aanzien van deze uitgave worden uitdrukkelijk voorbehouden. Deze rechten berusten bij BIM Media B.V. en de auteur.

Behoudens de in of krachtens de Auteurswet gestelde uitzonderingen, mag niets uit deze uitgave worden verveelvoudigd, opgeslagen in een geautomatiseerd gegevensbestand of openbaar gemaakt in enige vorm of op enige wijze, hetzij elektronisch, mechanisch, door fotokopieën, opnamen of enige andere manier, zonder voorafgaande schriftelijke toestemming van de uitgever.

Voor zover het maken van reprografische verveelvoudigingen uit deze uitgave is toegestaan op grond van artikel 16 h Auteurswet, dient men de daarvoor wettelijk verschuldigde vergoedingen te voldoen aan de Stichting Reprorecht (Postbus 3051, 2130 KB Hoofddorp, *www.reprorecht.nl*). Voor het overnemen van gedeelte(n) uit deze uitgave in bloemlezingen, readers en andere compilatiewerken (artikel 16 Auteurswet) dient men zich te wenden tot de Stichting PRO (Stichting Publicatie- en Reproductierechten Organisatie, Postbus 3060, 2130 KB Hoofddorp, *www.cedar.nl/pro*). Voor het overnemen van een gedeelte van deze uitgave ten behoeve van commerciële doeleinden dient men zich te wenden tot de uitgever.

Hoewel aan de totstandkoming van deze uitgave de uiterste zorg is besteed, kan voor de afwezigheid van eventuele (druk)fouten en onvolledigheden niet worden ingestaan en aanvaarden de auteur(s), redacteur(en) en uitgever deswege geen aansprakelijkheid voor de gevolgen van eventueel voorkomende fouten en onvolledigheden.

All rights reserved. No part of this publication may be reproduced, stored in a retrieval system, or transmitted in any form or by any means, electronic, mechanical, photocopying, recording or otherwise, without the publisher's prior consent.

While every effort has been made to ensure the reliability of the information presented in this publication, BIM Media B.V. neither guarantees the accuracy of the data contained herein nor accepts responsibility for errors or omissions or their consequences.

Inhoud

1	**Vraag en aanbod** 1		5.4	Samenwerkingsvormen in de detailhandel 76
1.1	Behoeften en schaarste 1		5.5	Samenvatting 80
1.2	Welvaart en welzijn 5		5.6	Begrippen 81
1.3	Vraag, aanbod en de prijs 7			
1.4	Soorten goederen 9		**6**	**Marktvormen** 82
1.5	Soorten vraag 12		6.1	Concurrentie 82
1.6	Samenvatting 16		6.2	Volledige concurrentie 86
1.7	Begrippen 18		6.3	Monopolistische concurrentie 87
			6.4	Oligopolie 90
2	**De economische kringloop** 21		6.5	Monopolie 92
2.1	De vier productiefactoren 21		6.6	Kartels 94
2.2	Het kringloopmodel 24		6.7	Samenvatting 97
2.3	Inflatie en deflatie 28		6.8	Begrippen 98
2.4	Gevolgen van inflatie en deflatie 34			
2.5	Samenvatting 36		**7**	**Concurrentie** 99
2.6	Begrippen 37		7.1	Concurrentieniveaus 99
			7.2	Marktaandeel 101
3	**De structuur van de economie** 38		7.3	Concurrentiegedrag 107
3.1	De vier sectoren en hun ontwikkeling 38		7.4	Samenvatting 110
3.2	Verschillen tussen landen 44		7.5	Begrippen 112
3.3	Samenvatting 47			
3.4	Begrippen 47		**8**	**Het vak marketing** 113
			8.1	Marktbenaderingen 113
4	**Handel** 49		8.2	Marketing 118
4.1	Concrete en abstracte markten 49		8.3	De marketingmix 120
4.2	De groothandel 52		8.4	Marketingomgeving 125
4.3	Taken van de handel 56		8.5	De afdeling marketing 130
4.4	De kleinhandel 59		8.6	Samenvatting 133
4.5	Samenvatting 62		8.7	Begrippen 134
4.6	Begrippen 62			
			9	**Prijs** 135
5	**De bedrijfskolom** 64		9.1	De prijsmix 135
5.1	De bedrijfskolom 64		9.2	Prijsbeleid 138
5.2	Bedrijfstakken 68		9.3	Prijselasticiteit van de vraag 140
5.3	Veranderingen in de bedrijfskolom 69		9.4	De betekenis van prijselasticiteit 144

9.5	Kruiselingse prijselasticiteit 148		14	**Personeel** 216	
9.6	Samenvatting 154		14.1	Personeel en product 216	
9.7	Begrippen 155		14.2	Personeel en promotie 218	
			14.3	Klantgericht werken 219	
10	**Inkomenselasticiteit** 157		14.4	Samenvatting 225	
10.1	Koopkracht 157		14.5	Begrippen 225	

10 Inkomenselasticiteit 157
10.1 Koopkracht 157
10.2 De inkomenselasticiteit van de vraag 159
10.3 Inkomen en soorten goederen 161
10.4 Samenvatting 166
10.5 Begrippen 167

11 Product 168
11.1 Kwaliteit 168
11.2 Merk 170
11.3 Service en garantie 175
11.4 Verpakking 178
11.5 Assortiment 179
11.6 Samenvatting 181
11.7 Begrippen 183

12 Promotie 184
12.1 De promotiemix 184
12.2 Reclame 187
12.3 Pr en sponsoring 189
12.4 Persoonlijke verkoop 193
12.5 Verkoopacties 195
12.6 Samenvatting 202
12.7 Begrippen 203

13 Plaats 205
13.1 Distributiekanaal 205
13.2 Distributie-intensiteit 208
13.3 Winkelformules 211
13.4 Duw- of trekdistributie 212
13.5 Samenvatting 214
13.6 Begrippen 215

14 Personeel 216
14.1 Personeel en product 216
14.2 Personeel en promotie 218
14.3 Klantgericht werken 219
14.4 Samenvatting 225
14.5 Begrippen 225

15 Marketing en de wet 226
15.1 Garantiewetgeving 226
15.2 Productaansprakelijkheid 230
15.3 Privacy 233
15.4 Regels voor reclame 239
15.5 Regels voor direct marketing 242
15.6 Regels voor kansspelen 245
15.7 Intellectueel eigendom 246
15.8 Samenvatting 250
15.9 Begrippen 252

Register 255

Inleiding en verantwoording

Dit Basisboek Marketing bereidt voor op de examenstof zoals omschreven in de SPL/ECABO-toetsmatrijs Economie en Recht, die is afgeleid van het kwalificatiedossier Marketing, communicatie en evenementen. De opdrachten staan gewoon in het boek. Op www.practicx.nl staan toetsvragen (met feedback op je antwoorden) als oefening voor het tentamen. Maar dit boek gaat verder. Het doel van deze methode is niet alleen het mbo-diploma niveau 4, maar ook om tegen die tijd een stevige basis te hebben om door te kunnen stomen naar het NIMA-A diploma. Daarom staat in dit boek ook stof die voor het tentamen Economie en Recht niet nodig is. Die 'extra' stof gaat vooral over marketing en de marketingmix, en is alvast een aanzet naar het deel Marketingplanning. Dat deel zou anders overladen worden.

We zouden ook een los deel Economie en Recht kunnen maken, maar het lijkt ons beter voor het leerproces om vanaf het begin van de opleiding met marketing bezig te zijn, en niet alleen met droge kennis daaromheen. Bovendien zou er dan nog een apart basisdeel nodig zijn, wat weer niet goed is voor de portemonnee. Dan is er nog een reden: op deze manier kan de methode enigszins concentrisch zijn: onderwerpen komen verschillende malen in de opleiding aan de orde, elke keer gaat de cursist er dieper op in. Stapsgewijs leren is effectiever.

Het is zeker een goede ontwikkeling dat er weer heldere richtlijnen voor toetsing zijn. Wel bestaat het risico dat de verdeling van de stof over de toetsmatrijzen de leermethoden in een keurslijf dwingt. Het heeft bijvoorbeeld niet onze voorkeur om onderwerpen die met recht te maken hebben, los te koppelen van de onderwerpen waar ze in de beroepspraktijk logisch bij horen. We hebben ons best gedaan om dit dilemma zo elegant mogelijk op te lossen. De wettelijke regels komen bijvoorbeeld ook daar waar ze eigenlijk thuishoren weer kort aan de orde.

Natuurlijk staat het een school vrij om de indeling van de tentamens anders in te richten, maar de methode moet ook goed bruikbaar zijn voor scholen die tentamens van SPL of ECABO afnemen.

In dit eerste deel is de volgende stof nodig voor het tentamen Economie en Recht: hoofdstuk 1 t/m 7, paragraaf 8.4, hoofdstuk 9 vanaf 9.3, hoofdstuk 10 en hoofdstuk 15 vanaf 15.2.

De indeling van de serie	Toetsmatrijs
– Basisboek marketing	Economie en Recht +
– Marketing: de harde cijfers	Financiën, begroten en budgetteren/ Commercieel rekenen
– Marketingplanning	Marketingbeleid en -planning
– Communicatiebeleid	Communicatiebeleid en -instrumenten
– Geïntegreerde communicatie	Geïntegreerde communicatie
Uitstromen	
– Marktonderzoek	Marktonderzoek
– Evenementen organiseren	Evenementeninstrumentarium en veiligheidsvoorschriften
– Extra Pitch voor NIMA-A	–

Het laatste deel, Extra Pitch voor NIMA-A, sluit aan op de voorgaande delen. Daardoor is voor de voorbereiding op dat examen dan geen dik boek meer nodig. De kandidaat kan gewoon deze methode gebruiken die hij toch al had aangeschaft.

Over de inhoud van dit boek zelf: bij het schrijven en vormgeven stonden 'overzichtelijk' en 'begrijpelijk' voorop. De vormgeving is no-nonsense, met een rustige bladspiegel en niet te lange alinea's. De tekst is duidelijk gestructureerd met margewoorden, en is geschreven in correcte maar vlotte taal. De enige 'moeilijke' woorden zijn de begrippen waar de beroepsbeoefenaar mee moet werken en die de leerling dus moet kennen. De opbouw is helder en rustig, gebruik van subparagrafen is vermeden. Waar van toepassing helpen onthoudblokjes met het recapituleren van de kernstof. Een samenvatting per hoofdstuk kan helpen om het geheugen even op te frissen. De begrippenlijsten zijn handig als naslag en als voorbereiding op een toets.

Door dit alles is de methode zeer geschikt voor zelfstandig werken, of voor tussenvormen van zelfstandig en klassikaal. En voor puur klassikaal werken vormt duidelijkheid ook geen belemmering. In de vervolgdelen zult u ook groepsopdrachten tegenkomen: vraagstukken en opdrachten die je het best in samenwerking kunt uitvoeren. Een goede beroepsbeoefenaar is geen solist.

We wensen cursisten en docenten plezier en succes met *Pitch*. Voor opmerkingen of suggesties houden we ons van harte aanbevolen.

Auteur en uitgever, najaar 2013

1 Vraag en aanbod

1.1 Behoeften en schaarste
1.2 Welvaart en welzijn
1.3 Vraag, aanbod en de prijs
1.4 Soorten goederen
1.5 Soorten vraag
1.6 Samenvatting
1.7 Begrippen

1.1 Behoeften en schaarste

behoeften

Alles wat iemand wil, is een *behoefte*. Voorbeelden zijn: de behoeften aan uitgaan, aan lekker weer, aan vervoer, aan gezelligheid, aan prettig werk, enzovoort. De meeste van die behoeften gaan niet vanzelf in vervulling, je moet er iets voor doen. Daardoor ontstaat economische bedrijvigheid. Omdat de meeste mensen meer behoeften hebben dan ze kunnen bevredigen, blijven ze druk aan het werk. Behoeften zijn de motor van de economie.

primaire behoeften

Iemand die een dag niet heeft gedronken, heeft dringend water nodig. Dat is belangrijker dan de behoefte van iemand die cola wil, omdat al dat water hem verveelt. De meest dringende behoeften, waar je echt in moet voorzien wil je overleven, heten *primaire* behoeften.

secundaire behoeften

Alle andere behoeften, die geen eerste levensbehoefte zijn, heten *secundaire* behoeften. Het voorzien in secundaire behoeften is niet absoluut noodzakelijk, maar maakt het leven wel een stuk aangenamer. De armste mensen op deze wereld komen vrijwel niet toe aan hun secundaire behoeften. Zij zijn al blij als zij voldoende voedsel, kleding en onderdak hebben.

Opdracht

1. a. Noteer drie primaire behoeften van de mens.
   b. Noteer ook twee secundaire behoeften.
   c. Op welke van deze twee soorten behoeften is reclame vooral gericht?

middelen

Middelen zijn die zaken waarmee je in een behoefte kunt voorzien. Als je honger hebt, kun je brood eten. Het middel brood voorziet in de behoefte honger. Middelen zijn goederen of diensten. Geld is een geval apart: het is een *ruilmiddel* waarmee je de echte middelen kunt kopen. Geld op zich voorziet niet in een behoefte. Je vindt deze betekenis van middel terug in de uitdrukking *een bemiddeld persoon*, iemand met flink wat geld.

ruilmiddel

schaars middel

Een middel is *schaars* als een mens iets op moet geven om aan het middel te komen. Om aan brood te komen moet je geld opgeven. Om aan geld te komen moet je moeite doen en vrije tijd opgeven; om aan een diploma te komen ook. Brood en diploma's zijn dus schaarse middelen.

In Nederland heeft iedereen genoeg te eten. Er is meer dan genoeg van het middel voedsel om onze behoefte honger te stillen. Er is geen schaarste aan voedsel zoals soms in Afrikaanse landen. Toch zegt een econoom dat voedsel een schaars middel is, omdat je moeite moet doen om aan dat middel te komen, je moet er iets anders voor opgeven. Je moet werken om geld te verdienen, zodat je het voedsel kunt kopen. Met dát geld kun je dan geen andere behoefte meer bevredigen. Zelfs al heeft iedereen er genoeg van, voedsel ligt nog niet voor het oprapen.

Opdrachten

2. Geef drie voorbeelden van middelen die voor jou belangrijk zijn.

3. Waarom is, volgens economen, voedsel schaars in Nederland?

Met een beperkt inkomen is het passen en meten om rond te komen. Iedereen heeft daar van dag tot dag mee te maken. Ieders middelen zijn beperkt in verhouding tot zijn behoeften. Ook al verdien je € 5.000,- netto per maand, dan nog kun je elke euro maar één keer uitgeven. Als iemand erg veel geld uitgeeft aan nieuwe meubels, kan hij die dure vakantie niet betalen.

keuzeprobleem

Je hebt elke dag te maken met het *keuzeprobleem*. Dat ontstaat doordat je veel behoeften hebt en beperkte middelen. Je moet kiezen: om in de ene behoefte te voorzien moet je een andere behoefte (tijdelijk) opgeven. Aan de manier waarop jij je geld besteedt, kan iemand anders zien wat bij jou de sterkste behoeften zijn. Ook aan de manier waarop jij met je schaarse tijd omgaat, kunnen anderen zien welke behoeften voor jou belangrijk zijn.

Hoofdstuk 1 Vraag en aanbod

economisch handelen

Economisch handelen is zo slim mogelijk omgaan met het keuzeprobleem: in je behoeften voorzien met behulp van zo min mogelijk schaarse middelen. Hoe minder schaarse middelen je gebruikt om in een behoefte te voorzien, hoe meer andere behoeften je kunt bevredigen.

Opdrachten

4. Waarom heeft ook een miljonair last van het keuzeprobleem?

5. Wat zijn schaarse middelen?

6. Op de wereld wonen zeven miljard mensen. Als we zeven miljard televisies maken, zijn televisies dan nog schaars (volgens economen)? Verklaar je antwoord.

Middelen bestaan uit goederen en diensten. *Goederen* zijn dingen die je aan kunt raken. Een goed is bijvoorbeeld de tafel waar je op schrijft. Een appel is een goed, een radio ook. Een *goed* is een tastbaar product. Een *dienst* is een handeling die iemand verricht voor een ander. Voorbeelden zijn diensten van de kapper, van de belastingconsulent, van de fietsenmaker of van het schoonmaakbedrijf.

goed
dienst

vrije goederen

Voor *vrije* goederen hoef je geen moeite te doen, die liggen voor het oprapen: bijvoorbeeld de lucht die je inademt, de regen die de planten laat groeien. Als de zon schijnt, vraagt niemand je om daarvoor te betalen. Je hoeft niets op te geven voor vrije goederen, dus vrije goederen zijn niet schaars. Toch is vrij niet hetzelfde als gratis.

Vrijkaartjes voor de ArenA! Elk uur worden er 300 uitgereikt, wie het eerst komt, wie het eerst maalt!!
De vrijkaartjes zijn gratis, maar niet echt vrij. Al gauw staat er een hele rij mensen voor het loket, het kost een paar uur wachten voor je er eentje bemachtigt. Je moet zeker moeite doen om er aan te komen.

Op straat krijg je een flesje parfum, een gratis proefmonster ter kennismaking. Is dat proefflesje een vrij goed? Jij hebt er geen moeite voor hoeven doen. Het bedrijf dat het maakte, deed er wel moeite voor. Het is een schaars goed dat cadeau gegeven wordt.

schaarse goederen Goederen en diensten die iets kosten (moeite of geld), zijn dus schaarse goederen en diensten. Er zijn nog meer schaarse goederen en diensten die op het eerste gezicht vrij lijken.

Als het gaat schemeren, gaat de straatverlichting aan. Er hangt geen muntautomaat aan de lantarenpaal.

Het gaat hier om zaken die de overheid verzorgt voor iedereen tegelijk. Het lijkt of je straatverlichting voor niets krijgt, maar je betaalt er belasting voor. Elke keer dat je iets koopt, betaal je btw, een belasting die de winkel aan de overheid doorgeeft. Elke keer dat je geld verdient, betaal je loonbelasting. We betalen met elkaar voor zaken waar iedereen plezier van heeft.

Onthoud Vrije goederen kosten geen geld of moeite.
Voor schaarse goederen moet iemand iets opgeven.

produceren *Produceren* is het maken van schaarse goederen en diensten om te verkopen.
consumeren Het kopen van schaarse goederen en diensten heet *consumeren*. Bedrijven en gezinnen worden in de economie ook wel huishoudingen genoemd. Een
huishouding *huishouding* is een economische eenheid met bezittingen en schulden, met inkomsten en uitgaven, met een administratie.

productie- Een bedrijf, waar men goederen of diensten produceert om te verkopen, is een
huishouding *productiehuishouding*, omdat de werknemers van een bedrijf met elkaar goede-
consumptie- ren of diensten afleveren. Een gezin is een *consumptiehuishouding*. De gezinnen
huishouding consumeren de goederen en diensten die door de bedrijven worden geproduceerd. Een consumptiehuishouding hoeft niet altijd een gezin te zijn. Het kan ook een eenpersoonshuishouden zijn of een woongroep. Alle consumptiehuishoudingen samen noemen we voor het gemak 'gezinnen'.

Een consumptiehuishouding is in de economie bezig met consumptie, en een productiehuishouding met productie. Een zelfgemaakte appeltaart wordt niet meegeteld bij de productie van ons land. De taart wordt niet verkocht, de mensen die de statistieken bijhouden, merken er niets van. Een taart die de bakkerij op de hoek verkoopt, telt wel mee in de productie van het land.

Hoofdstuk 1 Vraag en aanbod

Opdrachten

7. a. Geef een voorbeeld van een schaars goed.
   b. Geef ook een voorbeeld van een schaarse dienst.

8. a. Geef aan of water uit de kraan een vrij goed is. Verklaar je antwoord.
   b. Bedenk zelf twee vrije goederen.

9. Bedenk twee voorbeelden van diensten die de overheid voor ons verzorgt.

10. Geef aan of het schaars of vrij is.
    a. De zonnebank.
    b. Zomerzon.
    c. Het gevangeniswezen.
    d. Een concert.
    e. Madeliefjes.
    f. Rijkswegen.
    g. Slootwater.
    h. Een les marketing.

11. Als je naar school gaat, ben je dan producent of consument? Verklaar je antwoord.

1.2 Welvaart en welzijn

Mensen zijn dus steeds bezig met kiezen van de behoeften waaraan ze hun schaarse middelen willen besteden (het keuzeprobleem). Maar mensen hebben ook dingen nodig die niet te koop zijn. Zo heeft iedereen behoefte aan liefde en gezelligheid. Dat zijn geen schaarse middelen. Een goed gevoel kun je niet krijgen door iets anders ervoor te ruilen.

Opdracht

12. Bedenk nog twee voorbeelden van behoeften van mensen, die niets met schaarse middelen te maken hebben.

Mensen hebben schaarse en niet-schaarse middelen nodig. Toch kan iemand bulken van de schaarse middelen, maar doodongelukkig zijn door het gebrek aan de middelen die niet schaars zijn.

welzijn

Hoe meer behoeften iemand kan vervullen, hoe meer *welzijn* die persoon geniet. *Welzijn* is de mate waarin mensen in ál hun behoeften kunnen voorzien. Het woordje *wel* betekent 'goed': als veel van je verlangens in vervulling gaan, gaat het goed met je. In een land met veel welzijn hebben de mensen goed te eten, zijn ze niet arm, is er goed onderwijs, weinig misdaad, niet veel onrecht, enzovoort.

welvaart

Een land waar het de mensen lukt om aan veel schaarse middelen te komen, is een welvarend land. *Welvaart* is de mate waarin mensen kunnen voorzien in hun behoeften met hulp van schaarse middelen. Welvaart heeft te maken met rijkdom. Schaarse middelen kosten geld of moeite. Iemand met veel geld is dus welvarend. Wel belangrijk, maar toch niet het hele verhaal. Welvaart is wel nodig voor welzijn, maar niet genoeg. Welvaart is een onderdeel van welzijn.

Figuur 1.1

Aan schaarse middelen kun je een prijskaartje hangen. Als iemand moeite doet voor een middel, kun je berekenen hoeveel die moeite waard is. Daarom is welvaart meetbaar in geldeenheden. Alleen op die manier kunnen economen er iets over zeggen. Economisch handelen helpt om de welvaart te vergroten: hoe minder schaarse middelen we nodig hebben voor een bepaalde behoefte, hoe meer behoeften we in vervulling laten gaan, hoe meer welvaart.

Opdrachten

13. Een leraar heeft te weinig rust. Hij werkte eerst in voltijd, nu gaat hij in deeltijd werken. Leg uit wat er gebeurt met zijn welvaart en met zijn welzijn.

14. Je verdient er op zaterdag wat bij. Draag je dan bij aan de welvaart van het land? Verklaar je antwoord.

15. Leg uit waarom bij economisch handelen het keuzeprobleem altijd een rol speelt.

16. Is in het weekend je brommer repareren een economische handeling? Verklaar je antwoord.

17. a. Wat is het verschil tussen welzijn en welvaart?
    b. Wat is de overeenkomst tussen welzijn en welvaart?

1.3 Vraag, aanbod en de prijs

Schaarse middelen worden vaak verkocht. Ze hebben dan een prijs. Sommige middelen zijn duurder dan andere. Hetzelfde middel kan de ene maand veel duurder zijn dan de andere. Hoe komt die prijs tot stand? Dat heeft onder andere te maken met het gedrag van de aanbieders (verkopers) en van de vragers (kopers). Het *aanbod* van een goed is de hoeveelheid die bedrijven van dat goed willen verkopen. De *vraag* naar een goed is de hoeveelheid die mensen van dat goed willen kopen.

aanbod
vraag

Bloemen zijn een voorbeeld van een schaars goed. Mensen willen meer bloemen kopen als de prijs laag is. Als de prijs van bloemen stijgt, verzinnen meer en meer mensen iets anders als cadeautje. Dus hoe hoger de prijs, hoe minder vraag. Het verband tussen prijs en vraag zie je in de vraagcurve in figuur 1.2.

Bij hoeveelheid H1 hoort prijs P1. Als de prijs omhoog gaat naar P2 daalt de vraag naar H2. Het gaat hier om een wisselwerking: de prijs beïnvloedt de vraag, maar de vraag beïnvloedt ook de prijs. Als winkeliers merken dat het storm loopt voor bloemen, kunnen ze makkelijker de prijs verhogen.

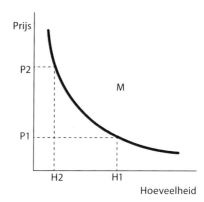

Figuur 1.2

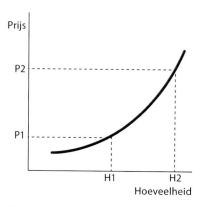
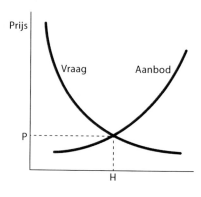

Figuur 1.3 **Figuur 1.4**

Voor aanbieders geldt: hoe hoger de prijs, hoe meer winst ze maken, dus hoe meer ze aan willen bieden. Bij een lage prijs wordt er minder aangeboden dan bij een hoge prijs. In figuur 1.3 zie je een aanbodcurve.

Vraag en aanbod komen elkaar tegen, niet alleen in de winkel maar ook in figuur 1.4. Op het snijpunt van beide lijnen zie je hoeveel producten (H) verkocht worden tegen welke prijs (P).

De prijs van een product of dienst komt tot stand door het spel van vraag en aanbod. Tegelijk geeft de prijs van een product belangrijke informatie: een hoge prijs vertelt aan de fabrikant dat er veel vraag is; hij zou meer kunnen verkopen. Een lage prijs verleidt de klant tot meer kopen.

Als veel mensen films willen kijken via internet, stijgt de prijs van een huurfilm. Als de inkomsten veel groter zijn dan de kosten, maken verhuurbedrijven veel winst. Dat merken andere bedrijven; zij gaan ook films aanbieden op internet. Daardoor stijgt het aanbod en kan de prijs weer dalen.

Bij een groot aanbod van asperges daalt de prijs. Bij een lage winkelprijs komen ook mensen die normaal nooit asperges kopen in de verleiding. De lagere prijs lokt een grotere vraag uit, waardoor de prijs weer wat gaat stijgen.

Hoofdstuk 1 Vraag en aanbod

Onthoud

De wet van vraag en aanbod
    Bij een vaststaand aanbod: hoe meer vraag, hoe hoger de prijs.
    Bij een vaststaande vraag: hoe meer aanbod, hoe lager de prijs.

Opdrachten

18. Leg uit waarom zeldzame goederen vaak erg duur zijn. Gebruik de begrippen vraag en aanbod.

19. Gebruik de wet van vraag en aanbod om te verklaren dat aardolie in strenge winters vaak in prijs stijgt.

20. a. Leg uit hoe een grote vraag een groter aanbod uit kan lokken.
    b. Wat kan het gevolg zijn van dat grotere aanbod?

1.4 Soorten goederen

Je hebt goederen al ingedeeld in vrije goederen en schaarse goederen. In de marketing heb je bijna altijd te maken met schaarse goederen. Voor marketingmensen is het koopgedrag van klanten belangrijk.

verbruiksgoederen

Een pakje kauwgom, of een broodje zijn voorbeelden van *verbruiks*goederen. Dat zijn producten die mensen regelmatig kopen en die vrij snel op zijn. Een wasmachine moet toch wel tien jaar meegaan, liefst langer. Mensen kopen dus niet zo vaak een wasmachine. Dit is een voorbeeld van een duurzaam *gebruiks*goed.

duurzame gebruiksgoederen

Een duurzaam gebruiksgoed *ge*bruik je lang, een *ver*bruiksgoed verbruik je snel. Als je de wasmachine gebruikt, verbruik je wasmiddel. Als je je scooter gebruikt, verbruik je benzine. In deze twee voorbeelden gaat het ook over *complementaire* goederen: goederen die een ander product aanvullen, die erbij horen (complementeren betekent aanvullen). Als je het ene goed koopt, heb je ook het complementaire goed nodig. Als je een printer koopt, ga je vrijwel zeker nog een aantal keren printerinkt kopen. Een aanbieder van printerinkt moet de verkoop van printers scherp in de gaten houden, want daar hangt de vraag naar zijn product van af.

complementair goed

substitutiegoed

Als je bij dat scooter rijden de benzinekosten te hoog vindt, kun je besluiten over te stappen op een fiets met elektrische hulpmotor. Met beide producten kom je van A naar B. Scooters en elektrische fietsen zijn *substitutie*goederen: goederen die elkaar kunnen vervangen omdat ze in een vergelijkbare behoefte voorzien. Aanbieders van scooters letten goed op de markt voor elektrische fietsen.

gemaksgoed

Als je trek hebt in een broodje ga je meestal niet uitgebreid winkelen om prijs en kwaliteit te vergelijken. Je koopt gewoon een broodje. Als het niet zo lekker is, koop je het de volgende keer ergens anders. Een broodje is een voorbeeld van een *gemaks*goed: een goed waar mensen niet zoveel moeite voor willen doen als ze het kopen. De meeste verbruiksgoederen zijn tegelijk gemaksgoederen (*convenience goods*). Een *AH to go* is een voorbeeld van een gemakswinkel ofwel convenience store. De meeste artikelen in de supermarkt zijn gemaksgoederen.

shopping good

Voor een telefoon gaan veel mensen wel prijs en kwaliteit vergelijken bij verschillende winkels. Voor de meeste mensen zijn telefoons geen gemaksgoed maar een *shopping good*: een goed waar mensen vrij veel moeite voor willen doen als ze het kopen. Dit geldt bijvoorbeeld ook voor kleding en televisies.

specialty good

Er zijn ook goederen waar mensen stad en land voor willen afreizen. Als je bijvoorbeeld op zoek gaat naar een huis, ga je niet over één nacht ijs: je kunt flink wat tijd bezig zijn met onderzoeken en vergelijken. Een huis is een voorbeeld van een *specialty good*, waar mensen veel moeite voor willen doen bij het kopen. De eerste auto is voor veel mensen ook een specialty good.

homogeen goed

heterogeen goed

Je kunt goederen ook indelen in homogene en heterogene goederen. Bij *homogene* goederen ziet de klant geen verschil in kwaliteit, dus kiest hij voor de laagste prijs. Dit zijn meestal onverpakte goederen, zoals worteltjes, of zand. Tussen *heterogene* goederen bestaat volgens de consument kwaliteitsverschil. Daarom ontwikkelen veel klanten een voorkeur voor een bepaalde aanbieder op grond van de kwaliteit. Bijna alle merkartikelen zijn heterogeen en veel klanten hebben een voorkeur voor een bepaald merk. De indeling op grond van kwaliteit bepaalt dus vooral bij welke aanbieder de klant het product koopt.

Hoofdstuk 1 Vraag en aanbod

Onthoud

Duurzaamheid:	gebruiksgoederen	→ niet vaak gekocht
	verbruiksgoederen	→ vaak gekocht
Aanvullend:	complementaire goederen	
Elkaar vervangend:	substitutiegoederen	
Aankoopmoeite:	gemaksgoederen	→ weinig aankoopmoeite
	shopping goods	→ veel aankoopmoeite
	specialty goods	→ heel veel aankoopmoeite
Kwaliteit:	homogene goederen	→ gekocht waar de prijs laag is
	heterogene goederen	→ gekocht waar de kwaliteit hoog is

Opdrachten

21. Geef aan of het om een gebruiksgoed of verbruiksgoed gaat.
    a. Schriften.
    b. Schoolboeken.
    c. Een smartphone.
    d. Beschrijfbare dvd's.

22. Bedenk een complementair goed voor de volgende producten.
    a. Een smartphone.
    b. Een kookplaat.
    c. Een computer.

23. Gaat het om complementaire goederen of om substitutiegoederen?
    a. Nagellak en een potje remover.
    b. Cola en energydrink.
    c. Een roti en een portie shoarma.
    d. Een bezoek aan de kapper en een potje haargel.

24. Geef aan of het een gemaksgoed, shopping good of specialty good is?
    a. Suiker.
    b. Een Citroën DS Break uit 1962.
    c. Slagroom.
    d. Een horloge.
    e. Vloerbedekking.

25 Zijn gebruiksgoederen meestal homogeen of heterogeen? Geef twee voorbeelden waar je dat aan kunt zien.

26. Is het een homogeen of heterogeen goed?
    a. Spijkers.
    b. Keukens.
    c. Parfum.
    d. Bietjes.
    e. Horloges.

1.5 Soorten vraag

De vraag naar goederen en diensten ontstaat door onze behoeften. Neem de behoefte aan voedsel, daardoor ontstaat vraag naar het aanbod van supermarkten, restaurants, snackbars enzovoort. Doordat mensen behoefte hebben aan onderdak is er vraag naar woningen. De behoefte aan vervoer zorgt voor vraag naar de ov-chipkaart, auto's en vliegtickets. Zulk soort algemene vraag naar een hele product*klasse*, die voortvloeit uit een bepaalde behoefte, heet *generieke* vraag.

generieke vraag

Voor de NS is de generieke vraag naar vervoer interessant, voor autofabrikanten ook. De NS zouden bijvoorbeeld met goede marketing meer mensen de trein in kunnen krijgen. Andersom moeten ook autofabrikanten het openbaar vervoer in de gaten houden. Toch focussen zij vaker op de vraag naar auto's en kijken ze naar de andere aanbieders in hun eigen bedrijfstak. De vraag naar auto's is geen vraag naar een productklasse, maar naar een product*groep*. De consument heeft binnen de productklasse vervoer al ingezoomd op auto's. De vraag naar een productgroep heet de *primaire* vraag.

primaire vraag

Hoe gaat die primaire vraag zich verdelen over de verschillende automerken? Dat hangt af van de kwaliteit van de marketing van de verschillende aanbieders. De vraag naar een bepaald merk vormt de *secundaire* vraag. Je kunt de vraag naar een bepaalde product*vorm*, zoals stationwagens, ook secundaire vraag noemen. In dit boek wordt met secundaire vraag de vraag naar een bepaald merk bedoeld.

secundaire vraag

De secundaire vraag kun je uitdrukken als percentage van de primaire vraag. Je krijgt dan de *selectieve* vraag, die is gelijk aan het marktaandeel.

selectieve vraag

In 2012 werden in Nederland 502.544 auto's verkocht. 60.350 daarvan waren van het merk Volkswagen. De selectieve vraag naar Volkswagens kwam daarmee op

$$\frac{60.350}{502.544} \times 100 = 12\%$$

12% van alle verkochte auto's waren Volkswagens. De selectieve vraag naar Volkswagens was dus 12% van de vraag naar auto's. Volkswagen was daarmee marktleider met het grootste marktaandeel op de automarkt.

afgeleide vraag

De vraag naar auto's is een primaire vraag. Doordat er vraag is naar auto's hebben autofabrikanten vraag naar allerlei onderdelen: plaatstaal, plastic onderdelen, bouten, elektronica, enzovoort. Dit heet de *afgeleide* vraag, want deze vraag is afgeleid van de primaire vraag. Zonder vraag naar auto's hebben autofabrikanten geen vraag naar autoradio's. Afgeleide vraag kan ook om complete eindproducten gaan. Als er in de winkels vraag is naar pindakaas, dan plaatsen veel winkels orders bij de groothandel (bedrijven die aan winkels verkopen). De groothandel heeft dan vraag naar pindakaas bij de fabrikanten. Ook de vraag van de tussenhandel is afgeleide vraag, want die hangt af van de primaire vraag van de eindgebruikers.

finale vraag

Een andere naam voor de vraag van eindgebruikers is *finale* vraag. Die kan dus gelijk zijn aan de primaire vraag. De vraag van tussenhandelaren en fabrikanten vormt de afgeleide vraag.

actuele vraag

Die 502.544 auto's die in 2012 werden verkocht vormden de *actuele* vraag: de vraag die consumenten en zakelijke eindgebruikers werkelijk uitoefenen. Hadden de fabrikanten niet meer auto's kunnen verkopen? Er waren vast wel meer mensen met interesse in een nieuwe wagen. Toch gaven die dat jaar voorrang aan een andere behoefte. Misschien had een fabrikant sommigen van hen toch kunnen verleiden met uitgekiende marketing. Een ander woord voor

effectieve vraag

actuele vraag is *effectieve* vraag. Dit om aan te geven dat er wel meer mensen zijn die het product graag zouden kopen, maar die daar nog niet het geld voor hebben.

Er zijn ook producten die nog nieuw zijn en die nog niet zijn doorgedrongen in alle markten. Zo is de markt voor smartphones nog volop in beweging: nog *potentiële vraag* lang niet alle mogelijke klanten op de wereld hebben er een. Er is dus nog meer vraag mogelijk dan de actuele vraag. De *potentiële* vraag is het extra aantal dat verkocht zou kunnen worden onder ideale omstandigheden met perfecte marketing. De actuele vraag plus de potentiële vraag vormen samen het *marktpotentieel*: de maximale verkoop die mogelijk is onder ideale omstandigheden met perfecte marketing. Marktpotentieel kun je berekenen, maar dat is altijd bij benadering. De potentiële vraag kun je namelijk wel goed schatten, maar niet exact vaststellen.

initiële vraag Als een nieuw product op de markt komt, heeft de aanbieder in het begin alleen te maken met *initiële vraag*. Dat is de vraag van klanten die een goed of dienst voor de eerste keer willen aanschaffen (initiëren betekent ergens mee beginnen).

vervangingsvraag / herhalingsvraag Na verloop van tijd is het product op of versleten. De meeste mensen kopen dan een nieuwe. Hierbij is er onderscheid tussen gebruiksgoederen en verbruiksgoederen. Een auto is een duurzaam gebruiksgoed, die moet zeker tien jaar mee. Benzine is een verbruiksgoed: na een poosje moet je weer tanken. Bij duurzame gebruiksgoederen spreek je van de *vervangings*vraag: klanten die hun versleten wagen vervangen. Bij verbruiksgoederen spreek je van *herhalings*vraag: opnieuw benzine, opnieuw een pakje kauwgom.

additionele vraag Er is ook vraag van gezinnen die het product al hebben, maar er nog meer van willen hebben: een tweede auto, een televisie in de slaapkamer. Dit is de *additionele* vraag. Alleen bij gebruiksgoederen spreek je van additionele vraag.

uitbreidingsvraag Als het de aanbieder lukt om nieuwe klanten te winnen, is er ook naar een bestaand product initiële vraag. Als je de additionele vraag optelt bij de initiële vraag krijg je de *uitbreidings*vraag: het aantal waarmee de vraag in dat jaar is toegenomen. De vervangingsvraag hoort daar niet bij, want die komt van mensen die al klant waren. De actuele vraag bestaat uit de vervangingsvraag plus de uitbreidingsvraag.

Hoofdstuk 1 Vraag en aanbod

Onthoud

Drie manieren om vraag in te delen:

1. behoefte → productklasse — generieke vraag
   productgroep — primaire vraag
   merk (of producttype) — secundaire vraag

   $$\frac{\text{secundaire vraag}}{\text{primaire vraag}} \times 100 = \ldots \%$$ — selectieve vraag (= marktaandeel)

2. vraag van eindgebruikers — finale vraag
   van tussenhandel en fabrikanten — afgeleide vraag

3. vraag van nieuwe klanten — initiële vraag
   bestaande klanten kopen extra eenheden — additionele vraag
   initiële vraag + additionele vraag — uitbreidingsvraag
   bestaande klanten die vervangen — vervangingsvraag (of herhalingsvraag)

   vervangingsvraag + uitbreidingsvraag — actuele vraag
   extra mogelijke verkopen — potentiële vraag
   actuele vraag + potentiële vraag — marktpotentieel

Opdrachten

27. In 2012 gingen er van het merk Renault 43.821 nieuwe auto's van de hand in Nederland. In dat jaar werden er 502.544 nieuw auto's verkocht. Bereken de selectieve vraag naar dit merk auto's.

28. Gaat het om generieke, primaire, of secundaire vraag?
    a. De vraag naar fietsen.
    b. De vraag naar gezondheidszorg.
    c. De vraag naar fysiotherapeuten.
    d. De vraag naar de praktijk voor fysiotherapie aan de Lindenlaan.
    e. De vraag naar Pepsi-cola.
    f. De vraag naar dorstlessers.
    g. De vraag naar frisdrank.
    h. De vraag naar kleding
    i. De vraag naar herenpakken
    j. De vraag naar Hugo Boss-kostuums

29. Gaat het om finale of afgeleide vraag?
    a. De vraag naar chocola.
    b. De vraag naar cacaobonen.
    c. De vraag naar versnellingsbakken.
    d. De vraag naar staal.
    e. De vraag naar koptelefoons.

30. a. Afgelopen kwartaal heeft een webwinkel aan 3.500 nieuwe klanten een tablet verkocht, terwijl 500 bestaande klanten een tweede tablet kochten. Bereken de uitbreidingsvraag naar tablets voor deze webwinkel.
    b. Bij een concurrent was de uitbreidingsvraag in datzelfde kwartaal 6.000 stuks, terwijl 1.000 er eentje kochten om hun oude tablet te vervangen. Bereken de actuele vraag naar tablets bij deze concurrent.
    c. Afgelopen jaar werden er 200 miljoen tablets verkocht, maar er zijn nog zeker 800 miljoen mogelijke klanten die er nog geen hebben. De verwachting is dat die gedurende de komende vier jaar tot aanschaf kunnen overgaan. Bereken het marktpotentieel.

31. Is het herhalingsvraag of vervangingsvraag? Verklaar je antwoorden.
    a. Appie is gek op drop en koopt vandaag alweer z'n tweede zakje.
    b. Zijn vader schaft een nieuwe cv-ketel aan omdat reparatie van de oude te duur is.

32. Bij welk product verwacht je meer herhalingsvraag, en waarom?
    a. Zout of boter.
    b. Tandpasta of vlekkenmiddel.

33. Bij welk product verwacht je meer vervangingsvraag, en waarom?
    a. Auto's of vliegtuigen.
    b. Broodroosters of harde schijven (harddisks).

1.6   Samenvatting

Mensen hebben veel *behoeften* die ze in vervulling willen laten gaan. Daarvoor hebben ze *middelen* nodig: *goederen* (tastbaar), *diensten* (niet tastbaar) of *geld* (ruilmiddel). Er zijn schaarse en vrije goederen en diensten. Voor *vrije* goederen hoeft niemand moeite te doen. Om aan *schaarse* goederen te komen moet je iets opgeven. Zolang de middelen beperkt zijn, is er een *keuzeprobleem*: om in één behoefte te voorzien, moet je een andere behoefte (tijdelijk) opgeven. Iemand die probeert in zijn behoeften te voorzien met behulp van zo weinig mogelijk schaarse middelen, *handelt economisch*.

Hoe meer behoeften bevredigd zijn, hoe meer *welzijn*. Voor welzijn zijn álle behoeften van belang. Hoe meer in de behoeften aan schaarse middelen is voorzien, hoe meer *welvaart*. Het maken van schaarse goederen en diensten heet *produceren*. Goederen en diensten kopen heet *consumeren*.

Schaarste vertaalt zich in de *prijs*. Prijzen komen tot stand door het samenspel van *vraag* en *aanbod*. Lage prijzen leiden tot veel vraag, hoge prijzen tot minder vraag: de vraagcurve is een dalende lijn. Lage prijzen leiden tot weinig aanbod, hoge prijzen tot meer aanbod: de aanbodcurve is een stijgende lijn. Bij een vaststaand aanbod leidt een grotere vraag tot een hogere prijs. Bij een vaststaande vraag leidt een groter aanbod tot een lagere prijs.

In de marketing kun je goederen indelen naar duurzaamheid: *gebruiks*goederen gaan lang mee, klanten kopen ze niet zo vaak. *Verbruiks*goederen zijn snel op, klanten kopen die veel vaker. Een *complementair* goed hoort in het gebruik bij een ander goed. Een *substitutie*goed kan een ander goed vervangen omdat het in dezelfde behoefte voorziet. Voor *gemaksgoederen* wil de klant weinig aankoopmoeite doen, voor *shopping goods* meer, en voor *specialty goods* heel veel. Bij *homogene* goederen ziet de klant geen kwaliteitsverschil tussen aanbieders, bij *heterogene* goederen wel.

De vraag naar een hele productklasse, op basis van een bepaalde behoefte, is de *generieke* vraag. De vraag naar een bepaalde productgroep heet *primaire* vraag. De vraag naar een bepaald merk is de *secundaire* vraag. Neem je de secundaire vraag als percentage van de primaire, dan heb je de *selectieve* vraag; die is gelijk aan het marktaandeel.

De *finale* vraag komt van de eindgebruikers. Daardoor ontstaat vraag bij tussenhandel en industrie naar onderdelen en producten: de *afgeleide* vraag.

Vraag van nieuwe klanten vormt de *initiële* vraag. Klanten die een extra eenheid erbij willen kopen vormen samen de *additionele* vraag. Tel je deze twee bij elkaar op dan krijg je de *uitbreidings*vraag. Uitbreidingsvraag plus *herhalings*vraag (bij verbruiksgoederen) of *vervangings*vraag (bij gebruiksgoederen) vormt de *actuele* vraag, ofwel effectieve vraag. De *potentiële* vraag is de extra mogelijke verkoop onder ideale omstandigheden. Actuele vraag plus potentiele vraag is samen het *marktpotentieel*.

1.7 Begrippen

Aanbod	De hoeveelheid die bedrijven van een goed of dienst willen verkopen.
Additionele vraag	(bij gebruiksgoederen) Vraag van klanten of huishoudens die een extra exemplaar van het product erbij kopen.
Afgeleide vraag	Vraag van industrie en tussenhandel naar onderdelen of producten, doordat de consument om het eindproduct vraagt.
Actuele vraag	(ook: Effectieve vraag) De vraag die consumenten en zakelijke eindgebruikers werkelijk uitoefenen in een bepaalde periode.
Behoeften	Alles wat mensen willen.
Primaire ~	basisbehoeften, ofwel eerste levensbehoeften.
Secundaire ~	alle behoeften die geen eerste levensbehoefte zijn.
Complementair goed	Een product dat een ander product aanvult, dat daarbij hoort in het gebruik.
Consumeren	Het kopen van schaarse goederen en diensten.
Consumptiehuishouding	Eén of meer mensen die samen een gezin of wooneenheid vormen.
Dienst	Een handeling die iemand verricht voor een ander.
Economisch handelen	Het voorzien in behoeften met behulp van zo min mogelijk schaarse middelen.
Finale vraag	De vraag van eindgebruikers.
Gemaksgoed	Een goed waar klanten niet veel aankoopmoeite voor willen doen.
Generieke vraag	Vraag naar een hele productklasse, die voortvloeit uit een bepaalde behoefte.
Gebruiksgoed	(duurzaam gebruiksgoed) Product dat lang meegaat, klanten kopen het dus maar af en toe.
Goed	Tastbaar product.
Herhalingsvraag	(bij verbruiksgoederen) Vraag van bestaande klanten, die het product al eerder kochten.

Heterogeen goed	Klanten ervaren kwaliteitsverschil tussen verschillende aanbieders, daarom krijgen ze een voorkeur voor een bepaalde aanbieder.
Homogeen goed	De klant ziet geen verschil in kwaliteit tussen verschillende aanbieders, dus kiest hij voor de laagste prijs.
Huishouding	Een economische eenheid met bezittingen en schulden, met inkomsten en uitgaven, met een administratie.
Initiële vraag	De vraag van klanten die een goed of dienst voor de eerste keer kopen.
Keuzeprobleem	Om in één behoefte te voorzien moet je een andere behoefte (tijdelijk) opgeven.
Marktpotentieel	De maximale verkoop die mogelijk is onder ideale omstandigheden met perfecte marketing. Is gelijk aan de actuele vraag plus de potentiële vraag.
Middelen	Alles waarmee mensen in een behoefte kunnen voorzien (goederen of diensten).
Potentiële vraag	Het extra aantal dat bovenop de actuele vraag verkocht zou kunnen worden onder ideale omstandigheden met perfecte marketing.
Primaire vraag	Vraag naar een productgroep.
Produceren	Het maken van schaarse goederen en diensten maken om te verkopen.
Productiehuishouding	Een instelling, bedrijf of onderneming waar men goederen of diensten produceert om te verkopen.
Ruilmiddel	Een zaak die geruild kan worden voor goederen of diensten (meestal geld).
Schaars middel	Een middel is schaars als mensen iets op moeten geven om er aan te komen.
Secundaire vraag	De vraag naar een bepaald merk (of de vraag naar een bepaalde productvorm).
Selectieve vraag	De secundaire vraag als percentage van de primaire vraag (is gelijk aan het marktaandeel).
Shopping good	Product waar mensen vrij veel aankoopmoeite voor willen doen.
Specialty good	Product waar mensen heel veel aankoopmoeite voor willen doen.
Substitutiegoed	Product dat een ander product kan vervangen omdat het in een vergelijkbare behoefte voorziet.

Uitbreidingsvraag	Het aantal waarmee de vraag in de afgelopen periode is toegenomen. Is gelijk aan de initiële vraag plus de additionele vraag.
Verbruiksgoederen	Producten die mensen regelmatig kopen en die vrij snel op zijn.
Vervangingsvraag	(bij gebruiksgoederen) Vraag van klanten die een versleten product willen vervangen.
Vraag	De hoeveelheid die mensen van een goed of dienst willen kopen.
Vrije goederen	Goederen die niet schaars zijn.
Welvaart	De mate waarin mensen kunnen voorzien in hun behoeften aan schaarse middelen.
Welzijn	De mate waarin mensen in ál hun behoeften kunnen voorzien.

2 De economische kringloop

2.1 De vier productiefactoren
2.2 Het kringloopmodel
2.3 Inflatie en deflatie
2.4 Gevolgen van inflatie en deflatie
2.5 Samenvatting
2.6 Begrippen

2.1 De vier productiefactoren

Om de schaarste te verminderen, dus om welvaart te krijgen, moeten we produceren. Om te kunnen produceren is een aantal zaken nodig: ruimte, grondstof, gereedschap, machines en een goede organisatie. Dat zijn de ingrediënten van de productie. Deze ingrediënten van het productieproces zijn de *productiefactoren*. Er zijn vier productiefactoren: arbeid, natuur, kapitaal en ondernemerschap.

KANO

Het werk, de moeite die mensen doen om te produceren, is de productiefactor *arbeid*. Voor alle schaarse goederen en diensten is arbeid nodig. Maar om te werken is ook ruimte nodig. Fabrieken hebben grondstoffen nodig. Iedereen heeft lucht nodig, om te ademen maar ook om verbrandingsmotoren te laten lopen en om rook in te lozen. Deze zaken horen bij de productiefactor *natuur*: de grond, de grondstoffen en onze leefomgeving. Een ander woord voor onze leefomgeving is het milieu.

Met behulp van alleen arbeid en natuur kun je al iets produceren, je kunt bijvoorbeeld kleifiguren boetseren. Maar bij tekenen heb je al niet meer genoeg aan alleen arbeid en natuur. Er moet eerst een potlood geproduceerd worden. Dat potlood is een hulpmiddel bij de productie. Een timmerman zou de spijkers met een steen in het hout kunnen slaan, maar hij werkt veel sneller met een hamer. En nog veel sneller met een grote nietmachine. In veel gevallen kun je beter eerst de tijd nemen om gereedschap of machines te maken. Die tijd verdien je later weer ruim terug, bij de eigenlijke productie.

Deze hulpmiddelen vormen samen de productiefactor *kapitaal*. Bij de productie spreekt men meestal van kapitaalgoederen: de hulpmiddelen die bedrijven in staat stellen sneller, slimmer en beter te produceren. Kapitaalgoederen bestaan onder andere uit gereedschap, machines, transportmiddelen, gebouwen en de inrichting daarvan.

Goederen kun je indelen in:

productiegoederen
- *productie*goederen, de kapitaalgoederen die productiehuishoudingen aanschaffen;

consumptiegoederen
- *consumptie*goederen, de goederen die consumptiehuishoudingen kopen. De consumptiegoederen worden geproduceerd met behulp van productiegoederen.

In de economie wordt met het woord kapitaal meestal de productiefactor bedoeld. In het dagelijkse spraakgebruik kun je dat woord ook gebruiken voor een flinke som geld. Eigenlijk is het beter om dan te praten over geldkapitaal, anders raak je makkelijk in de war met kapitaalgoederen.

geldkapitaal

Opdrachten

1. Noteer twee grondstoffen die in Nederland veel worden gebruikt bij de productie.

2. Geef een voorbeeld van een kapitaalgoed dat jij dagelijks gebruikt.

Om kapitaalgoederen te maken heb je arbeid en natuur nodig. Je steekt alleen arbeid in het maken van een kapitaalgoed, als je denkt dat je die arbeid weer terug krijgt. Neem als voorbeeld een pottenbakker, die kan kiezen of hij met of zonder pottenbakkersschijf aan het werk gaat.

Opdracht

3. a. Voor de productie van een vaas (zonder pottenbakkersschijf) heb je € 1,- materiaalkosten en € 3,- kosten van arbeid; verder zijn er geen kosten. De verkoopprijs per vaas is € 5,-. Hoeveel is de winst per vaas?
   b. Nu koop je een pottenbakkersschijf voor € 450,-. De kosten van de pottenbakkersschijf houden we even apart. De materiaalkosten blijven € 1,- per vaas, de kosten van arbeid zijn nu nog maar € 1,50, per vaas. Je verkoopt de vazen voor € 4,- per stuk. Wat is nu de winst per vaas?
   c. Hoeveel vazen moet je verkopen om de pottenbakkersschijf terug te verdienen?

Hoofdstuk 2 De economische kringloop

Het kopen of maken van kapitaalgoederen door een productiehuishouding heet *investeren*. Investeren is nuttig als daardoor het productieproces sneller en beter verloopt, en de ondernemer het geld van de investering weer terugverdient. De aanschaf van een pottenbakkersschijf in opdracht 3 is een investering. Als je denkt dat je het aantal vazen dat je bij c. berekende, makkelijk kunt verkopen, wil je graag de investering doen.

Er is bijna geen productieproces meer zonder kapitaalgoederen. Bij alles wat bedrijven produceren, wordt wel een hulpmiddel gebruikt. Gezinnen gebruiken trouwens ook heel wat hulpmiddelen. Slagroom kloppen gaat sneller met een mixer. Omdat gezinnen niet produceren (ze verkopen die slagroom niet), heet dit geen investeren. Als je een mixer koopt, consumeer je.

Opdrachten

4. Geef aan of het gaat over een investering.
   a. Kawita koopt een brommer.
   b. De glazenwasser koopt een ladder.
   c. Een bedrijf laat een kantine verbeteren.
   d. Rik neemt rijlessen.
   e. Het vervoerbedrijf koopt een nieuw metrostel.
   f. Mehmed koopt een zaag.
   g. Het uitzendbureau heeft een nieuwe vestiging geopend.

5. Een bedrijf verzorgt luxe vakantiereizen per bus. Waar bestaat het kapitaal van dit bedrijf uit?

6. Noteer twee betekenissen van het woord kapitaal.

7. Geef twee voorbeelden van kapitaalgoederen die je nodig hebt bij administratief werk.

De drie productiefactoren natuur, arbeid en kapitaal zijn nodig voor het produceren van alle goederen en diensten. Maar een productieproces start niet uit zichzelf, iemand moet het initiatief nemen om de productiefactoren bij elkaar te brengen, om ze samen te laten werken. Die persoon, de ondernemer, loopt daarbij risico's: een nieuw productieproces starten kan verlies opleveren in plaats van winst.

ondernemerschap

Om een onderneming te runnen heb je doorzettingsvermogen, sociale vaardigheden, durf en kennis van het vak nodig. *Ondernemerschap* is de inzet en kennis waarmee natuur, arbeid en kapitaal samen aan het werk worden gezet. De beloning voor een succesvolle ondernemer is winst. Zonder ondernemerschap komen natuur, arbeid en kapitaal niet tot economische activiteit, daarom wordt ondernemerschap gezien als de vierde productiefactor.

Onthoud

De vier productiefactoren zijn:
- arbeid
- natuur
- kapitaal
- ondernemerschap.

Opdracht

8. Om welke productiefactor gaat het?
   a. 'Als de olieprijs blijft stijgen, komen we in de problemen!' zegt de boekhouder van EuroPlastic bv.
   b. Bosal bv schaft een extra robot aan voor de productie van uitlaten.
   c. De werkloosheid liep vorig jaar op, maar is nu weer aan het dalen.
   d. Erik schrijft zijn eenmanszaak in bij de Kamer van Koophandel.

2.2 Het kringloopmodel

Als je iemand geld geeft, wil je er een goed of een dienst voor terug. Als je arbeid verricht, wil je er salaris voor terug. Gezinnen betalen met geld voor goederen en diensten (consumptie). Dat geld verdienen ze door de vier productiefactoren te verkopen aan de bedrijven. De bedrijven hebben de productiefactoren nodig om goederen en diensten te produceren. De *economische kringloop* wil zeggen dat de economie van een land bestaat uit stromen van goederen en diensten, productiefactoren en geld.

economische kringloop

model

De economische kringloop is een *model*: een eenvoudige voorstelling van de werkelijkheid. Een wegenkaart is ook een model. Niet alle dingen die je in de stad ziet, staan op de kaart. Toch helpt de kaart je om de weg te vinden, om te begrijpen hoe de stad in elkaar zit. Het kringloopmodel is een model van de economie. De werkelijkheid is veel ingewikkelder dan het model.

Hoofdstuk 2 De economische kringloop

Het economische model van figuur 2.1 is een schema van de stromen van geld, producten en productiefactoren in een land. Je kunt modellen gebruiken om berekeningen mee uit te voeren, om zo voorspellingen te kunnen doen over de ontwikkeling van de economie. Het Centraal Planbureau rekent met behulp van (veel ingewikkeldere) modellen uit wat voor gevolgen allerlei maatregelen en gebeurtenissen kunnen hebben voor de Nederlandse economie.

Het model van figuur 2.1 is sterk vereenvoudigd: in het echt is er ook een overheid, die belastinggeld ontvangt van gezinnen en bedrijven en die dat geld ook weer uitgeeft voor gezinnen en bedrijven. In het echt voeren bedrijven ook handel met het buitenland (export en import). Maar juist doordat het model eenvoudig is, kan het je helpen om economische bedrijvigheid te begrijpen.

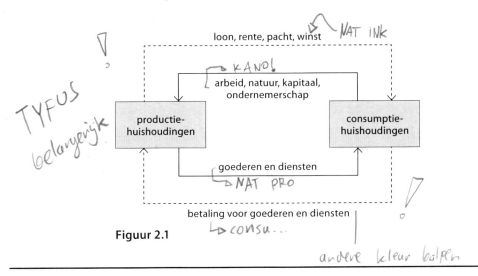

Figuur 2.1

Opdrachten

9. a. Wat doen consumptiehuishoudingen in de economie?
   b. Wat doen productiehuishoudingen in de economie?

10. Noteer twee zaken waaraan je kunt zien dat het model van figuur 2.1 een vereenvoudiging van de werkelijkheid is.

Kijk eerst naar de bovenste helft van het model. De consumptiehuishoudingen (gezinnen) leveren de productiefactoren aan de productiehuishoudingen (bedrijven). Het is makkelijk te begrijpen dat gezinnen de productiefactor arbeid leveren. Dat gezinnen ook de productiefactoren kapitaal, natuur en ondernemerschap aan bedrijven verkopen, ligt wat minder voor de hand.

K Rente
A Loon
N Pacht
O Winst

nationaal inkomen

Kapitaalgoederen zijn het eigendom van bedrijven. Die bedrijven zijn het eigendom van aandeelhouders. Die aandeelhouders horen bij een gezin. Grondstoffen komen uit de bodem. De bodem is het eigendom van iemand, die weer bij een gezin hoort. Ook ondernemers komen uit een gezin.

Alle productiefactoren zijn het eigendom van gezinnen, omdat alles van iemand is en iedereen bij een consumptiehuishouding hoort. De gezinnen leveren dus de productiefactoren aan de bedrijven; ze krijgen daar beloningen voor terug. In het model worden de beloningen voorgesteld door een stippellijn. De stippellijnen zijn geldstromen. De beloningen voor de vier productiefactoren zijn pacht, loon, rente en winst.

Alle beloningen die de gezinnen bij elkaar ontvangen, vormen samen het inkomen van het hele land, het *nationaal inkomen*. Het nationaal inkomen is de som van alle beloningen (loon, rente, pacht en winst) die in een land in een jaar verdiend worden.

Opdrachten

11. a. Welke beloning is voor arbeid?
    b. Welke beloning is voor kapitaal?
    c. Welke beloning is voor ondernemerschap?
    d. Welke beloning voor natuur?

12. Leg voor elke productiefactor uit waarom zij het eigendom van consumptiehuishoudingen is.
    a. Arbeid.
    b. Kapitaal.
    c. Natuur.
    d. Ondernemerschap.

13. Wie ontvangen het nationaal inkomen?

Kijk nu naar de onderste helft van het model van figuur 2.1. Met de productiefactoren produceren de bedrijven goederen en diensten. De gezinnen kopen die goederen en diensten met het geld dat ze bij de bedrijven hebben verdiend, met het nationaal inkomen.

De geldstroom 'betaling' is het geld dat de gezinnen aan de bedrijven betalen in ruil voor goederen en diensten. De geldstroom gaat dus de andere kant op dan de stroom van goederen en diensten.

Het nationaal product bestaat uit de waarde van alle goederen en diensten, die in een land geproduceerd worden, bij elkaar opgeteld. Er zit daarbij wel een addertje onder het gras: als je de productie van alle bedrijven bij elkaar zou tellen, kom je veel te hoog uit. Dat komt doordat bedrijven ook aan elkaar leveren (afgeleide vraag): de houtzagerij levert hout voor een stoel, de timmerwerkplaats levert de stoel aan een groothandel, de groothandel levert de stoel aan de winkel, de winkel levert aan de consument. Uiteindelijk is de stoel het bedrag waard waarvoor zij verkocht wordt: de finale vraag van de eindgebruikers telt.

Als je bij elke doorlevering van de stoel het hele bedrag mee zou tellen, tel je het hout vier keer mee. De stoel tel je vanaf de werkplaats drie keer mee. Dat is niet de manier. Het Centraal Bureau voor Statistiek (CBS) telt alleen de *toegevoegde waarde*: de verkoopprijs die het bedrijf ontvangt, min het bedrag dat het bedrijf er zelf voor betaald heeft. Op die manier draagt elk bedrijf dat wat doet voor die stoel, een stukje bij aan de waarde van die stoel.

Het nationaal product is de som van alle toegevoegde waarden die bij het bedrijfsleven geteld zijn in één jaar. Het nationaal product is gelijk aan het nationaal inkomen. Een land kan niet meer verdienen dan het produceert. Het inkomen is het geld dat voor de productie wordt betaald. Voor een heel land zijn alle uitgaven bij elkaar gelijk aan alle inkomsten bij elkaar. Wat voor de ene huishouding een uitgave is, is voor de andere huishouding een ontvangst, een inkomen; en andersom.

Het nationaal inkomen is gelijk aan het nationaal product.

In figuur 2.2 zie je het kringloopmodel nog een keer, nu met de genoemde begrippen erin.

De doorgetrokken lijnen stellen de 'echte' stromen van tastbare dingen voor: productiefactoren en producten. De onderbroken lijnen stellen de geldstromen voor. De productiestromen lopen tegengesteld aan de geldstromen, want productie wordt geruild voor geld. De gezinnen consumeren met het geld dat ze bij de bedrijven verdienen.

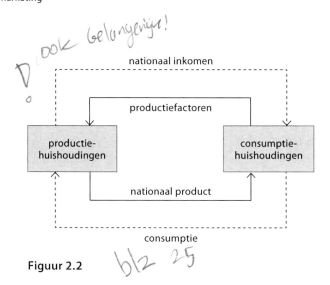

Figuur 2.2

Opdrachten

14. Houtzagerij Jongeneel koopt hout uit Zweden in voor € 15.000,-. Ze verkoopt planken en balkjes aan de timmerwerkplaats voor € 25.000,-. De timmerwerkplaats koopt ook voor € 500,- aan schroeven. Zij verkoopt 1000 kant-en-klare stoelen voor € 50.000,- aan de groothandel. De groothandel verkoopt de stoelen voor € 65.000,- door aan een meubelzaak. Die winkel verkoopt de stoelen voor € 100.000,- aan consumenten.
    a. Bereken per bedrijf de toegevoegde waarde.
    b. Bereken de bijdrage van deze partij stoelen aan ons nationaal product.
    c. Verklaar waarom die bijdrage niet op € 100.000,- uitkomt.

15. a. Hoe verdienen de gezinnen het geld waarmee ze goederen en diensten kopen?
    b. Leg uit waarom het nationaal product gelijk is aan het nationaal inkomen.
    c. Wat heeft consumptie te maken met het nationaal inkomen?
    d. Wat hebben de productiefactoren te maken met het nationaal product?

2.3 Inflatie en deflatie

In 1960 kon je een rijtjeshuis kopen voor € 10.000,-. In 2012 kostte datzelfde huis ongeveer € 220.000,-. De prijs van woningen en bouwgrond is dus flink gestegen. Een ander voorbeeld: in 1960 kocht je een rol drop voor een dubbeltje

Hoofdstuk 2   De economische kringloop

koopkracht

(ofwel € 0,045). Nu kost zo'n rol drop al gauw € 0,70. Ons geld is dus door de jaren heen minder waard geworden, je kunt er minder voor kopen. De *koopkracht* van ons geld is gedaald: dat is de hoeveelheid goederen en diensten die je met een bepaalde som geld kunt kopen.

inflatie

geldontwaarding

Stijging van het prijsniveau heet *inflatie*. Letterlijk betekent inflatie: 'opblazen', de prijzen worden opgeblazen. Als alle prijzen stijgen, kun je met een euro minder kopen. Dan wordt het geld minder waard. Een ander woord voor inflatie is *geldontwaarding*.

Als je leest over inflatie, gaat het over de gemiddelde prijsstijging van alle producten. Het kan zijn dat het ene product snel in prijs is gestegen en een ander product helemaal niet. Zo stijgen prijzen van auto's sneller dan prijzen van voedsel. Het Centraal Bureau voor de Statistiek (CBS) berekent de gemiddelde inflatie.

gewogen gemiddelde

Het CBS houdt daarbij ook rekening met de hoeveelheid die verkocht is van een product. Een product als tandpasta kent veel herhalingsaankopen en weegt daarom zwaarder mee in het gemiddelde dan een product dat minder vaak verkocht wordt, zoals tandenborstels. Als de hoeveelheid meetelt bij het berekenen van een gemiddelde, krijg je een *gewogen gemiddelde*. Als de inflatie 2% is, is dat het gewogen gemiddelde van alle prijsstijgingen.

In een periode van hoogconjunctuur, als de economie op volle toeren draait, kan inflatie ontstaan. De mensen hebben dan veel geld te besteden. Er zijn dan misschien niet genoeg goederen en diensten om aan de vraag te voldoen.

Opdrachten

16. a. Wat is er dan groter, de vraag of het aanbod?
    b. Wat zal er dan met de prijzen gebeuren?

17. Wat wil het zeggen dat een gemiddelde gewogen is?

18. Welk gevolg kan inflatie hebben voor je koopkracht?

Als de mensen meer willen besteden dan er geproduceerd wordt, is er geen evenwicht tussen vraag en aanbod. Normaal gesproken is de geldstroom van de consumptie net groot genoeg om alle goederen en diensten mee te kopen.

Figuur 2.3

In figuur 2.3 is er evenwicht, de prijzen hoeven niet te veranderen. De verlangde consumptie is gelijk aan het nationaal product. Als de mensen meer willen consumeren, kan het evenwicht verdwijnen.

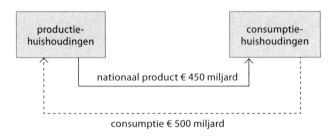

Figuur 2.4

In figuur 2.4 is de gewenste consumptie groter dan de productie. Er zijn niet genoeg producten om iedereen tevreden te stellen. Als de prijzen gelijk blijven, zal een aantal mensen niets kunnen kopen, omdat de producten al op zijn. Wat heb je aan geld als je er niets voor kopen kunt? Dan betaal je liever iets meer om toch maar die producten te krijgen. De mensen gaan tegen elkaar opbieden, de producten worden duurder. Inflatie als gevolg van hoge bestedingen heet *bestedings*inflatie.

Nadat de producten duurder geworden zijn, is er weer evenwicht tussen vraag en aanbod. Het nationaal product is gelijk gebleven, maar de prijskaartjes op de producten zijn veranderd. Als het nationaal product uit figuur 2.4 € 500 miljard kost, is er weer evenwicht tussen vraag en aanbod. Met een euro kun je nu minder kopen dan eerst.

Opdracht

19. a. Waarom willen veel mensen meer betalen als de vraag groter is dan het aanbod?
    b. Bekijk figuur 2.4. Met hoeveel procent zijn alle prijzen bij elkaar gestegen?

Bedrijfskosten, zoals loonkosten, rente en grondstofkosten, kunnen ook inflatie veroorzaken. Als arbeid duurder wordt of de rente stijgt, proberen de bedrijven die kostenstijging door te berekenen in de prijs van de producten. Als de productiefactoren duurder worden, stijgen dus alle prijzen en ontstaat er inflatie.

In 1973 en 1979 steeg de inflatie in de rijke landen boven de 10% per jaar. Dat waren juist de jaren dat de olieprijzen verhoogd werden door de organisatie van olie-exporterende landen (OPEC). Olie is in onze economie een belangrijke grondstof: voor vervoer, voor verwarming, voor kunststof. Inflatie die ontstaat door stijgende kosten van een of meer productiefactoren heet *kosten*inflatie.

Inflatie kan ook ontstaan doordat goederen of diensten die we uit het buitenland importeren sterk in prijs stijgen. Als bij onze handelspartners veel inflatie is, verhogen aanbieders uit die landen de prijs. Daardoor stijgen bij ons de prijzen van veel producten in de winkel. Je spreekt alleen van *geïmporteerde inflatie* als producten voor eindgebruikers in prijs stijgen. Als grondstoffen of halffabricaten in prijs stijgen, heb je te maken met kosteninflatie.

Een andere oorzaak van inflatie kan zijn dat de overheid te veel geld in omloop brengt. Het nationaal product is dan niet gegroeid, de hoeveelheid geld wel. Het evenwicht tussen vraag en aanbod is verstoord en er ontstaat *monetaire* inflatie. Een voorbeeld hiervan is de hyperinflatie in Servië in 1993 en 1994, waar de overheid tijdens de oorlog geld tekort kwam en bankbiljetten bij ging drukken.

Als er eenmaal inflatie is, kan het moeilijk zijn om er weer vanaf te komen. Door inflatie worden de lonen minder waard, dus willen werknemers meer loon. Wat er op hun loonstrook staat, is een *nominaal* bedrag. Dat is een bedrag in euro's; het zegt nog niets over de koopkracht. Een *reëel* bedrag is gecorrigeerd voor inflatie. Zolang het nominale loon net zo hard stijgt als de inflatie, blijft het reële loon (de koopkracht) gelijk. Als de stijging van het nominale loon de inflatie niet bijhoudt, daalt het reële loon.

Stel dat je vorig jaar € 1.000,- per maand verdiende. Als de inflatie ondertussen 3% is en je verdient dit jaar nog steeds € 1.000,- per maand, is je reële loon gedaald. De koopkracht van je loon is nu

$$\frac{1000}{1030} \times 100 = 97{,}1\%$$

van die van vorig jaar.

Opdrachten

20. a. Vorig jaar verdiende Brian € 450,- per week. De inflatie is 3%. Hoeveel moet zijn nominale loon dit jaar zijn, wil zijn reële loon gelijk blijven?
    b. De inflatie is 2,5%. De nominale lonen stijgen met 3%. Is het reële loon gelijk gebleven, gestegen of gedaald?
    c. De prijzen stijgen met 3%. Je nominale loon stijgt met 2%. Wat is er met je reële loon gebeurd?
    d. Cynthia verdiende vorig jaar € 400,- per week. De inflatie was 2,5%. Dit jaar bleef haar reële loon gelijk. Bereken haar nominale weekloon dit jaar.

21. De onderhandelaar van de vakbond moet de belangen van werknemers verdedigen. Let hij meer op het nominale of op het reële loon? Verklaar je antwoord.

Werknemers willen een loonsverhoging die minstens net zo groot is als de geldontwaarding, het liefst meer. Als dat lukt, zit de inflatie van dit jaar al in de stijging van de lonen van volgend jaar. Als bedrijven loonsverhogingen geven aan hun werknemers, stijgen hun loonkosten. De bedrijven berekenen die kostenstijging weer door in de prijs van hun producten. De prijzen stijgen weer: inflatie. De werknemers willen dan volgend jaar weer hogere lonen en zo kan men nog lang doorgaan. Deze ontwikkeling noemt men een *loon-prijsspiraal*: door stijging van loonkosten stijgen de prijzen, waardoor de lonen weer stijgen, enzovoort. Iemand zal de ontwenningskuur moeten betalen: werknemers of werkgevers. Als niemand iets prijsgeeft, gaat zo'n spiraal vrolijk door.

loon-prijsspiraal

Hoofdstuk 2   De economische kringloop

Oorzaken van inflatie:
- de vraag is groter dan het aanbod (bestedingsinflatie);
- stijging bedrijfskosten (kosteninflatie);
- inflatie in landen waaruit we importeren (geïmporteerde inflatie);
- de overheid drukt te veel geld (monetaire inflatie).

deflatie

Deflatie is het omgekeerde van inflatie, het betekent dat de prijzen dalen. Als goederen en diensten goedkoper worden, kun je met een euro meer kopen. Bij deflatie wordt het geld meer waard. Deflatie komt veel minder vaak voor dan inflatie.

Daling van het prijsniveau kan ontstaan omdat er zo weinig vraag naar goederen en diensten is, dat de bedrijven hun prijzen moeten verlagen om toch nog wat te verkopen. Deflatie kan ook ontstaan door dalende bedrijfskosten. De beste oorzaak van deflatie is stijging van de arbeidsproductiviteit. Door minder productiefactoren te gebruiken per product, kan met dezelfde hoeveelheid productiefactoren meer geproduceerd worden. De welvaart neemt dan toe.

Oorzaken van deflatie:
- te weinig vraag naar goederen en diensten;
- dalende bedrijfskosten;
- stijgende arbeidsproductiviteit.

Opdrachten

22. Leg uit waarom geld meer waard wordt door deflatie.

23. a. Als de nominale lonen flink stijgen, maar de reële lonen dalen, wat is er dan aan de hand?
    b. Joep verdiende vorig jaar € 600,- per week. De inflatie was 2%. Dit jaar bleef zijn reële loon gelijk. Bereken zijn nominale loon dit jaar.

24. Leg uit wat een loon-prijsspiraal is.

2.4 Gevolgen van inflatie en deflatie

De krantenkoppen over inflatie zijn meestal somber. Toch zien de meeste economen de prijzen liever een beetje stijgen dan een beetje dalen. Dalende prijzen zijn voor ondernemingen veel moeilijker te verwerken. Als de kosten niet tegelijk dalen, wordt hun winst kleiner. Deflatie hoort bij een ongezonde economie.

Een beetje inflatie hoort bij een groeiende economie. Er is dan veel vraag en de bedrijven draaien op bijna volle capaciteit. Zolang het maar bij een beetje inflatie blijft en de economie groeit, is er geen probleem. Inflatie kan erg gemeen worden als de inflatie hoger wordt dan een paar procent. Denk aan mensen die een leven lang gespaard hebben en op hun oude dag van dat geld willen leven. De koopkracht van spaargeld wordt aangetast door hoge inflatie.

Andersom is inflatie voor mensen met schulden juist voordelig: de schulden worden minder waard. Bij veel inflatie verdwijnen schulden als sneeuw voor de zon. Zo konden huiseigenaren in Duitsland hun hypotheekschuld afbetalen met een paar kippen, toen daar na de eerste wereldoorlog hyperinflatie ontstond.

Hoge inflatie treft vooral arme mensen. Mensen met veel geld kunnen maatregelen nemen: ze kunnen buitenlandse valuta kopen, sieraden of grond. Hoge inflatie is slecht voor investeringen. Mensen die hun geld beleggen, willen rendement zien. Als het geld intussen minder waard wordt, is het rendement minder. Beleggers worden dan voorzichtiger, waardoor er minder geld beschikbaar komt voor investeringen. Een ander negatief gevolg van inflatie is dat de export duurder wordt. Andere landen willen in dat geval minder van onze producten kopen.

Hoge inflatie kan uitlopen op hyperinflatie, waarbij de prijsstijging zo snel gaat, dat je je loon maar beter zo snel mogelijk uit kunt geven. Dat is gelukkig niet zo vaak gebeurd, maar waar het gebeurde was het rampzalig.

Na zeven jaar was het Strojenko eindelijk gelukt de 5.000 roebel voor een Zjigoeli bij elkaar te sparen, maar toen bleek die auto inmiddels 9.000 roebel te kosten. Toen hij die vervolgens had, was de prijs gestegen tot 19.000. En toen hij er 19.000 had verdiend kostte het ding 130.000 roebel. Voordat ze in Vorkoeta goed en wel door hadden wat er gebeurde was het spaargeld van Strojenko en de zijnen gereduceerd tot de waarde van een paar flessen wodka.
NRC, 10 december 1993

Bij deflatie zijn de gevolgen juist andersom. Spaargeld wordt meer waard, maar schulden ook. Als de huizenprijzen dalen en je hypotheek wordt meer waard kun je bijvoorbeeld in de problemen komen. Dat geldt ook voor bedrijven met schulden.

Onthoud

Gevolg van inflatie: geld (ook schulden) wordt minder waard.
Gevolg van deflatie: geld (ook schulden) wordt meer waard.

Opdrachten

25. Wat heb je liever bij deflatie: schulden of spaargeld? Verklaar je antwoord.

26. a. Leg uit waarom een hoge inflatie leidt tot minder besparingen in een land.
    b. Leg uit welk gevolg dat heeft voor de investeringen.
    c. Welk gevolg heeft dat weer voor de economische groei?

27. Noteer drie nadelen van inflatie.

28. Waarom hebben ondernemingen een hekel aan deflatie?

29. a. Noteer vier oorzaken van inflatie.
    b. Noteer drie oorzaken van deflatie.

30. a. Geef een nadeel van deflatie voor mensen die een huis hebben gekocht met een hypotheek.
    b. Welk nadeel heeft inflatie voor exporteurs?

2.5 Samenvatting

De vier *productiefactoren* zijn nodig bij elk productieproces. Bij de productiefactor *natuur* horen de grond, de grondstoffen en de leefomgeving. *Arbeid* is het werk dat mensen bij de productie verzetten. De hulpmiddelen, waarmee bedrijven sneller en beter kunnen produceren, vormen het *kapitaal*. *Ondernemerschap* brengt de andere drie productiefactoren bij elkaar en maakt ze productief. Als bedrijven kapitaalgoederen aanschaffen of maken heet dat *investeren*. Investeren is nuttig als het gevolg is dat de productie goedkoper en beter wordt.

In het economische kringloopmodel leveren de consumptiehuishoudingen (gezinnen) productiefactoren aan de productiehuishoudingen (bedrijven). In ruil daarvoor ontvangen de gezinnen het *nationaal inkomen*: alle loon, pacht, rente en winst die in een land in een jaar verdiend worden. Met dit geld kunnen de gezinnen consumeren: ze kopen de goederen en diensten die de bedrijven met de productiefactoren hebben gemaakt. De goederen en diensten die in het land in een jaar geproduceerd zijn, vormen samen het nationaal product. Om dat te berekenen, moet je alleen de toegevoegde waarden van het bedrijfsleven bij elkaar tellen, anders krijg je dubbeltellingen.

De geldstromen consumptie en nationaal inkomen lopen in het kringloopmodel de andere kant op dan de stromen van de productiefactoren en het nationaal product. Geld wordt geruild voor producten en productiefactoren.

Inflatie is stijging van het prijsniveau. Geld (bezit én schuld) wordt daardoor minder waard. Hoge inflatie is slecht voor de investeringen en voor de export. Inflatie kan ontstaan als de vraag naar goederen en diensten groter is dan het aanbod (*bestedings*inflatie), als bedrijfskosten stijgen (*kosten*inflatie), door import uit landen met veel inflatie (*geïmporteerde* inflatie) of als de overheid te veel geld in omloop brengt (*monetaire* inflatie). *Deflatie* is daling van het prijsniveau, geld (bezit én schuld) wordt meer waard. Deflatie gaat al snel ten koste van de winsten van ondernemingen. Het kan ontstaan door onderbesteding, door dalende bedrijfskosten en door stijgende arbeidsproductiviteit.

2.6 Begrippen

Consumptiegoederen	Goederen die gekocht worden door consumptie-huishoudingen.
Deflatie	Daling van het prijsniveau.
Inflatie	Stijging van het prijsniveau.
Bestedings~	ontstaat als de vraag in een land groter is dan het aanbod.
Geïmporteerde ~	ontstaat door inflatie in landen waar we uit importeren.
Kosten~	ontstaat door stijgende bedrijfskosten.
Monetaire ~	ontstaat doordat de geldhoeveelheid te groot is.
Investeren	Het kopen of maken van kapitaalgoederen door een productiehuishouding.
Koopkracht	De hoeveelheid goederen en diensten die je met een bepaalde som geld kunt kopen.
Loon-prijsspiraal	Door stijging van loonkosten stijgen de prijzen, waardoor de lonen weer stijgen, enzovoort.
Model	Vereenvoudigde voorstelling van de werkelijkheid.
Nationaal inkomen	Som van alle beloningen (loon, rente, pacht en winst) die in een land in één jaar verdiend worden.
Nationaal product	Som van alle toegevoegde waarden die in één jaar in een land bij het bedrijfsleven geteld zijn.
Productiefactoren	
Natuur	de grond, grondstoffen en de leefomgeving.
Arbeid	de moeite die mensen doen om te produceren.
Kapitaalgoederen	hulpmiddelen die bedrijven in staat stellen sneller en beter te produceren.
Ondernemerschap	de inzet en kennis waarmee natuur, arbeid en kapitaal samen aan het werk worden gezet.
Productiegoederen	Kapitaalgoederen, die gekocht worden door productiehuishoudingen.
Toegevoegde waarde	Verkoopprijs die een bedrijf voor een product ontvangt, minus wat het bedrijf er zelf voor betaald heeft.

3 De structuur van de economie

3.1 De vier sectoren en hun ontwikkeling
3.2 Verschillen tussen landen
3.3 Samenvatting
3.4 Begrippen

3.1 De vier sectoren en hun ontwikkeling

primaire sector

productiebedrijven

Bedrijven worden ingedeeld in vier sectoren. *Primair* betekent 'eerste'. De *primaire sector* bestaat al zolang er mensen zijn. Deze sector bestaat uit alle bedrijven die zich bezighouden activiteiten waarbij men producten direct uit de natuur haalt: jacht, land- en tuinbouw, veeteelt en visserij. De bedrijven in deze sector zijn *productie*bedrijven: bedrijven die goederen produceren.

Heel vroeger leefden mensen vooral van de natuur. Mannen gingen op jacht, vrouwen verzamelden noten, wortels, zaden en dergelijke. In vergelijking met onze tijd gebruikten de mensen toen maar heel weinig kapitaal.

Ongeveer 10.000 jaar geleden ontdekte men dat je zaden van sommige grassen kon planten. De landbouw was uitgevonden. Mensen gingen dieren houden voor de voedselproductie: er ontstond veeteelt. De volken die op de landbouw overstapten, bleven nu op één plaats wonen. Er ontstonden dorpen en stadjes. De bevolking nam toe, want met landbouw en veeteelt kun je meer monden voeden dan met de jacht. Landbouw en veeteelt zijn heel lang de belangrijkste economische activiteiten gebleven.

Opdracht

1. Welke productiefactoren waren vroeger het belangrijkst?

secundaire sector

In de primaire sector draait het om producten uit de natuur. In de *secundaire sector* draait het om de bewerking van producten uit de natuur. Secundair betekent 'tweede'. In deze sector vind je mijnbouw, ambachtelijke en industriële productie. De secundaire sector bestaat net als de primaire sector uit productiebedrijven. De eerste ambachten waren: houtbewerking, metaalbewerking, schoenmaken, kleding maken, leerlooien, spinnen, weven en pottenbakken.

Eigenlijk hoort mijnbouw – de winning van delfstoffen – bij de primaire sector. Ze halen daar iets uit de grond, ze bewerken die grondstoffen niet. In Nederland plaatst het CBS de mijnbouw bij de secundaire sector.

De secundaire sector maakte duizenden jaren lang tussen de vijf en tien procent van de economische activiteit uit. Rond 1780 begon een belangrijke omwenteling. In Engeland gingen de eerste fabrieken van start, vooral katoenspinnerijen. Toen de stoommachine was uitgevonden, hoefde de katoenmolen niet meer door ossen rondgetrokken te worden. Er kwam snel meer industrie en veel mensen trokken van het platteland naar de stad om in de fabrieken te gaan werken. In de 19e eeuw werd de secundaire sector de grootste sector. Deze ontwikkeling heet de *industriële revolutie*, omdat ze zo diepgaand was dat de samenleving er ingrijpend door veranderde.

industriële revolutie

De industriële revolutie had ook grote gevolgen voor de primaire sector. Er kwamen landbouwmachines en veel activiteiten in de primaire sector werden gemechaniseerd. De arbeidsproductiviteit op het land steeg: één persoon kon met behulp van machines veel meer werk verzetten, waardoor er minder mensen nodig waren. Dat versterkte de trek naar de steden.

Opdracht 2. Welke productiefactor won sterk aan belang na de industriële revolutie?

Er kwam ook meer mijnbouw. Voor die tijd waren hout en turf de belangrijkste bronnen van energie, maar die grondstoffen raakten op. Men schakelde over op steenkool, dat uit de grond gehaald moest worden. In het begin van de 20e eeuw werden kolen langzaamaan vervangen door olie. Steeds meer grondstoffen waren nodig voor de stijgende productie. Zo werd veel staal gebruikt voor machines, treinen en rails.

De primaire sector van veel tropische landen werd ondergeschikt gemaakt aan de industriële ontwikkeling van de noordelijke landen. In de koloniën werden producten verbouwd die bestemd waren voor de fabrieken in het noorden: kokos, palmolie (voor zeep en margarine), rubber, koffie, thee, katoen, suikerriet en sisal (voor touw).

De bevolking in de noordelijke landen steeg enorm. De arbeidsproductiviteit bleef stijgen, dus er konden veel extra monden gevoed worden. De wereldbevolking groeit nog steeds. We zijn nu met ruim zeven miljard mensen, de verwachting is dat we op rond de tien miljard uit zullen komen.

Opdracht

3. We gebruiken nog steeds veel energiebronnen die het milieu belasten. Welke energiebronnen zijn duurzaam (en passen dus beter bij een hoge bevolkingsdichtheid)?

In de primaire en secundaire sector vind je productiebedrijven. In de *tertiaire* (derde) sector vind je handelsbedrijven en dienstverlenende bedrijven. *Handelsbedrijven* kopen producten in en verkopen ze weer door, zonder ze te bewerken. Je kunt ze onderverdelen in groothandels, die aan andere bedrijven verkopen, en kleinhandels, die aan de consument verkopen.

Dienstverlenende bedrijven maken of verhandelen geen producten, zij doen iets voor een ander bedrijf of voor een consument. Denk hierbij aan: glazenwassers, kappers, computerprogrammeurs, banken, bioscopen, of discotheken. De tertiaire sector is heel lang erg klein geweest. Vroeger was de meeste dienstverlening gekoppeld aan de productie.

De smid maakte voor zijn klanten gereedschap van metaal (product). Als dat product stuk ging, bracht de klant het weer naar de smid die het dan repareerde (dienst): productiebedrijf en dienstverlenend bedrijf in één.

Hoewel dat tegenwoordig nog steeds voorkomt, zijn er nu veel meer gespecialiseerde dienstverlenende bedrijven. Toen de industriële revolutie eenmaal goed op gang was gekomen, werd de samenleving ingewikkelder. Er kwam steeds meer behoefte aan gespecialiseerde diensten. Er ontstonden hierdoor veel nieuwe beroepen.

Vroeger bestond het openbaar vervoer uit de postkoets. Dat was duur, langzaam en hobbelig. Toen er eenmaal treinen gingen rijden, kwam er werk voor machinisten, conducteurs, stationswachters en kaartjesverkopers: allemaal dienstverleners.

Hoofdstuk 3   De structuur van de economie

Doordat de welvaart sterk gegroeid is, zijn veel diensten voor veel mensen betaalbaar geworden. Van overdekt zwemmen had vroeger niemand gehoord, op vakantie konden alleen de zeer rijken. De tertiaire sector is de laatste honderd jaar sterk gegroeid. In de meeste rijke landen is het nu de grootste sector.

Opdracht

4. Bij welke sector horen de volgende bedrijven?
   a. Een tuindersbedrijf.
   b. Een juwelierswinkel.
   c. Een webwinkel.
   d. Een pindakaasfabriek.
   e. Een kapper.
   f. Een kippenfarm.

In de eerste drie sectoren zitten alle particuliere bedrijven: bedrijven die winst willen maken. Een particuliere onderneming wordt ook *private* onderneming genoemd. De eerste drie sectoren vormen bij elkaar de *private* sector.

De PTT was vroeger van de overheid. Toen PTT Post en PTT Telecom aan particuliere aandeelhouders werden verkocht, werd dit overheidsbedrijf geprivatiseerd: het bedrijf verhuisde van de quartaire naar de tertiaire sector (postNL en KPN).

Quartair betekent 'vierde'. Bij de *quartaire* sector horen alle instellingen die geen winst willen maken. Dat is in de eerste plaats de overheid. Daarnaast hebben we in Nederland veel stichtingen die met overheidsgeld werken. Denk aan ziekenhuizen: als een ziekenhuis winst wil maken, spreek je van een particuliere kliniek. De particuliere kliniek hoort bij de tertiaire sector, het ziekenhuis hoort bij de quartaire. Andere namen voor instellingen zonder winstoogmerk zijn non-profitinstellingen en niet-commerciële dienstverlening.

Het overheidsgeld waar deze instellingen mee werken, is van de samenleving als geheel: het collectief. Alle Nederlanders betalen mee aan deze diensten. De quartaire sector wordt ook wel de *collectieve sector* genoemd.

Op dit moment maak je gebruik van één van de diensten die mede betaald worden met belastinggeld: het onderwijs. Beheer van infrastructuur is een andere dienst van de overheid: Rijkswaterstaat zorgt voor wegen en kanalen. Ook de openbare veiligheid, een taak van de politie, is een dienst van de overheid.

overheid

De overheid bestaat uit:
- de centrale overheid in Den Haag
- de provincies
- de gemeenten
- de stadsdelen in de grote steden.

Onthoud

Vier sectoren van de economie:
- primair   productie: jacht, land- en tuinbouw, veeteelt, visserij ⎫
- secundair productie: industrie, ambacht, mijnbouw ⎬ private sector
- tertiair   handel en particuliere dienstverlening ⎭
- quartair   overheid en instellingen zonder winstoogmerk } collectieve sector

Opdrachten

5. Noteer voor elk ministerie een dienst die het verleent.
   a. Ministerie van Veiligheid en Justitie.
   b. Ministerie van Onderwijs, Cultuur en Wetenschap.
   c. Ministerie van Infrastructuur en Milieu.
   d. Ministerie van Volksgezondheid, Welzijn en Sport.
   e. Ministerie van Defensie.
   f. Ministerie van Sociale Zaken en Werkgelegenheid.

6. Bedenk twee taken die door je gemeente (of stadsdeel) worden uitgevoerd.

7. Wat is het belangrijkste verschil tussen de dienstverlening in de tertiaire en de quartaire sector?

8. In welke sector zitten de volgende bedrijven en instellingen:
   a. De gemeentereinigingsdienst.
   b. Een bio-dynamisch landbouwbedrijf.
   c. Een sauna.
   d. De tandarts.

e. Een arts die iemand keurt voor de WAO.
f. Philips.
g. Jumbo supermarkten.
h. De kantonrechtbank.
i. DSM chemie.
j. Origin softwareprogrammeurs.
k. Een meubelwerkplaats.
l. Jouw school.
m. Een beeldhouwer.
n. PostNL
o. Een snackbar.

Vroeger was de primaire sector het grootst. Maar op het land wordt steeds meer geproduceerd met steeds minder mensen. In de 19e eeuw is de secundaire sector heel hard gegroeid, maar ook de werkgelegenheid in de secundaire sector neemt af. Er is nog maar weinig echt ambachtelijk werk, de productie wordt kapitaalintensiever. De tertiaire sector groeit nog steeds. Het is in de westerse wereld nu de grootste sector. Ook bij industriële productie is steeds meer dienstverlening nodig.

De productie van een pak zout door AKZO Nobel, een groot Nederlands chemieconcern, kost een cent of twee. De rest van de kosten van dat pak zout worden gemaakt bij verpakking, marketing en distributie: allemaal dienstverlenende activiteiten.

De quartaire sector is in de 20e eeuw hard gegroeid. De samenleving werd ingewikkelder, er moest meer geregeld worden. In Nederland wilden veel kiezers meer sociale rechtvaardigheid. Met de groei van het sociale zekerheidsstelsel groeide ook het aantal ambtenaren.

Tabel 3.1

	voor 1850	1850-1960	1960-heden
primaire sector	grootste	neemt af	kleinste
secundaire sector	5 à 10%	grootste	± 25%
tertiaire sector	klein	neemt toe	grootste
quartaire sector	klein	neemt toe	± 30%

Opdrachten

9. a. Noteer vier activiteiten die thuishoren in de primaire sector.
   b. Noteer drie activiteiten die thuishoren in de secundaire sector.

10. a. In welke sectoren vind je productiebedrijven?
    b. In welke sector zitten de handelsbedrijven?

11. a. Welke sector is nu in Nederland het grootst?
    b. Welke sector was het grootst rond 1700?
    c. Welke sector was het grootst rond 1900?

3.2 Verschillen tussen landen

De verdeling tussen de sectoren in een land zegt iets over de ontwikkeling van dat land. Ontwikkelde landen hebben een grote tertiaire sector. Arme landen hebben een grote primaire sector. Middeninkomenslanden hebben een grote secundaire sector. De verhouding tussen de sectoren vertelt iets over de *structuur* van de economie: hoe zit die economie in elkaar.

In sommige landen is de quartaire sector minder groot. De overheid bemoeit zich daar weinig met het particuliere bedrijfsleven. Die landen hebben een *vrijemarkteconomie*: een economie met een kleine collectieve sector. Voorbeelden zijn: de USA en Nieuw-Zeeland. De overheid zorgt daar wel voor de belangrijkste zaken, zoals politie, leger en wetgeving. Maar ze laat meer zaken aan de vrije markt over dan bij ons. Er zijn bijvoorbeeld veel minder sociale verzekeringen.

Het andere uiterste is een economie waar de overheid alles regelt. Dat was het geval in communistische landen, zoals in Rusland tot 1991 en in China tot 1978. De hele economie bestond uit de quartaire sector. De overheid maakte elk jaar een plan. Daar stond in wat elk overheidsbedrijf moest produceren en hoeveel. Men noemt dit soort economie een *planeconomie*: een economie waarin het hele bedrijfsleven van de overheid is.

Echte planeconomieën bestaan bijna niet meer, ze zijn in feite failliet gegaan. Dat kwam doordat bedrijven niet mochten luisteren naar de wet van vraag en aanbod. Bedrijven moesten het plan van de overheid volgen. Er werden producten gemaakt die niemand wilde hebben. Voor andere producten stonden mensen eindeloos in de rij, omdat het aanbod kleiner was dan de vraag. Een echte planeconomie vind je alleen nog in Cuba en Noord-Korea. De meeste communistische landen die een planeconomie volgden zijn inmiddels omgeschakeld en er zijn nu veel particuliere bedrijven.

De meeste landen zitten tussen de vrijemarkteconomie en de planeconomie in. De quartaire sector is belangrijk, maar de overheid probeert niet alle productie en consumptie van bovenaf te regelen. Dat heet een *gemengde economie*: een economie met een grote collectieve sector naast een grote private sector.

In Nederland is de collectieve sector de laatste tijd iets kleiner aan het worden. Hoe groter de collectieve sector, hoe hoger de belastingen. Veel mensen vonden dat te duur worden. Vandaar dat er de laatste tijd is bezuinigd op de sociale zekerheid.

Nederland is tegelijk een voorbeeld van een *overlegeconomie* Een overlegeconomie is een economie waarin de sociale partners op landelijk niveau het economische beleid en het arbeidsmarktbeleid bespreken. In zo'n land zijn de *sociale partners* (regering, werkgevers en werknemers) sterk georganiseerd. De werkgevers in werkgeversorganisaties (zoals het VNO-NCW) en de werknemers in vakbonden (zoals het FNV en het CNV).

De sociale partners overleggen elk jaar op landelijk niveau over de grote lijnen van werkgelegenheid, ontwikkeling van de lonen, investeringen, enzovoort. Ook al kost het vaak moeite om het eens te worden, het gevolg is dat Nederland niet zoveel sociale conflicten heeft, zoals stakingen. In landen met minder overlegstructuur wordt gemiddeld meer gestaakt.

open economie

Er is nog een andere manier om de economieën van landen in te delen: de mate van openheid naar het buitenland toe. In een *open* economie bestaat een groot deel van het nationaal product uit import en export. Voorbeelden zijn: Nederland en Singapore. In een *gesloten* economie is maar weinig import en export. Voorbeelden zijn: Noord-Korea en Bhutan. De laatste tijd neemt het aantal gesloten economieën sterk af, de handel tussen landen neemt toe.

Opdrachten

12. Welke sector is het grootst in Ethiopië?

13. Het (fictieve) land Liberstan heeft een grote tertiaire sector. De quartaire sector is klein.
    a. Is Liberstan een rijk of een arm land?
    b. Wat voor type economie heeft Liberstan?

14. a. Waarom is de quartaire sector in Nederland iets kleiner aan het worden?
    b. Bedenk een voorbeeld waar je dat aan kunt zien.
    c. Hoe heet het type economie van Nederland?

15. Wat wordt bedoeld met de Industriële Revolutie?

16. a. Wat is het voordeel van een overlegeconomie?
    b. Wat is een open economie?

17. In welke sector zitten de volgende bedrijven en instellingen?
    a. Riedel frisdranken.
    b. De houtzagerij.
    c. Varkensfokkerij Boertjes.
    d. DA drogisten.
    e. KPMG accountants.
    f. De Gemeentelijke Sociale Dienst.
    g. McDonald's.
    h. Staatsbosbeheer.
    i. Je rij-instructeur.
    j. Albert Heijn bv.
    k. Rijkswaterstaat.
    l. Sony.
    m. DHL.
    n. Een theeplantage op Sri Lanka.
    o. Een suikerrietplantage op Cuba.

3.3 Samenvatting

Bij de *primaire sector* horen de bedrijven die hun producten rechtstreeks uit de natuur halen: landbouw, veeteelt, tuinbouw, jacht en visserij. Vroeger was de primaire sector het grootst, tegenwoordig is zij sterk gemechaniseerd en het kleinst.

In de *secundaire sector* draait het om de bewerking van producten uit de natuur; de secundaire sector omvat ambacht, industrie en mijnbouw. Na 1800 werd deze sector in rijke landen het grootst. Tegenwoordig neemt dit aandeel af. De bedrijven in de primaire en secundaire sector zijn *productiebedrijven*.

De *tertiaire sector* omvat dienstverlenende en handelsbedrijven. In de meeste ontwikkelde landen is deze sector nu de grootste. De eerste drie sectoren bij elkaar vormen de *private sector*. In de *quartaire* sector vind je dienstverlening zonder winstoogmerk: dienstverlening van de overheid en non-profitinstellingen. De quartaire sector wordt ook wel *collectieve sector* genoemd.

Een economie waar het particuliere bedrijfsleven veel vrijheid heeft, is een *vrijemarkteconomie*; de quartaire sector is daar niet groot. In een *planeconomie* horen alle bedrijven bij de collectieve sector. De planeconomie bestaat bijna niet meer. De meeste landen hebben een economie die tussen de twee uitersten in ligt, een *gemengde economie*: een economie met een grote quartaire sector, waarin ook particuliere bedrijven de ruimte krijgen.

In een *overlegeconomie* overleggen de *sociale partners* (regering, werknemers en werkgevers) regelmatig op landelijk niveau over het economische beleid en het arbeidsmarktbeleid. Een *open* economie kent veel export en import, een *gesloten* economie maar heel weinig.

3.4 Begrippen

Collectieve sector	Quartaire sector.
Dienstverlenende bedrijven	Bedrijven die voornamelijk handelingen verrichten voor anderen.
Gemengde economie	Economie met een grote collectieve sector naast een grote particuliere sector.
Gesloten economie	Economie met erg weinig import en export.

Handelsbedrijven	Bedrijven die producten inkopen en weer doorverkopen, zonder ze te bewerken.
Open economie	Economie waarin een belangrijk deel van het nationaal product bestaat uit import en export.
Overlegeconomie	Economie waarin de sociale partners op landelijk niveau het economische beleid en het arbeidsmarktbeleid bespreken.
Planeconomie	Economie waarin het hele bedrijfsleven in handen is van de overheid.
Primaire sector	Productiebedrijven die zich bezighouden met: jacht, land- en tuinbouw, veeteelt en visserij.
Private sector	Primaire, secundaire en tertiaire sector samen: alle bedrijven die niet in de collectieve sector thuishoren.
Productiebedrijven	Bedrijven die goederen produceren.
Quartaire sector	Overheidsdiensten en instellingen zonder winstoogmerk.
Secundaire sector	Productiebedrijven die zich bezighouden met: ambachtelijke en industriële productie, mijnbouw.
Tertiaire sector	Bedrijven die zich bezighouden met: dienstverlening en handel.
Vrijemarkteconomie	Economie met een kleine collectieve sector.

4 Handel

4.1 Concrete en abstracte markten
4.2 De groothandel
4.3 Taken van de handel
4.4 De kleinhandel
4.5 Samenvatting
4.6 Begrippen

4.1 Concrete en abstracte markten

Waar vraag en aanbod elkaar tegenkomen, spreek je van een *markt*. Dat woord kun je in verschillende betekenissen gebruiken. Je kunt het hebben over een bepaalde plaats waar vraag en aanbod elkaar ontmoeten. Je hebt het dan over een *concrete* markt. Een concrete markt kan bijvoorbeeld een dagmarkt of een weekmarkt zijn. Het kan ook een winkel zijn, een veiling, een schoolkantine, een kiosk of een beurs. Alle plaatsen waar mensen kopen en verkopen zijn concrete markten.

concrete markt

Als je het over een markt hebt, kun je ook het geheel van vraag en aanbod van een bepaald product bedoelen. Bijvoorbeeld de valutamarkt: dat is alle handel in geld van verschillende landen, wereldwijd. De wisselwerking tussen vraag en aanbod op de valutamarkt bepaald de wisselkoers van de euro, de dollar, enzovoort. Het geheel van vraag en aanbod van een bepaald goed of dienst vormt een *abstracte* markt.

abstracte markt

Alle kooptransacties die op allerlei plaatsen en manieren plaatsvinden horen bij de abstracte markt. Anders gezegd, elke concrete markt maakt onderdeel uit van een abstracte markt. Elke abstracte markt bestaat uit een groot aantal concrete markten, plus handel via internet en telefoon.

Als een startende ondernemer zegt: 'en volgende week gaan we de markt op', dan is de kans klein dat hij met een kraampje op een weekmarkt gaat staan. Hij heeft het zeer waarschijnlijk over de abstracte markt waarop hij actief wil zijn.

De arbeidsmarkt is een abstracte markt: het geheel van bedrijven die werknemers zoeken (vraag) en mensen die een baan zoeken (aanbod). Concrete markten binnen de arbeidsmarkt zijn: een uitzendbureau, een arbeidsbureau, een bedrijf waar mensen aan het solliciteren zijn.

Andere voorbeelden van abstracte markten en concrete markten die daarbij horen:

abstract	concreet
de markt voor fastfood	een snackbar
de huizenmarkt	een makelaarskantoor
de oliemarkt	een benzinestation

Abstracte markt: het geheel van vraag naar en aanbod van één soort product.

Concrete markt: een plaats waar iets verhandeld wordt.

Opdrachten

1. a. Bedenk nog een voorbeeld van een abstracte markt.
   b. Noteer twee concrete markten die daarbij horen.

2. Leg uit waarom de arbeidsmarkt een abstracte markt is.

3. a. Wat is een concrete markt?
   b. Welk soort concrete markt komt tegenwoordig het meest voor?

4. Gaat het om een concrete of een abstracte markt?
   a. 'Dag schat! Ik ga naar de markt.'
   b. Roy solliciteert bij de ING-bank aan het Bijlmerplein.
   c. De prijzen op de oliemarkt zijn ingestort.
   d. Slenteren over de Vrijmarkt....
   e. Computers worden steeds goedkoper.
   f. Voor een leuke haarspeld ga ik naar de drogist.

Hoofdstuk 4 Handel

5. Koos heeft het over de tweedehandsautomarkt. Leg uit dat hij zowel een concrete als een abstracte markt kan bedoelen.

Op een abstracte markt ontmoeten vraag en aanbod elkaar. De verkopers hebben het aanbod en de kopers hebben vraag naar dat aanbod. Door het samenspel van vraag en aanbod komt de prijs tot stand. Maar welke partij is sterker, de kopers of de verkopers? Dat hangt ervan af.

De huizenmarkt was in de jaren '90 duidelijk een verkopersmarkt. Kopers stonden bijna in de rij voor een huis. Er waren mensen die meer boden dan de vraagprijs, om maar zeker te zijn van de koop. De huizenprijzen stegen dan ook behoorlijk in die tijd.

Na de kredietcrisis sloeg in 2008 het klimaat op de huizenmarkt volledig om. Veel huizen stonden heel lang te koop, geen enkele koper leek interesse te hebben. De huizenprijzen daalden. De huizenmarkt was duidelijk een kopersmarkt geworden.

verkopersmarkt

kopersmarkt

Op een *verkopers*markt zijn de verkopers de machtigste partij, doordat de vraag groter is dan het aanbod. Daardoor kunnen de aanbieders de prijzen verhogen. Op een *kopers*markt zijn de kopers het machtigst, doordat het aanbod groter is dan de vraag. Op een kopersmarkt moeten de aanbieders flink met elkaar concurreren, waardoor de prijs gematigd kan blijven.

consumentenmarkt

zakelijke markt

Abstracte markten kun je ook indelen naar het soort klanten. Daar waar consumenten de vragers zijn spreek je van een *consumenten*markt. De markt voor levensmiddelen is er een voorbeeld van. Je weet al dat er door de finale vraag van consumenten ook afgeleide vraag ontstaat van het ene bedrijf aan het andere. Een markt waar bedrijven de vragers zijn is een *zakelijke* markt. De markt voor industriële robots is een voorbeeld van een zakelijke markt, ofwel een *business-to-business*markt (b2b). Op dezelfde manier kun je een consumentenmarkt een *b2c*-markt noemen.

Opdrachten

6. Gaat het om een kopersmarkt of om een verkopersmarkt?
   a. Door de tegenvallende economische groei is de olieprijs gedaald.

      b. Voor dat concert gingen de kaartjes op de zwarte markt voor tien maal de normale prijs.

7. Gaat het om een zakelijke markt of om een consumentenmarkt?
      a. Wehkamp en Bol.com staan in de top 50 van grootste online retailers in Europa.
      b. PostNL is een goede klant van deze webwinkels.

4.2 De groothandel

groothandel

Een *groothandel* is een handelsbedrijf dat verkoopt aan andere bedrijven. Dit in tegenstelling tot de kleinhandel, die aan consumenten verkoopt. Handel begon heel vroeger met onderling ruilen van producten die mensen over hadden. Toen er markten ontstonden, kwamen er beroepshandelaren. Tussen producent en consument was er vaak maar één handelaar. Toen de samenleving zich verder ontwikkelde, werd die taak voor één handelaar te groot. Er kamen verschillende soorten gespecialiseerde handelaren.

opkoper

Een *opkoper* koopt partijen grondstoffen of agrarische producten op bij producenten, bijvoorbeeld aardappels bij een aardappelboer. De opkoper verzamelt een flinke partij aardappels bij een groot aantal boeren. Deze partij kan hij kwijt aan een volgende handelaar. De tweede handelaar voegt de partijen van een aantal opkopers samen tot een nog grotere hoeveelheid, die hij aan een chipsfabriek kwijt kan. De meeste opkopers zijn gespecialiseerd in een bepaald product.

collecteren

De opkoper en de handelaar die van de opkopers koopt, horen bij de *collecterende* groothandel. Collecteren betekent letterlijk: verzamelen. Als het over handel gaat, betekent collecteren het samenvoegen van kleine partijen tot een grote hoeveelheid. De handelaar die dit doet, verhandelt grote partijen, vandaar de naam groothandel.

exporteur

Een *exporteur* is ook een collecterende groothandelaar. De exporteur koopt in eigen land partijen goederen op. Hij zorgt ervoor dat de goederen bij afnemers in een ander land terechtkomen. De groothandelaar-exporteur heeft specialistische kennis over zaken die bij export en vervoer van belang zijn.

Hoofdstuk 4   Handel

Een Nederlandse chipsfabriek gebruikt aardappels uit de Oekraïne. Een Oekraïense exporteur heeft in de Oekraïne een grote partij bijeengebracht en exporteert die in één keer naar Nederland.

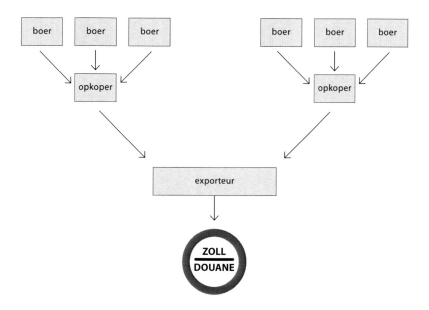

Figuur 4.1

Nadat de aardappels door de exporteur zijn afgeleverd, worden ze in de fabriek gesneden en gefrituurd tot knapperige chips. Als die chips eenmaal in glimmende zakjes in een doos zitten, is het de kunst om ze bij de klant te krijgen. Werk aan de winkel voor een groothandelaar, die grote partijen chips afneemt van de fabriek en doorverkoopt aan winkels. Deze groothandel kan die grote partij niet in één keer doorverkopen, want elke winkel wil maar een relatief kleine partij afnemen. Deze groothandel verdeelt dus een grote partij goederen in kleinere partijen. De winkels verdelen hun partij weer over een groot aantal eindgebruikers: de consumenten.

distribueren

Distribueren betekent letterlijk: verdelen. Het verdelen van een grote hoeveelheid in kleinere partijen, die worden doorverkocht, heet distribueren. Een handelsbedrijf dat grote partijen verdeelt in kleinere partijen en die doorverkoopt, is een distribuerende groothandel.

grossier

Een grossier is een distribuerende groothandel. De *grossier* is de groothandel die aan de winkels levert. Een grossier koopt in bij een groot aantal fabrikanten en importeurs om een zo volledig mogelijk assortiment te kunnen bieden aan de winkeliers. In dat assortiment zitten dozen chips van verschillende producenten. De grossier moet de winkelier keus kunnen bieden. Het assortiment van een handelsbedrijf bestaat uit de verschillende soorten producten die het bedrijf naast elkaar verkoopt.

importeur

Een *importeur* is ook een distribuerende groothandel. Een importeur voert een grote hoeveelheid goederen in uit het buitenland. Hij verkoopt die partij vervolgens door in kleine hoeveelheden aan grossiers of direct aan grootwinkelbedrijven.

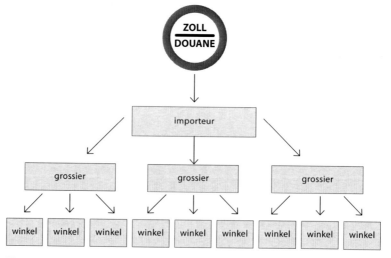

Figuur 4.2

Winkeliers, die worden bevoorraad door de grossier, verkopen aan de consument. Het gaat hierbij om kleine hoeveelheden. Handelsbedrijven die aan de consument verkopen, vormen de *klein*handel. Een ander woord voor kleinhandel is *detail*handel.

kleinhandel

Handelsbedrijven die aan andere bedrijven doorverkopen, horen bij de groothandel. Binnen de groothandel is er verschil tussen de collecterende en de distribuerende groothandel. De collecterende groothandel bestaat uit handelaren die partijen goederen samenvoegen tot grotere partijen en die weer doorverkopen. Voorbeelden van de collecterende groothandel zijn de opkoper en de exporteur.

De distribuerende groothandel bestaat uit handelsbedrijven die grote partijen verdelen in kleinere partijen en die doorverkopen. Voorbeelden van de distribuerende groothandel zijn de importeur en de grossier. Zonder groothandel zouden winkeliers rechtstreeks bij een groot aantal producenten moeten kopen. Voor tien dozen pindakaas naar Rotterdam, voor een pallet bier naar Amsterdam, voor een partij chips naar Groningen.... De winkelier zou aan zijn eigenlijke werk niet meer toekomen.

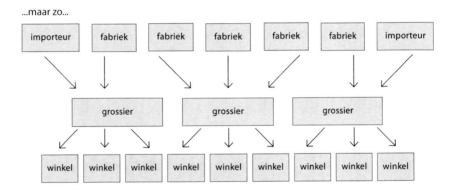

Figuur 4.3

Onthoud

De groothandel levert aan andere bedrijven.
De kleinhandel levert aan de consument.

Collecterende groothandel: van kleine hoeveelheden naar grote hoeveelheden.
Distribuerende groothandel: van grote hoeveelheden naar kleine hoeveelheden.

Opdrachten

8. Leg uit waarom de producten in de winkel duurder zouden zijn zonder distribuerende groothandel.

9. a. Noteer twee soorten collecterende groothandels.
   b. Noteer twee soorten distribuerende groothandels.

10. a. Wat is het verschil tussen groot- en kleinhandel?
    b. Geef een ander woord voor kleinhandel.

11. a. Wat is de taak van de distribuerende groothandel?
    b. Wat is de taak van de collecterende groothandel?

12. Een exporteur van appels in Chili levert een grote partij appels aan een importeur van fruit in Rotterdam. Laat in een schematische tekening zien welke van de twee distribueert en welke collecteert.

4.3 Taken van de handel

Handel is nodig om producten daar te krijgen waar ze nodig zijn. De hoofdtaak van de handel is om het aanbod daar te krijgen waar er vraag naar is. Op de weg die een product aflegt van producent naar klant moeten handelaren allerlei verschillen tussen vraag en aanbod overbruggen. Bijvoorbeeld het verschil in hoeveelheid: de fabriek maakt containers vol met jam, een winkel wil acht dozen vol en voor een klant in een winkel is een potje wel genoeg. En een computer die je wilt kopen, wordt in enorme hoeveelheden gemaakt in China: een hoeveelheidsverschil en een plaatsverschil. Handelsbedrijven zorgen ervoor dat jij er eentje kunt kopen bij jouw in de buurt. Zij overbruggen dus deze verschillen.

Hoeveelheidsverschil

Een opkoper koopt grondstoffen in kleine hoeveelheden op bij de producenten. De kleine hoeveelheden voegt hij samen. Zo'n collecterende groothandel levert grote partijen goederen af aan de fabrieken. De fabriek levert grote partijen goederen aan de distribuerende groothandel. Die verkoopt de goederen in kleinere partijen door aan de detailhandel. Door *collecteren* en *distribueren* overbruggen handelsbedrijven dus de *hoeveelheidsverschillen* tussen vraag en aanbod.

Hoofdstuk 4 Handel

Plaatsverschil

Goederen zijn niet meteen op de plaats waar de consument ze wil kopen. Handelsbedrijven halen grondstoffen en agrarische producten van het platteland en vervoeren ze naar fabrieken. De groothandel zorgt voor transport naar winkels. Als de grondstoffen uit het buitenland moeten komen, verzorgen exporteur en importeur het internationale transport. De handel overbrugt het *plaatsverschil* door middel van *transport*.

Tijdsverschil

De consument heeft maar kleine hoeveelheden nodig. Hij koopt niet ineens honderd kilo aardappels tegelijk, ook al consumeert hij honderd kilo per jaar. Aardappels worden maar een keer per jaar geoogst. Het is de taak van de handel om de aardappels op te slaan. Vanuit de opslag brengt de handel dan steeds beperkte hoeveelheden aardappels naar winkels. Zo kan de consument het hele jaar door aardappels eten. Door *opslag* zorgt de handel voor bevoorrading van producten die niet het hele jaar door geproduceerd worden.

Kwaliteitsverschil

Consumenten hebben niet allemaal dezelfde wensen. De een wil echte arabicakoffie, de ander neemt genoegen met goedkopere koffiebonen. Een belangrijke taak van de handel is het *selecteren* en *sorteren* van goederen, zodat ze goederen van verschillende kwaliteit aan kunnen bieden. Zo heeft de consument meer keus. Het gevolg is dat er meer verkocht wordt.

Kennisverschil

Als de klant weinig kennis heeft van een product, moet de handelaar hem *voorlichten*, hij moet advies kunnen geven. De grossier kan de winkeliers helpen met informatie over producten en over de beste manier van verkopen. De winkelier moet de klant informatie kunnen geven. Deze taak is bij de verkoop van bijvoorbeeld een computer belangrijker dan bij een pak suiker. Een handelaar die goede informatie geeft, verkoopt meer.

Vermogensverschil

Groothandelaren zijn vaak een stuk groter dan de leveranciers of klanten met wie zij zaken doen. Opkopers schieten agrarische producenten (boeren) vaak geld voor. Uitlenen van geld heet *financieren*. Zo bindt de handelaar de producenten aan zich. Zij moeten de oogst dan wel aan hém leveren, om het krediet af te betalen.

De distribuerende groothandel verleent ook krediet, aan de kleinhandel. Dit heet leverancierskrediet. Vooral kleinere winkeliers hebben soms financiering nodig. Als een winkelier tijdelijk vermogen tekort komt, kan de grossier goederen op krediet leveren. De winkelier betaalt terug wanneer de producten verkocht zijn. De kleinhandel verleent soms krediet aan de consument: kopen op afbetaling.

Onthoud

De hoofdtaak van de handel: bij elkaar brengen van vraag en aanbod.

Elke taak van de handel overbrugt een verschil tussen vraag en aanbod:

Taak	Verschil tussen vraag en aanbod
Collecteren en distribueren	Hoeveelheid
Transporteren	Plaats
Opslaan	Tijd
Sorteren en selecteren	Kwaliteit
Voorlichten	Kennis
Financieren	Vermogen

Niet alle handelaren verrichten alle taken die genoemd zijn. Er zijn bijvoorbeeld verschillende soorten grossiers. De *full service* grossier (volledige service) vervult alle taken: hij geeft de winkelier informatie, zorgt voor transport, verleent krediet, helpt met reclame, enzovoort. De *cash*-and-*carry* (betalen en meenemen) grossier heeft een winkel waar de kleinhandel producten kan kopen. De goederen kunnen hier goedkoper zijn omdat er geen vervoer en krediet wordt aangeboden. De Makro is een voorbeeld van een cash-and-carry groothandel.

Opdrachten

13. Bedenk drie producten waarbij de handel een tijdsverschil moet overbruggen.

14. a. Leg uit wat bedoeld wordt met een hoeveelheidsverschil.
    b. Welke twee taken voert de handel uit om hoeveelheidsverschillen te overbruggen?

15. Leg uit waarom sorteren en selecteren een belangrijke taak van de handel is.

16. a. Welk soort groothandel financiert haar afnemers?
    b. Welk soort groothandel financiert haar leveranciers?
    c. Leg uit waarom handelaren financieren.

17. a. Welk verschil tussen vraag en aanbod wordt overbrugd door transport?
    b. 'Dit mobieltje is wel wat duurder, maar kan goed tegen een stootje', zegt de verkoper. Welk verschil tussen aanbod en vraag probeert hij te overbruggen?

18. a. Wat is een full service grossier?
    b. Noteer zes taken die de full service grossier verricht.
    c. Is de full service grossier een collecterende of een distribuerende groothandel?

19. Wat is de hoofdtaak van de handel?

4.4 De kleinhandel

De winkeliers en andere handelaren die aan de consument verkopen, vormen de kleinhandel of detailhandel. De kleinhandel bestaat uit de ambulante handel en de gevestigde handel. De *ambulante handel* heeft geen besloten verkoopruimte. Een 'besloten verkoopruimte' is een ruimte waar de verkoop van de goederen steeds plaatsvindt. Het moet een afgebakende ruimte zijn waar consumenten en verkopers zich in bevinden. De verkoopruimte mag verplaatsbaar zijn.

ambulante handel

Ambulante handel bestaat uit:
- straathandelaren en venters die af en toe langs komen (zoals de ijscoman);
- huis aan huis verkoop (colportage);
- markthandelaren;
- party-selling (lingerie, tupperware, cosmetica): verkopers nodigen mensen uit en geven een demonstratie aan huis; daar proberen ze te verkopen;
- rivierventers (parlevinkers met een varend winkeltje).

gevestigde handel

De *gevestigde handel* heeft wel een vaste, besloten verkoopruimte. Bij de gevestigde handel horen:
- de supermarkt: zelfbediening, vooral levensmiddelen, centrale kassa's;
- de speciaalzaak (slager, speelgoedwinkel, slijterij): bedieningswinkels, weinig soorten producten, maar per soort veel keus;

- het warenhuis (zoals V&D, de Bijenkorf, HEMA): verkoop van veel soorten goederen verdeeld over verschillende afdelingen, meestal geen of weinig voedingswaren in het assortiment;
- het postorderbedrijf: je bestelt de goederen vanuit een gids, levering per post of per bode, de goederen kunnen worden teruggestuurd;
- de webwinkel: waar de transactie tot stand komt op de website en de levering net zo werkt als bij het postorderbedrijf, bijna alle postorderbedrijven zijn inmiddels webwinkel geworden;
- de cataloguswinkel (zoals Kijkshop): de goederen staan uitgestald in een vitrine, de consument bestelt in de winkel via een formulier, het artikel wordt dan uit het magazijn gehaald;
- de gemakswinkel, ofwel convenience store: dit lijkt op een kleine supermarkt maar staat op een plaats waar veel mensen langskomen, bijvoorbeeld bij een station;
- de cash-and-carry winkel (zoals Zeeman, Kwantumhallen, Aldi): andere namen zijn verbruikersmarkt of discounter, goedkope artikelen, weinig of geen service;
- de kranten- of sigarettenkiosk;
- de rijdende winkel (zoals de SRV-wagen).

De belangrijkste taak van de kleinhandel is de verkoop aan de consument. Daar zijn alle activiteiten van het bedrijfsleven uiteindelijk op gericht. De handelaar die het meeste contact heeft met de klant is de detaillist.

Een tweede belangrijke taak van de kleinhandel vloeit ook voort uit dat nauwe contact met de consument: de inkoop van dié producten die de consument wil kopen. Naar groothandelaren en fabrikanten toe kan de detailhandel een belangrijke informerende taak hebben over het soort producten waar consumenten vraag naar hebben.

Onthoud

De belangrijkste taken van de detailhandel:
- distribueren naar consumenten;
- selecteren van dié producten die de klant wenst (assortiment);
- voorlichten van consumenten en grossiers.

Hoofdstuk 4 Handel

filiaalbedrijf Een *filiaalbedrijf* is een detaillist die meerdere winkels heeft, denk aan Albert Heijn of C&A. Heeft een filiaalbedrijf meer dan zes filialen, dan is het een *grootfiliaalbedrijf*.

Opdrachten

20. Gaat het om gevestigde of ambulante kleinhandel?
    a. Een Hema.
    b. Een kiosk op het perron.
    c. Een marktkoopman.
    d. Herma nodigt vriendinnen uit om Avon make-up te demonstreren.
    e. Een sigarenwinkel.
    f. Colportage voor abonnementen op *Voetbal International* in het stadion.
    g. Verkoop van *Het Straatnieuws*.
    h. Een rijdende winkel van de SRV.
    i. Een postorderbedrijf.

21. Leg uit waarom de kleinhandel een informerende taak heeft naar haar leveranciers.

22. a. Wat is een cataloguswinkel?
    b. Wat is een filiaalbedrijf?

23. Noteer twee verschillen tussen een warenhuis en een supermarkt.

24. a. Geef een voorbeeld van een cash-and-carry voor consumenten.
    b. Waarom zijn de artikelen bij de cash-and-carry meestal goedkoper?

25. Hieronder staat een aantal gevestigde kleinhandels. Geef aan bij welk soort kleinhandel zij horen.
    a. Jumbo supermarkten.
    b. Lekkerkerker ijzerwaren.
    c. C&A.
    d. Lou's dumpshop.
    e. De Kijkshop.
    f. Ronnie's buurtsuper.
    g. Otto.

4.5 Samenvatting

Een *concrete markt* is de plaats waar vraag naar en aanbod van producten elkaar ontmoeten. Een *abstracte markt* is het geheel van vraag naar en aanbod van één soort product. Op een *kopers*markt is er meer aanbod dan vraag, op een *verkopers*markt is dat andersom.

De *hoofdtaak* van de handel is het bij elkaar brengen van vraag en aanbod. Daarvoor moeten een aantal verschillen overbrugd worden. Dat doet de handel door de volgende *taken* uit te voeren: collecteren, distribueren, transporteren, opslaan, sorteren en selecteren, voorlichten en financieren.

De *groothandel* verkoopt aan andere bedrijven. De *collecterende* groothandel (onder andere *opkoper* en *exporteur*) voegt kleine hoeveelheden samen tot grotere partijen en verkoopt die door. De *distribuerende* groothandel (onder andere *importeur* en *grossier*) verdeelt grote partijen in kleinere en verkoopt die door. De *kleinhandel* verkoopt aan consumenten. Er is *gevestigde* en *ambulante* kleinhandel. Deze worden weer onderverdeeld in een aantal soorten.

4.6 Begrippen

Algemene begrippen

Abstracte markt	Het geheel van vraag naar en aanbod van één soort product.
Ambulante handel	Handelsbedrijf zonder besloten verkoopruimte.
Collecteren	Samenvoegen van kleine partijen tot grotere hoeveelheden die worden doorverkocht.
Concrete markt	Plaats waar vraag en aanbod bij elkaar komen.
Consumentenmarkt	Abstracte markt waarop consumenten de vragende partij zijn.
Distribueren	Verdelen van grote partijen in kleinere partijen die worden doorverkocht.
Financieren	Verlenen van krediet.
Gevestigde handel	Handelsbedrijf met een besloten verkoopruimte.
Groothandel	Handelsbedrijf dat verkoopt aan andere bedrijven.
Kleinhandel	Handelsbedrijf dat verkoopt aan consumenten.
Kopersmarkt	Abstracte markt waarop de kopers meer macht hebben dan de verkopers, doordat het aanbod groter is dan de vraag.

Selecteren, sorteren	Bij elkaar brengen van dié producten die de klant wenst.
Verkopersmarkt	Abstracte markt waarop de verkopers de machtigste partij zijn, doordat de vraag groter is dan het aanbod.
Zakelijke markt	Abstracte markt waarop bedrijven en instellingen de vragende partij zijn.

Soorten handelsbedrijven

Cash & carry	Zelfbedieningsgroot- of kleinhandel die de klant zeer weinig diensten biedt.
Cataloguswinkel	Kleinhandel waar artikelen na bestelling direct uit het magazijn geleverd worden.
Colportage	Huis aan huis verkoop.
Exporteur	Collecterende groothandelaar die verkoopt aan buitenlandse bedrijven.
Filiaalbedrijf	Een detaillist die meerdere winkels heeft.
Full service grossier	Grossier die alle taken verricht.
Gemakswinkel	Winkel met gemaksgoederen op een plaats waar veel mensen langskomen.
Grootfiliaalbedrijf	Filiaalbedrijf met meer dan zes winkels.
Grossier	Distribuerende groothandelaar die verkoopt aan kleinhandelaren.
Importeur	Distribuerende groothandelaar die uit het buitenland invoert en in eigen land verkoopt.
Opkoper	Collecterende groothandelaar die partijen opkoopt bij producenten.
Party-selling	Verkoop via een demonstratie thuis.
Postorderbedrijf	Kleinhandel die alleen per post of per bode verkoopt.
Speciaalzaak	Kleinhandel met beperkt aantal productsoorten; per soort veel keus.
Supermarkt	Zelfbedieningswinkel in levensmiddelen met centrale kassa('s).
Venter	Straathandelaar die op onregelmatige tijden langskomt.
Warenhuis	Zelfbedieningswinkel met verschillende afdelingen; vooral niet-levensmiddelen.
Webwinkel	Winkel die op afstand verkoopt. Het assortiment is te zien op de website en daar komt ook de kooptransactie tot stand.

5 De bedrijfskolom

5.1 De bedrijfskolom
5.2 Bedrijfstakken
5.3 Veranderingen in de bedrijfskolom
5.4 Samenwerkingsvormen in de detailhandel
5.5 Samenvatting
5.6 Begrippen

5.1 De bedrijfskolom

Neem een product in gedachten: bijvoorbeeld een broodje, een zak chips of een pen. Waar komt dat product vandaan? Er zijn allerlei bedrijven mee bezig geweest: voor de grondstof, om het te maken, om te zorgen dat jij het kunt kopen bij jou in de buurt. Elk product heeft een hele weg afgelegd voordat het bij jou komt. Die weg kun je beter begrijpen met behulp van een bedrijfskolom.

bedrijfskolom

De complete weg die een product aflegt langs allerlei handelaren en fabrieken kun je weergeven als een *bedrijfskolom*. Het is een schematische weergave van de opeenvolgende bedrijven die een product voortbrengen, bewerken en verhandelen, van producent tot consument. Neem als voorbeeld weer chips, met als grondstof aardappelen.

schakel

De bedrijven die het product voortbrengen, bewerken of verhandelen, zijn *schakels* van de bedrijfskolom. In de eerste schakel zitten alle landbouwbedrijven die aardappels verbouwen. In de tweede zitten alle opkopers van aardappels, enzovoort. De bedrijfskolom is langer naarmate het product meer schakels (bedrijven) passeert voor het door de consument gekocht wordt.

Eén schakel van de bedrijfskolom stelt alle bedrijven voor die dezelfde taak voor het product uitvoeren. Die taak kan zijn het maken of afmaken van het product, maar ook het product verhandelen, of het verlenen van diensten die nodig zijn om het product verder te helpen.

Hoofdstuk 5 De bedrijfskolom

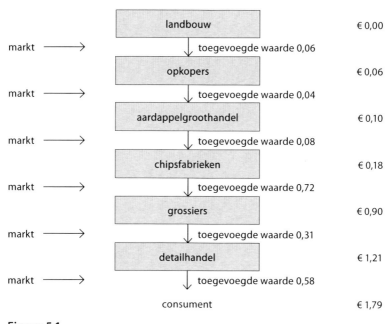

Figuur 5.1

Opdrachten

1. In de bedrijfskolom van figuur 5.1 vind je vier handelsbedrijven. Noteer de vier handelsbedrijven en geef ook aan of ze distribueren of collecteren.

2. Noteer drie taken die de grossier in deze bedrijfskolom uitvoert. Noteer ook welk verschil tussen vraag en aanbod bij elk van die taken hoort.

3. Noteer drie taken en de bijbehorende verschillen tussen vraag en aanbod van de aardappelgroothandel.

4. a. Van welke schakel(s) in deze bedrijfskolom komt de finale vraag?
   b. Van welke schakel(s) in deze bedrijfskolom komt de afgeleide vraag?
   c. Waar vind je in deze bedrijfskolom consumentenmarkten?
   d. En waar vind je zakelijke markten?

toegevoegde waarde

Elke schakel wil het product weer duurder verkopen aan de volgende schakel. Er is moeite voor het product gedaan; er zijn kosten voor gemaakt. Elk bedrijf wil die kosten terugverdienen en ook nog winst maken. Het verschil tussen de verkoopprijs en wat er voor het product werd betaald, is de *toegevoegde waarde*. Elke schakel in de bedrijfskolom voegt waarde toe aan het product en wil daarvoor betaald krijgen.

In figuur 5.1 voegt de boer zes cent waarde toe: hij verbouwt en oogst de aardappels. De opkoper voegt vier cent waarde toe (€ 0,10 – € 0,06): de beloning voor het collecteren, transporteren en verhandelen. De aardappelgroothandel voegt acht cent toe, enzovoort. De consument voegt geen waarde toe, de consument is het eindstation. De consument is geen productiehuishouding, daarom is de consument geen schakel in de bedrijfskolom. Als je een bedrijfskolom maakt, zet je de consument daarom niet in een hokje.

De bedrijfskolom van het voorbeeld is vereenvoudigd. Het is een *model* van de werkelijkheid. De chipsfabriek koopt niet alleen maar aardappels in, maar ook zout, olie, paprikapoeder, chemische toevoegingen, energie en verpakkingsmateriaal. Die inkoopprijzen moet je ook van de verkoopprijs van chips aftrekken, wil je de toegevoegde waarde van de fabriek berekenen.

Opdrachten

5. a. Hoe groot is de toegevoegde waarde van de detailhandel in het voorbeeld?
   b. Waarvoor is dat een beloning?

6. a. Wat stellen de schakels van een bedrijfskolom voor?
   b. Hoort de consument bij de bedrijfskolom? Waarom wel of niet?

7. Een boer verkoopt een partij fruit aan een groothandel. De handelaar sorteert het fruit en verkoopt een deel aan een jamfabriek. De jamfabriek maakt er jam van en verkoopt de potjes jam aan een grossier, die de jam distribueert naar detaillisten. Teken de bedrijfskolom van deze jam.

Tussen twee schakels van de bedrijfskolom wordt een product verhandeld. Vraag en aanbod komen bij elkaar: een markt. In één schakel van een bedrijfskolom bevinden zich alle bedrijven die dezelfde taak uitvoeren voor een product. In de volgende schakel zitten alle bedrijven die de volgende taak

Hoofdstuk 5   De bedrijfskolom

uitvoeren. De bedrijven uit de ene schakel, die klaar zijn met hun taak, bieden het product te koop aan (het aanbod) aan bedrijven uit de volgende schakel. De bedrijven die aan hun taak gaan beginnen, willen het product kopen (de vraag). Het totale aanbod vindt de totale vraag op de abstracte markt tussen twee schakels in.

Figuur 5.2

Op die abstracte markt komt de prijs tot stand. Als de vraag groter is dan het aanbod, krijg je een hogere prijs. Is het aanbod groter, dan zal de prijs lager zijn.

Opdrachten

8. a. Bekijk de bedrijfskolom van chips. Hoeveel keren veranderen de goederen van eigenaar? Hoeveel abstracte markten telt deze bedrijfskolom?
    b. Waarom zijn de markten in de bedrijfskolom abstracte markten?
    c. Hoe komt de prijs van aardappels tot stand op de abstracte markt voor aardappels?

9. Stel, je gaat een kist appels kopen bij een fruitteler. Teken de bedrijfskolom.

10. Wat zou er met de bedrijfskolom van figuur 5.1 gebeuren als de chipsfabrieken de aardappels van een Poolse exporteur in zouden kopen?

11. a. Geef een voorbeeld van toegevoegde waarde die de chipsfabriek verzorgt voor haar product.
    b. Geef een voorbeeld van toegevoegde waarde die de grossier verzorgt voor de zakken chips.

12. Maak een bedrijfskolom voor tafels die in Roemenië worden geproduceerd en in Nederland worden verkocht.

5.2 Bedrijfstakken

bedrijfstak

Een *bedrijfstak* bestaat uit alle bedrijven die ongeveer hetzelfde werk doen. Denk aan de bedrijfstak landbouw of de bedrijfstak horeca. De bedrijven in een bedrijfstak zitten in dezelfde schakel van een bedrijfskolom. Veel producten die de horeca op tafel zet, komen van de bedrijfstak landbouw en veeteelt. Via de groothandel en de verwerkende industrie komt dat eten en drinken bij de horeca, die het serveert aan de consumenten. Elke schakel in die bedrijfskolom is een bedrijfstak op zich. Een ander woord voor bedrijfstak is *branche*.

branche

De schakels in de bedrijfskolom van melk bestaan uit de bedrijven die voor dit product dezelfde taak uitvoeren. Alle melkproducerende boeren bij elkaar vormen samen de bedrijfstak van veehouders. Alle fabrieken die bezig zijn met het verwerken van melk vormen samen de bedrijfstak van de zuivelindustrie.

Een bedrijfstak kan heel groot zijn. Dezelfde bedrijfstak kun je tegenkomen in meerdere bedrijfskolommen: de bedrijfstak van de chemische industrie kom je tegen in de bedrijfskolom van medicijnen, maar ook in de bedrijfskolom van kunststoffen. Andere voorbeelden van bedrijfstakken zijn: de auto-industrie, de elektronica-industrie, het bank- en verzekeringswezen, de uitzendbranche, de textielindustrie, de mijnbouw, de toeristische sector, het transportwezen, enzovoort.

Bedrijven die in dezelfde schakel van de bedrijfskolom zitten, hebben te maken met dezelfde omstandigheden, dezelfde markt en dezelfde problemen. In de meeste bedrijfstakken is er dan ook een belangenvereniging, die opkomt voor

brancheorganisatie

het belang van de bedrijfstak als geheel. Dat is een *branche*organisatie. Voorbeelden daarvan zijn de Bovag en LTO-Nederland. Namens de aangesloten bedrijven lobbyen zij bij de politiek voor betere regelgeving, adviseren zij hun leden en proberen zij de bedrijfstak goed in de publiciteit te krijgen.

Opdrachten

13. Bedenk drie bedrijfstakken die nog niet zijn genoemd.

14. Wat hebben bedrijfstakken te maken met de bedrijfskolom?

15. a. Bij welke bedrijfstak horen de producenten van granen?
    b. Bedenk twee producten waarbij deze bedrijfstak in de bedrijfskolom voorkomt.
    c. Waar bevindt deze bedrijfstak zich in de bedrijfskolom? Bovenin, onder, midden?

16.

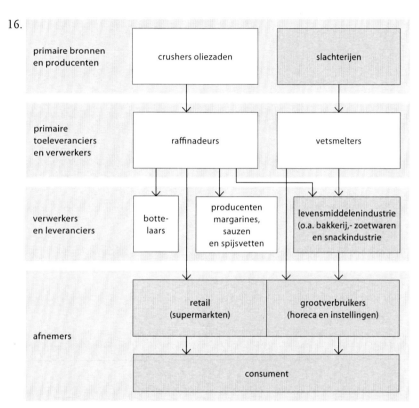

Bovenstaande figuur gaat over de bedrijfstak voor margarine, oliën en vetten. Maak op basis van de figuur een simpele bedrijfskolom voor margarine.

17. Zoek nog twee voorbeelden van brancheorganisaties.

5.3 Veranderingen in de bedrijfskolom

Ondernemingen zijn altijd op zoek naar een zo mooi mogelijk resultaat: meer winst maken, marktaandeel vergroten, kosten besparen. Werk dat een fabriek eerst zelf deed, kan aan een ander bedrijf worden uitbesteed als dat goedkoper is. Andersom kan het ook goedkoper zijn om werk zelf te gaan doen dat eerst was uitbesteed. Het gevolg is dat de bedrijfskolom verandert. Bedrijfskolommen zijn in beweging.

Een producent van keukens heeft fabrieken waar onderdelen worden gemaakt en in elkaar worden gezet. De onderneming wil kosten besparen en gaat de keukenonderdelen uit Polen importeren. Het bedrijf wordt door deze ontwikkeling meer een assemblagebedrijf dan een productiebedrijf: de kant-en-klare onderdelen worden alleen nog in elkaar gezet. De bedrijfskolom is door deze ontwikkeling veranderd, er is een schakel bijgekomen.

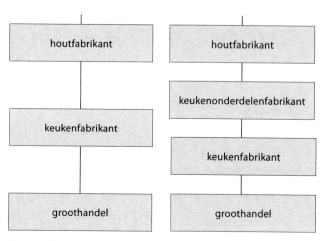

Figuur 5.3

Alweer zie je dat de bedrijfskolom een model is. Niet alle keukenfabrikanten gaan tegelijk werk uitbesteden. De bedrijfskolom kan er voor het ene bedrijf anders uitzien dan voor het andere bedrijf. Het model in figuur 5.3 gaat ervan uit dat de veranderingen voor alle bedrijven in een bedrijfstak tegelijk plaatsvinden.

differentiatie

Als de bedrijfskolom een schakel langer wordt, heb je te maken met *differentiatie*. In het voorbeeld wordt het werk van de keukenfabriek uitgesplitst over twee verschillende bedrijven. Bij differentiatie worden bedrijven ingeschakeld die eerst nog niet in die bedrijfskolom zaten.

Hoofdstuk 5   De bedrijfskolom

Een bedrijfskolom kan ook korter worden. Dat gebeurt als een bedrijf juist minder gaat uitbesteden. Het bedrijf gaat een activiteit uitvoeren die eerst door een ander bedrijf werd verricht.

Een spijkerbroekenfabrikant koopt een bedrijf dat denim stoffen weeft van katoen. Eerst kocht de spijkerbroekenfabrikant haar textiel in bij die weverij. De weverij is nu niet meer zelfstandig, maar hoort bij de schakel van de fabrikanten van denim kleding.

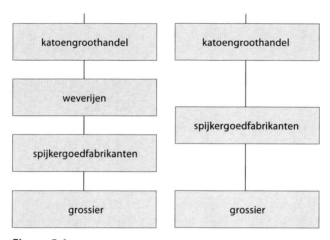

Figuur 5.4

integratie   Als de bedrijfskolom een schakel korter wordt, heet dat *integratie*. Twee (of meer) schakels schuiven als het ware in elkaar. Bij integratie wordt een bedrijfstak uitgeschakeld. Dat werk wordt overgenomen door een andere bedrijfstak in de bedrijfskolom. Integratie ontstaat als een bedrijf een voorgaande of volgende schakel opkoopt en integreert in het eigen bedrijf. Integratie ontstaat ook als een bedrijf werkzaamheden van voorgaande of volgende schakels gaat verrichten.

Opdrachten   18. a. Hoe heet verkorting van de bedrijfskolom?
b. Hoe heet verlenging van de bedrijfskolom?

19. Gaat het over integratie of differentiatie?
    a. Sun European (eigenaar van V&D) koopt een kledingfabriek.
    b. BigShotBurger begint haar eigen veehouderij.
    c. DHL besteedt het rondbrengen van pakketjes uit aan FastLink bv.
    d. LaZy meubelfabriek begint haar eigen winkelketen.
    e. Shell houdt op met olieboren. Ze koopt de ruwe olie in bij Pumps & Partners.

Integratie en differentiatie zijn verticale bewegingen in de bedrijfskolom. De bedrijfskolom van een product wordt er korter of langer door. Er zijn ook horizontale veranderingen in de bedrijfskolom. Het gaat dan om één schakel die smaller of breder wordt. Het aantal opeenvolgende schakels blijft gelijk. Een schakel wordt 'smaller' als de bedrijven in die schakel zich met minder soorten producten bezig gaan houden: het assortiment wordt smaller.

Een meubelfabriek maakt tafels, stoelen en kasten. De kasten verkopen het best. De directie besluit alleen nog maar kasten te gaan produceren. De productie wordt specialistischer. De bedrijfskolom van meubels wordt hierdoor smaller ter hoogte van deze fabriek. Er zijn nu andere fabrieken nodig die tafels en stoelen maken. Als een bedrijf zich specialiseert, moet een ander bedrijf worden ingeschakeld.

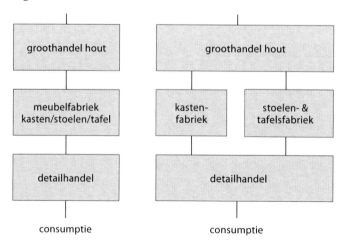

Figuur 5.5

Hoofdstuk 5   De bedrijfskolom

specialisatie

Als de bedrijfskolom ter hoogte van één schakel smaller wordt, spreekt men van *specialisatie*: een schakel in de bedrijfskolom gaat minder soorten producten produceren, bewerken of verhandelen. Er moeten ter hoogte van die schakel voortaan meer bedrijven worden ingeschakeld. Deze ontwikkeling is horizontaal, de bedrijfskolom wordt er niet langer of korter van, maar een schakel wordt smaller.

Opdracht

20. a. Bedenk een ander voorbeeld van specialisatie.
    b. Wat voor bedrijf wordt in jouw voorbeeld ingeschakeld?

Een schakel kan ook breder worden, als een bedrijf meer soorten producten gaat produceren, bewerken of verhandelen. Bijvoorbeeld: een supermarkt die ook spijkers gaat verkopen.

Een fabriek van gordijnstoffen gaat ook bekledingen voor meubilair maken. De productie wordt uitgebreid met een vergelijkbaar product. De bedrijfskolom wordt ter hoogte van deze schakel breder, omdat er meer producten dan eerst worden aangeboden door dezelfde schakel.

parallellisatie

Als een schakel in de bedrijfskolom meer soorten producten gaat produceren, bewerken of verhandelen, spreekt men van *parallellisatie*. De bedrijfskolom wordt ter hoogte van die schakel breder. Daardoor zijn er in andere bedrijfskolommen minder bedrijven nodig: de bedrijven die uitbreiden, hebben een stuk van de activiteiten van andere bedrijven overgenomen. Door parallellisatie worden bedrijven uitgeschakeld. Het woord *parallel* betekent 'ernaast': een bedrijf neemt activiteiten over van bedrijven die op dezelfde hoogte (ernaast) liggen in een andere bedrijfskolom.

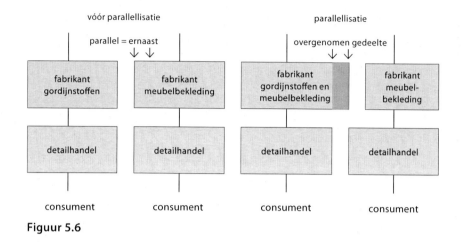

Figuur 5.6

Opdrachten

21. a. Hoe heten de twee veranderingen in de bedrijfskolom waarbij bedrijven worden uitgeschakeld?
    b. Noteer de twee veranderingen in de bedrijfskolom waarbij bedrijven worden ingeschakeld.

22. Geef aan of er sprake is van specialisatie of parallellisatie.
    a. De kaaswinkel gaat noten verkopen.
    b. De snoepwinkel wordt dropwinkel.
    c. De hakkenbar neemt tassen in het assortiment.
    d. Akzo Nobel NV verkoopt de divisie medicijnen, de divisie verf- en kunststoffen blijft gehandhaafd.
    e. Tata Steel in IJmuiden produceert steeds meer aluminium blikjes.
    f. Je leraar economie wordt leraar bedrijfsadministratie.

Onthoud

Veranderingen in de bedrijfskolom:

Verticaal
Differentiatie	Er komt een schakel bij.
Integratie	Er gaat een schakel af.

Horizontaal
Parallellisatie	Een schakel breidt uit.
Specialisatie	Een schakel wordt smaller.

Er is parallellisatie wanneer bedrijven meer soorten producten gaan aanbieden. Vaak zijn dat producten die verwant zijn aan de producten die al eerder door het bedrijf werden aangeboden, maar dat hoeft niet. Soms komt het zo uit dat een bedrijf iets gaat aanbieden dat eigenlijk niets te maken heeft met de rest van het assortiment of met de dienstverlening door dat bedrijf.

Sommige benzinestations verkopen bloemen of gereedschap. Voor de consument is dat wel handig. De benzinestations komen met de verkoop van deze producten op het terrein van andere winkels. De verkoop van bloemen was eigenlijk het terrein van de bloemenzaken, de laatste schakel van de bedrijfskolom bloemen. De verkoop van gereedschap was het terrein van de ijzerwinkels, de laatste schakel van de bedrijfskolom ijzerwaren.

Als bedrijven uit andere bedrijfskolommen ook bloemen gaan verkopen, is er sprake van branchevervaging. De bloemenzaken zullen proberen er iets aan te doen, want er wordt van hun marktaandeel gesnoept. Branchevervaging zou je bedrijfstakvervaging kunnen noemen. Als een bedrijfstak op het terrein van een bedrijfstak uit een andere bedrijfskolom komt, spreekt men van *branchevervaging*. Het verschil tussen bedrijfstakken van verschillende bedrijfskolommen wordt er kleiner door.

branchevervaging

Branchevervaging ontstaat door parallellisatie. Bedrijven streven ernaar zoveel mogelijk winst te behalen. Als de verkoop van een product aantrekkelijk is, schrikken bedrijven er niet voor terug om op elkaars terrein te komen. De benzinestations willen hun dienstverlening nog verder uit gaan breiden met winkels waar behalve snoep, sigaretten en kranten ook andere producten te koop zijn.

Deze ontwikkeling, het steeds verder uitbreiden van het assortiment, sluit aan bij de wens van de consument om zoveel mogelijk in één keer te kunnen kopen. Dit noemt men *one stop shopping*. Dat is belangrijk voor de consument die het druk heeft en tijd wil besparen.

one stop shopping

Opdrachten

23. a. Vroeger kwam je op het postkantoor voor postzegels en postpakketten. Tegenwoordig ga je hiervoor naar een postagentschap. Beschrijf welke branchevervaging er heeft plaatsgevonden.
    b. Hoe heet deze beweging in de bedrijfskolom?

24. a. Geef nog eens de definitie van bedrijfskolom.
    b. Wat is een bedrijfstak?

25. Vul de ontbrekende woorden in.
    a. Door ...... wordt de bedrijfskolom langer.
    b. Door ...... wordt de bedrijfskolom ergens smaller.
    c. Door ...... wordt de bedrijfskolom korter.
    d. Door ...... wordt de bedrijfskolom ergens breder.
    e. Branchevervaging heeft te maken met ......
    f. Uitbesteding van activiteiten leidt tot ......

26. Welke van de bewegingen in de bedrijfskolom betreft het?
    a. Een boekwinkel gaat alleen strips verkopen.
    b. Een schoenenwinkel gaat ook leren tassen verkopen.
    c. Een papierfabriek koopt een paar duizend hectare bos.
    d. Een groothandelaar in zoetwaren gaat ook gedroogd fruit distribueren.
    e. Deze boekhandel verkoopt tegenwoordig ook snoep.
    f. Een bakkerij wordt een banketbakkerij.
    g. Een autofabrikant gaat zich beperken tot assemblage van onderdelen.
    h. Een groothandel koopt de wijn voortaan rechtstreeks bij de Franse producent.

5.4 Samenwerkingsvormen in de detailhandel

Elke schakel in de bedrijfskolom voegt waarde toe. Dat is de bruto-opbrengst. Daar moeten kosten van betaald worden: loon voor de werknemers, rente voor de kapitaalverschaffers, huur of afschrijving voor het gebouw. Wat overblijft, is winst voor de ondernemer. De ruimte die er is voor winst heet de *winstmarge*. Die marge kan het bedrijf lang niet altijd zelf vaststellen, want die wordt vaak bepaald door de machtigste schakel in de bedrijfskolom.

In de bedrijfskolom voor merkproducten waren de fabrikanten vroeger de machtigste schakel. De fabrikanten konden de winkeliers vertellen voor welke prijs hun product op het schap moest staan. Hield een winkelier zich daar niet aan, dan kreeg hij geen het product niet meer van de fabrikant. Tegenwoordig is de macht van de fabrikant verhuisd naar een schakel verderop: de grote supermarkten.

Door het ontstaan van het grootfiliaalbedrijf is de concurrentie in de kleinhandel toegenomen. De winstmarge voor de kleine detaillist is steeds kleiner geworden. De kleinere detaillisten voelen zich bedreigd door het grootfiliaalbedrijf, dat met lagere verkoopprijzen kan werken. De grootfiliaalbedrijven kunnen goedkoop zijn door een goede bedrijfsvoering en door centrale inkoop van grote partijen tegelijk. Daardoor heeft een grote supermarktketen meestal geen grossier nodig. De centrale inkoopafdeling van een grootfiliaalbedrijf neemt de taken van de grossier over.

De kleine detaillisten kunnen hun winstmarge niet verbeteren door hun prijzen te verhogen; dan zou het erg stil worden in de winkel. Het antwoord van de detaillist is: samenwerken. Door samenwerking met andere detaillisten en voorafgaande schakels in de bedrijfskolom kunnen de detaillisten hun winstmarge verbeteren en hun concurrentiepositie versterken.

inkoopcombinatie

Een *inkoopcombinatie* is een samenwerkingsvorm van detaillisten die een gemeenschappelijk inkoopkantoor oprichten om in te kopen bij de fabrikant. Dat kan omdat het om grote hoeveelheden gaat. De grossier wordt uitgeschakeld. Er is dan wat meer ruimte voor winst, er is immers een handelaar minder om mee te delen. Het inkoopkantoor verzorgt soms ook administratieve ondersteuning en geeft advies over de verkoop. Er zijn taken overgenomen: de grossier wordt uitgeschakeld, de bedrijfskolom wordt korter. Voorbeelden zijn: Expert (inkoopcombinatie bruin- en witgoed), Libris (boekhandels), Primera (rookartikelen) en Enorm (ijzerwarendetaillisten).

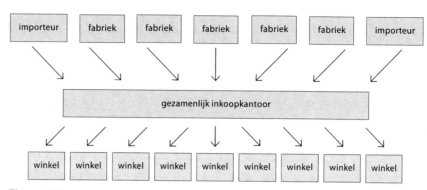

Figuur 5.7

Door zich aan te sluiten bij een inkoopcombinatie kunnen kleine detaillisten beter concurreren met grootfiliaalbedrijven. De inkoopcombinaties plaatsen grote orders rechtstreeks bij de producent. Daardoor hebben zij een betere onderhandelingspositie dan een afzonderlijke winkelier die bij een grossier moet inkopen. Vaak werken ze met een gemeenschappelijke naam, waardoor ze ook nog samen reclame kunnen maken.

Een inkoopcombinatie die niet alleen gezamenlijk inkoopt, maar waar het centrale kantoor ook helpt bij de marketing en ondersteuning van de verkoop, kun je ook een *verkoopcombinatie* noemen.

verkoopcombinatie

Opdrachten

27. Op welk verschijnsel is het ontstaan van inkoopcombinaties een reactie?

28. Welke taken neemt een inkoopcombinatie van de grossier over?

29. Leg uit dat toegevoegde waarde niet hetzelfde is als winst.

30. a. Leg uit waarom een inkoopcombinatie goedkoper kan inkopen dan één detaillist apart.
    b. Geef nog twee voordelen van een inkoopcombinatie.

De grossier wordt in zijn voortbestaan bedreigd door het ontstaan van grootfiliaalbedrijven en inkoopcombinaties. Liever dan overbodig te worden, zoekt de grossier toenadering tot de detaillisten. Het *vrijwillig filiaalbedrijf* is een samenwerkingsverband van een groep detaillisten en een grossier, die onder een gemeenschappelijke naam werken. Het doel is een zo voordelig mogelijke

vrijwillig filiaalbedrijf

inkoop en gezamenlijke verkoopactiviteiten. Voorbeelden zijn: de supermarktketens C1000 en Spar.

De winkeliers blijven zelfstandig, maar veel wordt voortaan in overleg gedaan: inrichting van de winkel, samenstelling van het assortiment en reclame. Door de gemeenschappelijke naam kan de consument de winkel snel herkennen. Voor de detaillist is het voordeel dat hij beter kan concurreren met de grootfiliaalbedrijven.

Opdrachten

31. a. Wat is het verschil tussen de inkoopcombinatie en het vrijwillig filiaalbedrijf?
    b. Leg uit wat het verschil is tussen filiaalbedrijf en vrijwillig filiaalbedrijf.

32. Geef twee voorbeelden van zaken die de eigenaar van een Spar-winkel niet meer alleen kan beslissen.

33. a. Wat is het voordeel voor de grossier van het samenwerken met detaillisten?
    b. Waarom zou de macht in de bedrijfskolom zijn verhuisd van de fabrikanten naar de detailhandel?

franchising

Een ondernemer kan ook een complete winkelformule 'huren', dat heet *franchising*. De franchisegever biedt een pakket met de winkelinrichting, het assortiment, de winkelpui, de bedrijfskleding, goederenlevering, promotie en soms ook ondersteuning bij het personeelsbeleid. De franchisegever kan een fabrikant zijn of een grossier. De leverancier wil zijn goederen verkopen, maar heeft zelf geen winkels (en wil daar ook niet in investeren en er risico mee lopen).

De franchisenemer betaalt een prijs voor de formule en kan zo profiteren van de grote naamsbekendheid van de franchisegever. Ook doet hij mee aan reclamecampagnes en voordeelacties van de formule. De winkelformule bestaat uit een uitgetest assortiment, een herkenbare winkelinrichting, centraal geregelde inkoop en administratie. Voorbeelden zijn: Blokker, McDonald's, Febo en Gimsel. Ook een deel van de Albert Heijn- en Hema-filialen is het eigendom van franchisenemers.

Opdracht

34. a. Welke voordelen heeft franchising voor een franchisenemer?
    b. Bedenk ook een nadeel.
    c. Wat zijn de voordelen voor de franchisegever?

5.5 Samenvatting

Van grondstof tot eindproduct komt een product langs verschillende bedrijfstakken en abstracte markten. Deze weg wordt schematisch voorgesteld als een *bedrijfskolom*. Elke *schakel* in deze kolom stelt een *bedrijfstak* voor: alle bedrijven die dezelfde taak voor het product uitvoeren. Elke bedrijfstak verkoopt het product duurder dan het is ingekocht; het verschil is de *toegevoegde waarde*.

Als werk van een schakel overgenomen wordt door een andere schakel in dezelfde bedrijfskolom, heet dat *integratie*. Het uitsplitsen van het werk van één schakel over verschillende schakels heet *differentiatie*. Als bedrijven zich met minder soorten producten bezig gaan houden, is er sprake van *specialisatie*. Bedrijven die zich met meer soorten producten bezig gaan houden, doen aan *parallellisatie*. Als de nieuwe productsoorten bij een bedrijfstak uit een andere bedrijfskolom thuishoren, spreekt men van *branchevervaging*.

Kleine detaillisten hebben vaak moeite om te concurreren met grootfiliaalbedrijven. Om toch winstmarge te behouden, kunnen ze zich aansluiten bij een samenwerkingsverband. Bij een *inkoopcombinatie* zorgen de detaillisten samen voor de inkoop, waardoor ze niet meer afhankelijk zijn van de grossier. Bij het *vrijwillig filiaalbedrijf* gaan detaillisten juist samenwerken met een grossier, onder een gemeenschappelijke naam. *Franchising* gaat uit van een grote leverancier, die kleinhandelaren de mogelijkheid biedt tegen betaling een succesvolle winkelformule te gebruiken.

5.6 Begrippen

Bedrijfskolom	Schematische weergave van opeenvolgende bedrijven die een product voortbrengen, bewerken en verhandelen, van producent tot consument.
Bedrijfstak	Verzameling van alle bedrijven in dezelfde schakel van de bedrijfskolom.
Branche	Bedrijfstak.
Brancheorganisatie	Belangenvereniging, die opkomt voor het belang van de bedrijfstak als geheel.
Branchevervaging	Geval van parallellisatie, waarbij een bedrijfstak op het terrein van een bedrijfstak uit een andere bedrijfskolom komt.
Differentiatie	De bedrijfskolom wordt een schakel langer.
Franchising	Samenwerkingsverband tussen een detaillist en een grote leverancier, waarbij de detaillist tegen betaling een bestaande winkelformule gebruikt.
Inkoopcombinatie	Samenwerkingsverband van detaillisten die gemeenschappelijk inkopen.
Integratie	De bedrijfskolom wordt een schakel korter.
Parallellisatie	Een schakel in de bedrijfskolom gaat meer soorten producten produceren, bewerken of verhandelen.
Schakel	Verzameling van bedrijven die dezelfde taak voor een product uitvoeren.
Specialisatie	Een schakel in de bedrijfskolom gaat minder soorten producten produceren, bewerken of verhandelen.
Verkoopcombinatie	Een inkoopcombinatie waarvan het centrale kantoor ook helpt bij de marketing en ondersteuning van de verkoop.
Vrijwillig filiaalbedrijf	Samenwerkingsverband van een groep detaillisten en een grossier onder een gemeenschappelijke naam.

6 Marktvormen

6.1 Concurrentie
6.2 Volledige concurrentie
6.3 Monopolistische concurrentie
6.4 Oligopolie
6.5 Monopolie
6.6 Kartels
6.7 Samenvatting
6.8 Begrippen

6.1 Concurrentie

Concurrentie is goed voor de consument. Het zorgt voor redelijke prijzen en een goede service. Het regeringsbeleid (van Nederland en van de EU) is er daarom op gericht om concurrentie te bevorderen en om valsspelers een rode kaart te geven. Toch werkt het in de praktijk lang niet altijd zoals we zouden willen. Waarom niet?

Niet alle abstracte markten werken hetzelfde. De markt voor vervoer per spoor ziet er anders uit dan de markt voor patat.

Opdracht

1. a. Bij hoeveel bedrijven kun je een treinkaartje naar Maastricht kopen?
   b. Wat is het verschil tussen markt voor vervoer per spoor en de markt voor patat?
   c. Op welke van deze markten is er meer concurrentie?
   d. Waarom is concurrentie in het belang van de consument?

marktvorm

De markten voor patat en voor vervoer per spoor zitten anders in elkaar, ze hebben een andere *marktvorm*. De marktvorm geeft aan hoeveel concurrentie er is op een abstracte markt en hoe die concurrentie er uitziet.

concurrentie

Concurrentie wil zeggen dat bedrijven elkaar klanten proberen af te nemen. Een bedrijf heeft helemaal geen last van concurrentie als het de enige aanbieder is van een product of dienst.

Hoofdstuk 6   Marktvormen

Van sommige producten zijn er veel aanbieders, van sommige weinig. Abstracte markten kunnen hevige prijsconcurrentie hebben (denk aan de markt voor televisies) of helemaal geen concurrentie (denk aan de markt voor leidingwater).

aantal aanbieders

Hoe makkelijk of moeilijk het is op een bepaalde markt een nieuw bedrijf te beginnen, zie je aan het *aantal aanbieders*. Zijn het er veel, dan is het niet moeilijk op die markt te starten. Zijn het er weinig, dan is het waarschijnlijk lastig.

Een marktkraampje voor groente beginnen vraagt wel wat investering, maar niet zo erg veel. Voor nieuwkomers is het makkelijk om toe te treden tot de markt voor groente. Een kledingboetiek openen vraagt een wat grotere investering. Op die markt zijn al wat minder starters. Het opzetten van een concurrerende landelijke dienst voor vervoer ver spoor vraagt een enorme investering. Daar kunnen maar weinig bedrijven aan beginnen.

Opdrachten

2. Bedenk twee belangrijke zaken waar dat spoorwegvervoersbedrijf in zou moeten investeren.

3. a. Bedenk nog een voorbeeld van een markt waarop het relatief makkelijk is een bedrijf te beginnen.
   b. Bedenk nog een voorbeeld van een markt waarop dat moeilijk is. Leg uit waarom.

toetreding

Een startend bedrijf *treedt toe* tot de abstracte markt van het product dat het gaat maken of verkopen. *Toetreding* betekent dat een bedrijf start op een abstracte markt. De toetreding kan makkelijk of moeilijk zijn.

doorzichtigheid

Ook de doorzichtigheid van de markt is van belang voor het aantal aanbieders, dus voor de marktvorm. Bij een *doorzichtige markt* zijn kopers en verkopers volledig op de hoogte van de prijs en van de manier waarop de prijs tot stand komt. Bij een ondoorzichtige markt is het moeilijk om inzicht te krijgen in de prijsvorming. Het is dan voor een startend bedrijf moeilijk in te schatten of er winst gemaakt kan worden. Ondoorzichtigheid van de markt maakt toetreding lastiger.

Ronnie wil marktkoopman worden. Hij kan makkelijk uitrekenen hoe zijn collega's aan hun prijzen komen: hoeveel kosten de bananen, wat kost het vervoer, hoeveel bedraagt de kraamhuur en het marktgeld, wat kosten de verzekeringen, enzovoort. Als hij handig is, kan hij soms nét onder de prijs van zijn concurrenten gaan zitten.

Latifa wil spijkerbroeken gaan verkopen. Er zijn veel aanbieders van dit product. Sommige spijkerbroeken gaan voor € 79,- over de toonbank, andere voor € 49,-, terwijl ze ook voor € 30,- per twee verkocht worden. Waar die prijzen precies op gebaseerd zijn? Een deel van het prijsverschil zal wel aan de kwaliteit liggen, denkt Latifa, maar de rest? Ze vindt het moeilijk de juiste prijs vast te stellen.

heterogene producten

Als klanten een voorkeur hebben voor spijkerbroeken van een bepaalde aanbieder, is er klantenbinding. De klant wil van één bepaalde aanbieder kopen, liever dan van de concurrent. Producten waarbij de klant een voorkeur heeft voor een bepaalde aanbieder, zijn *heterogene* producten.

Bij heterogene producten, zoals spijkerbroeken, is de prijsvorming ondoorzichtiger vanwege de verschillen tussen de producten. Er zijn veel aanbieders die verschillende prijzen hanteren. Toetreding wordt lastiger, omdat het moeilijk te zien is of het verschil de prijs rechtvaardigt. Het product zelf heeft dus invloed op de marktvorm.

homogene producten

Er zijn ook producten waarbij klanten moeilijk te binden zijn. Een klant heeft geen voorkeur voor een krop sla bij de ene of de andere winkel. Hij kiest gewoon de goedkoopste krop sla. Dit komt het meest voor bij onverpakte producten, verse waar en bulkgoederen (zoals zand). Als de klant geen verschil maakt tussen het product bij de ene aanbieder of de andere, is het product *homogeen*.

Opdrachten

4. Is het product homogeen of heterogeen?
   a. Sperziebonen.
   b. Sportschoenen.
   c. Vietnamese loempia.
   d. Tandpasta.

e. De kapper.
f. Roestvrij staal.
g. Auto's.
h. Grind.

5. a. Wat bedoelt men met toetreding tot een markt?
   b. Leg uit wat toetreding te maken heeft met de doorzichtigheid van de markt.

6. a. Geef een voorbeeld van een product waarvan de markt doorzichtig is.
   b. Geef een voorbeeld van een ondoorzichtige markt.

7. Leg uit waarom bospeen een homogeen product is.

Onthoud

Als je wilt weten welke marktvorm een abstracte markt heeft, moet je vier vragen stellen:
- Zijn er veel of weinig aanbieders?
- Is de toetreding makkelijk of moeilijk?
- Is de markt doorzichtig of ondoorzichtig?
- Is het product homogeen of heterogeen?

Bij alle vier de marktvormen die verderop aan de orde komen, zijn er veel vragers. Deze marktvormen bevinden zich op de lijn van volledige concurrentie naar helemaal geen concurrentie.

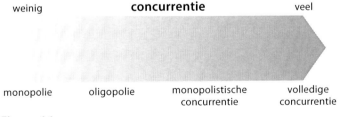

Figuur 6.1

6.2 Volledige concurrentie

Als er op de markt voor een product veel aanbieders zijn, moeten bedrijven met elkaar concurreren, of ze nou willen of niet. Als het ook nog gaat om een homogeen product, let de klant alleen maar op de prijs. De goedkoopste aanbieder verkoopt alles. In de praktijk is het gevolg dat alle aanbieders voor ongeveer dezelfde prijs verkopen. Bij een hogere prijs verkopen ze niets.

De prijs op een markt met volledige concurrentie wordt dus puur bepaald door vraag en aanbod. Eén apart bedrijf kan daar geen invloed op uitoefenen. Er is in feite zo hard geconcurreerd, dat verdere concurrentie geen zin meer heeft.

<u>volledige concurrentie</u>

Op markten met veel aanbieders van een homogeen product is de marktvorm *volledige concurrentie*. Een andere naam daarvoor is volledige mededinging. Op deze markten wordt de prijs bepaald door het evenwicht tussen vraag en aanbod. Als de vraag groter is dan het aanbod, gaat de prijs omhoog en andersom.

Bij volledige concurrentie hebben kopers en verkopers volledig overzicht van vraag en aanbod. Als een aanbieder een te hoge prijs vraagt, koopt niemand bij hem (hooguit een toerist). De klanten gaan dan naar de concurrent. De prijsvorming is volledig doorzichtig.

Opdrachten

8. Deze markten hebben allemaal veel aanbieders. Op welke markten vind je volledige concurrentie?
   a. De markt voor oud papier.
   b. De markt voor schoolagenda's.
   c. De handel in tulpenbollen.
   d. De arbeidsmarkt.
   e. De aardappelmarkt.
   f. De markt voor meubilair.

9. a. Hoe komt op een markt met volledige concurrentie de prijs tot stand?
   b. Leg uit waarom volledige concurrentie juist bij homogene producten ontstaat.
   c. Kan een aanbieder op een markt met volledige concurrentie in zijn eentje de prijs verhogen? Verklaar je antwoord.

Op een markt met volledige concurrentie is de toetreding voor nieuwe bedrijven makkelijk. De markt is doorzichtig: er is informatie over het aanbod, de vraag en de prijs. Er is geen klantenbinding. Klanten kopen bij de aanbieder met de laagste prijs.

Onthoud

Kenmerken van volledige concurrentie:
- veel aanbieders
- homogeen product
- markt is doorzichtig
- toetreding makkelijk

} vraag en aanbod bepalen de prijs

6.3 Monopolistische concurrentie

Tomaten komen via de groentehandel (speciaalzaak) of de supermarkt bij de consument. Ook al zijn er veel winkels (aanbieders), toch kan de detailhandel wel met andere middelen concurreren dan alleen met de prijs. Een goede kleinhandelaar kan proberen klanten te lokken met een schone, gezellige winkel. Hij kan ervoor zorgen dat de klant bijna altijd vindt wat hij zoekt: een assortiment dat aansluit bij de behoeften van de consument. Hij kan concurreren met extra dienstverlening, zoals thuisbezorging. Hij kan een zegelactie starten, zodat mensen bij hem kopen om te sparen. Ook een goede reclamefolder in de wijk kan de verkoop in de winkel vooruit helpen.

Ook al maken klanten geen verschil tussen de tomaten bij de ene of de andere groentezaak, klanten maken wel verschil tussen groentezaken:
- veel klanten houden van een schone winkel;
- mensen vinden het vervelend voor niets te komen;
- een deel van de klanten wil meer betalen voor extra service.

Ook al verkopen groentezaken vooral homogene producten, de concurrentie tussen de winkels is meer dan alleen prijsconcurrentie. De groentewinkel biedt, behalve de groente, een dienst. De dienst maakt de winkel heterogeen: de klant maakt verschil tussen winkels. Elke winkelier probeert zijn winkel zó te runnen, dat de klant een voorkeur voor zijn zaak krijgt. Het totaalproduct van een groentewinkel is heterogeen.

Opdracht

10. a. Noteer vier elementen van het totaalproduct van een groentewinkel.
    b. Leg uit dat dit totaalproduct heterogeen is.

Bij homogene producten heerst in een groot deel van de bedrijfskolom volledige concurrentie. Alleen de laatste schakel, de detailhandel, concurreert ook met andere middelen dan de prijs. Bij heterogene producten is al veel eerder in de bedrijfskolom de volledige concurrentie verdwenen.

Neem een markt met veel aanbieders en een heterogeen product: de kledingmarkt. De klant maakt onderscheid tussen broeken van het ene of het andere merk. Als veel klanten Levi's een goed merk vinden, kan Levi's haar broeken duurder verkopen dan de concurrentie. Levi's moet daar wel flink in investeren: om het product heterogeen en herkenbaar te houden is veel reclame nodig.

Een bedrijf met een nieuw product moet zorgen voor naamsbekendheid. Er moeten consumenten zijn die dat product willen proberen en er een voorkeur voor krijgen. Kosten van promotie en reclame kunnen aardig oplopen. Toetreding is daardoor moeilijker.

Er zijn grenzen aan de prijs die een fabrikant voor een populair merkartikel kan vragen. Als een fabrikant het te bont maakt, stapt de klant naar de concurrent. Toch heeft een spijkerbroekenfabrikant veel minder last van prijsconcurrentie dan een tomatenkweker. Hij concurreert veel met andere middelen dan de prijs, vooral met reclame. Daardoor krijgt een succesvolle aanbieder een kring van trouwe klanten. De marktvorm met veel aanbieders van een heterogeen product is *monopolistische concurrentie*.

monopolistische concurrentie

productdifferentiatie

Merktrouw en klantenbinding zijn de sleutelwoorden voor een aanbieder op deze marktvorm. Aanbieders doen actief moeite om hun product heterogeen te maken. Dat heet *productdifferentiatie*: ze onderscheiden hun product van de producten van concurrenten en doen hun best om consumenten bewust te maken van de verschillen.

Een hamburger was vroeger een homogeen product. Tegenwoordig hebben veel hamburgers een verpakking, een merknaam (McDonald's, Burger King, Febo) en een eigen sausje. De grote fastfoodketens zijn erin geslaagd het product heterogeen te maken. Zo kunnen zij een groep klanten aan zich binden. Ze concurreren ook nog wel op prijs, maar vooral met reclame.

De aanbieder wil voor de klant de enige zijn. Mono betekent de enige, polist betekent verkoper. Een markt met monopolistische concurrentie is minder doorzichtig. De aanbieders willen hun geheimen zoveel mogelijk bewaren. Door de verschillen tussen de producten is het voor kopers en concurrenten moeilijker te volgen hoe de prijs tot stand komt.

Onthoud

Kenmerken monopolistische concurrentie:
- veel aanbieders
- heterogeen product
- markt is minder doorzichtig
- toetreding mogelijk, wel lastiger

} concurrentie met alle middelen, ook de prijs

Opdrachten

11. Waarom doen aanbieders zoveel moeite om hun product heterogeen te maken?

12. Onderstaande markten kennen allemaal concurrentie. Is de concurrentie volledig of monopolistisch?
    a. De automarkt.
    b. De markt voor sinaasappels.
    c. De handel in kauwgom.
    d. De handel in beddengoed.
    e. De computermarkt.
    f. De handel in bakstenen.

13. a. Waarom komt het woord 'monopolistisch' voor in monopolistische concurrentie?
    b. Waarom komt het woord 'concurrentie' voor in monopolistische concurrentie?

14. a. Welke marktvorm heeft de markt waarop fruittelers actief zijn? Verklaar je antwoord.
    b. Welke marktvorm heeft de markt waarop een fabrikant van modieus ondergoed actief is? Verklaar je antwoord.

15. Kies het juiste antwoord. Bij monopolistische concurrentie wordt er geconcurreerd:
    A met alle mogelijke middelen.
    B alleen met prijs.
    C alle middelen behalve prijs.
    D met geen enkel middel, er is geen werkelijke concurrentie.

6.4 Oligopolie

Tot nu toe ging het over abstracte markten met veel aanbieders. Als er veel aanbieders zijn, is er veel concurrentie. Niet dat bedrijven zo graag willen concurreren, liever niet zelfs. Dat kost moeite en geld. Maar met veel spelers is er altijd wel iemand die het spel bederft. Met veel aanbieders is concurrentie onvermijdelijk. Als er maar weinig aanbieders zijn, lukt het de aanbieders vaak wel om de concurrentie te beperken.

De bedrijfskolom voor aardolie heeft maar één schakel: oliemaatschappijen halen het product uit de bodem, doen alle bewerkingen en verzorgen zelf het transport naar eigen benzinestations. Daardoor hebben ze erg veel macht: op de markt voor ruwe olie, op de markt voor kunststoffen en op de markt voor benzine. Omdat de toetreding zo moeilijk is (de investering is enorm), zijn er niet veel aanbieders. Een prijzenoorlog voor benzine is nog nooit ontstaan.

Oligo betekent weinig. *Oligopolie* is een marktvorm met weinig aanbieders. Het kost erg veel geld om toe te treden tot de benzinemarkt: toetreding tot een markt waar oligopolie heerst, is erg moeilijk. Er treedt wel eens een bedrijf toe, zoals Q8 in de jaren tachtig; Q8 had dan ook de schatkist van Koeweit achter zich.

Toch wil ook een oligopolist zo veel mogelijk klanten. Er is amper prijsverschil met andere aanbieders. Bedrijven moeten klanten dus lokken met *non-price competition*: concurrentie met alle middelen, behalve de prijs. Dat betekent reclame, service en heel veel zegeltjes en spaarpunten.

In de supermarkt liggen nogal wat verschillende merken wasmiddelen. Een groot aantal van die merken zijn van een paar grote ondernemingen: Unilever en Procter & Gamble. Daarnaast zijn er nog een aantal kleinere aanbieders. Er is wel wat onderscheid tussen het waspoeder van verschillende merken, maar niet zo erg veel. Tussen de grote merken is maar weinig prijsverschil. Als je tv-reclame kijkt, weet je waarmee deze oligopolisten vooral concurreren. Het helpt ook om regelmatig 'Nieuw!!' op het pak te zetten.

De oligopolie op de benzinemarkt is sterker dan op de wasmiddelenmarkt. Er zijn ook goedkopere merken wasmiddelen. De witte benzinepompen zijn amper goedkoper, daar zijn er bovendien niet veel van. Bij oligopolie nemen de aanbieders zo'n sterke positie in, dat zij de vrijheid hebben een prijs vast te stellen. De prijsvorming is ondoorzichtig. De aanbieders geven geen informatie over het prijsbeleid.

homogeen oligopolie
heterogeen oligopolie

Benzine is een homogeen product. De benzinemarkt is een voorbeeld van een *homogeen oligopolie*: een marktvorm met weinig aanbieders van een homogeen product. Wasmiddel is een heterogeen product. De wasmiddelenmarkt is een voorbeeld van een *heterogeen oligopolie*: een marktvorm met weinig aanbieders van een heterogeen product.

Bij oligopolie hebben enkele grote aanbieders de markt verdeeld. Het valt niet mee voor een nieuwe aanbieder om marktaandeel te veroveren. De toetreding is moeilijk, ook al kost het niet zoveel om het product te maken. Dat komt door de enorme bedragen die nodig zijn voor de marketing. Een markt met de marktvorm oligopolie is daarom vrij star, er zit niet veel beweging in. Er kan eens een onderneming bijkomen of weggaan, de grote aanbieders blijven tientallen jaren lang dezelfde.

De markt voor de frisdrank cola kent de marktvorm oligopolie. Wereldwijd zijn Coca-Cola en Pepsi-Cola de grootste. Daarnaast zijn er nog een aantal kleinere merken. Coca en Pepsi besteden jaarlijks miljarden aan reclame. Voor kleinere bedrijven (zoals First Choice Cola) is het moeilijk concurreren.

Onthoud

Kenmerken oligopolie:
- weinig aanbieders
- homogene of heterogene producten ⎫
- markt is ondoorzichtig   ⎬ non-price competition
- toetreding erg moeilijk   ⎭

Opdrachten

16. Leg uit waarom Coca en Pepsi graag geheimzinnig doen over hun recept.

17. a. Wat is het belangrijkste kenmerk van oligopolie?
    b. Verklaar waarom oligopolisten niet met de prijs willen concurreren.
    c. Oligopolisten willen het liefst heterogene goederen aanbieden. Leg uit waarom.
    d. Waarom is de prijsvorming bij oligopolie ondoorzichtig?

18. Kies het juiste antwoord. Bij oligopolie wordt er geconcurreerd:
    A met alle mogelijke middelen.
    B alleen met prijs.
    C met alle middelen behalve prijs.
    D met geen enkel middel.

6.5 Monopolie

Er bestaan ook markten zonder concurrentie. Als een product maar bij één bedrijf te koop is, heeft dat bedrijf geen concurrenten.

Opdracht

19. a. Door hoeveel bedrijven kun je in het hele land een brief laten versturen voor minder dan een euro?
    b. Bij hoeveel bedrijven kun je thuis leidingwater kopen?
    c. Zoek nog een product (of diensten) dat maar bij één bedrijf te koop is.

monopolie

Een spelletje monopolie heb je gewonnen als je de enige aanbieder van straten en hotels bent geworden. Een marktvorm met één aanbieder is een *monopolie*.

De marktvorm monopolie komt minder voor dan vroeger. Dat komt doordat veel landen zijn opgeschoven richting vrijemarkteconomie. Vroeger waren er in veel landen staatsbedrijven, die van de staat het monopolie op een product kregen.

Op sommige markten ligt een monopolie voor de hand. Als binnen één provincie tien gasbedrijven met elkaar mochten concurreren, lagen er heel wat buizen onder de straat. Het gas zou er een stuk duurder van worden. Dit geldt ook op de markt voor infrastructuur: als er eenmaal een spoortunnel tussen Engeland en Frankrijk gebouwd is, zou het onzin zijn om er nog eentje aan te leggen.

In Nederland hebben de Nederlandse Spoorwegen heel lang een monopoliepositie gehad met het aanbod van vervoer over het spoor. Er zijn nu op sommige regionale spoorlijnen andere aanbieders, maar op het nationale net laat de overheid voorlopig alleen NS rijden. KPN Telecom had vroeger een monopoliepositie, maar heeft concurrenten gekregen. PostNL heeft nog vrijwel het monopolie op brievenpost, maar bij bulkpost (mailings) en pakketpost zijn er concurrenten.

Zolang er monopolie is, heeft de klant geen keus tussen aanbieders. Het product is dan vanzelf homogeen. Zodra er een concurrent op de markt komt, is het mogelijk dat het product heterogeen wordt. Lovers Rail deed een poosje haar best om haar treinreizen te onderscheiden van een reis met NS.

Een monopolist heeft veel vrijheid bij het vaststellen van de prijs. Toch is het monopolie vaak relatief. Als een retourtje Maastricht erg duur wordt, gaan meer mensen met de auto (de generieke vraag naar vervoer). NS heeft dus een monopolie op landelijk spoorvervoer, maar niet op vervoer.

Onthoud

Kenmerken van monopolie:
- één aanbieder
- homogeen product
- prijsvorming ondoorzichtig
- toetreding bijna onmogelijk

} geen concurrentie

Opdrachten

20. a. Hoeveel aanbieders zijn er bij de marktvorm monopolie?
    b. Noteer twee oorzaken waardoor een monopolie kan ontstaan.

21. Werkt een monopolie een goede bedrijfsvoering in de hand? Verklaar je antwoord.

22. Waarom kom je op de markt voor infrastructuur vaker monopolies tegen dan op andere markten?

23. Geef twee voorbeelden van bedrijven die jarenlang een monopoliepositie in Nederland hebben gehad.

24. Waarom kan zelfs een monopolist zijn prijzen niet onbeperkt opschroeven?

25. Een vroegere slogan van de brillenwinkelketen Hans Anders was: 'Hans Anders: niet alleen de prijs is anders'.
    a. Op welke marktvorm is Hans Anders actief?
    b. Welke rol speelt de prijs bij de manier van concurreren van Hans Anders?

6.6 Kartels

Veel bedrijven houden niet zo van concurrentie, maar niet veel bedrijven zijn op hun markt de enige aanbieder. Je hebt gezien dat bij oligopolie een deel van de concurrentie bijna vanzelf wegvalt als er weinig aanbieders zijn. Bedrijven kunnen ook de koppen bij elkaar steken en afspraken maken om niet te concurreren. Ze vormen dan een *kartel*: deze bedrijven hebben afgesproken om de concurrentie te beperken.

kartel

In de vorige eeuw kende Nederland erg veel kartels. Een voorbeeld was de NVM, de Nederlandse Vereniging van Makelaars. Die schreef aan haar leden voor hoeveel procent ze aan courtage moesten vragen. Makelaars die niet mee wilden doen, werden tegengewerkt. Deze vorm van kartel heet een *prijskartel*: bedrijven spreken onderling een vaste prijs af. Het prijskartel van de NVM was voor iedereen zichtbaar. Bedrijven kunnen ook in het geheim een prijskartel met elkaar afspreken.

prijskartel

Hoofdstuk 6   Marktvormen

ACM

Kartels waren vroeger toegestaan als ze aangemeld werden bij het ministerie van Economische Zaken en als de regering geen bezwaar maakte. Tegenwoordig zijn kartels in Nederland verboden. De *ACM* (Autoriteit Consument en Markt) moet controleren of bedrijven wel eerlijk concurreren en of ze geen kartels vormen.

marktverdelings-
kartel

Kartels hoeven geen prijskartel te zijn. Een andere kartelafspraak is het *marktverdelingskartel*: jij krijgt die klant, ik deze, jij weer de volgende. Bedrijven spreken onderling af welke klanten zij bedienen, vaak zonder dat de klant dat weet.

Stel je voor dat je een huis wilt laten bouwen. Je vraagt offertes (prijsopgaven) bij vijf aannemers. Je wilt natuurlijk de aannemer kiezen die de beste kwaliteit biedt voor het minste geld. Nadat je de offertes hebt aangevraagd, bellen de aannemers elkaar op. Ze gaan rond de tafel zitten en spreken af wie deze klant gaat bedienen. De andere vier maken een minder gunstige offerte met een kunstmatig hoge prijs, dus jij kiest de aannemer die door het kartel aangewezen is.

productiekartel

Een andere manier om de prijs van een product omhoog te krijgen, is de afspraak om minder te produceren. Als alle bedrijven in een bedrijfstak minder produceren, is het aanbod kleiner. Als de vraag gelijk blijft, stijgt de prijs (de wet van vraag en aanbod). Zo'n kartel heet een *productiekartel*. Een voorbeeld is de OPEC (organisatie van olieproducerende landen): die landen spreken onderling af hoeveel olie ze uit de grond pompen. Zolang ze zich aan die afspraak houden, is de wereldmarktprijs voor olie hoger dan wanneer ze meer olie produceren.

Opdrachten

26. Hoe heet het overheidsorgaan dat op moet treden tegen kartelvorming?

27. a. Leg uit hoe een prijskartel de prijs op een markt met veel aanbieders toch kunstmatig hoog kan houden.
    b. Hoe doet een productiekartel dat?

28. Hoe werkt een marktverdelingskartel?

29. Op de wereldmarkt voor diamant zijn er maar weinig aanbieders. De grootste is het Zuid-Afrikaanse bedrijf De Beers. De Beers stelt de prijs vast door geheime afspraken te maken met andere aanbieders.
   a. Is de markt voor diamant doorzichtig? Verklaar je antwoord.
   b. Is de toetreding tot deze markt moeilijk of makkelijk? Verklaar je antwoord.
   c. Welke marktvorm heeft de markt voor diamant?
   d. Is er kartelvorming op deze markt? Zo ja, welk soort kartel?

30.

D66: geef ieder café naast Heineken ook een vrije biertap
Elk café moet tenminste een vrije biertap naar keuze krijgen. Klanten kunnen zo ook een ander, goedkoper biertje kiezen dan het gerstenat van Heineken of Grolsch dat de kroegbaas verplicht moet schenken. Dat wil D66. Ook CDA en de SP voelen voor het plan.
Kroegbazen en Koninklijke Horeca Nederland klagen al jaren over de gedwongen winkelnering door de grote bierbrouwers. In ruil voor financiering moeten cafés bier schenken tegen hogere prijzen dan bij de groothandel. Onderzoek van SEO Economisch Onderzoek bevestigde begin dit jaar dat er veel mis is op de biermarkt. Ook de ACM constateerde in juni misstanden, maar weigert voorlopig in te grijpen. 'Een vrije tap is een prima eerste stap naar een oplossing,' zegt D66-kamerlid Kees Verhoeven in het AD.

'Kroegbazen krijgen meer onderhandelingsruimte naar de brouwer als ze ook een goedkoper pilsje kunnen schenken. De consument krijgt meer keuze.'

AD, 16-9-2013

   a. Welke marktvorm heeft de biermarkt?
   b. Op welke marktvorm lijkt de situatie voor de klant in veel cafés?
   c. Zijn caféhouders echt gedwongen om een bepaald merk bier te schenken?
   d. Kun je elementen van kartelvorming op deze markt ontdekken?

6.7 Samenvatting

De *marktvorm* geeft aan hoeveel concurrentie er is op een abstracte markt en hoe die concurrentie eruitziet. Dat verschilt per markt. De marktvorm hangt af van het aantal aanbieders, van de aard van het product (homogeen of heterogeen), van de doorzichtigheid en van de mate waarin toetreding door nieuwe bedrijven mogelijk is.

Als er veel aanbieders zijn, ontstaat er als snel *concurrentie*: aanbieders proberen elkaar klanten af te nemen. Bij een *homogeen* product let de klant vooral op de prijs, hij koopt het bij de goedkoopste aanbieder. Het gevolg is dat alle aanbieders dezelfde (lage) prijs vragen. De prijs op een markt met de marktvorm *volledige concurrentie* wordt bepaald door de vrije werking van de wet van vraag en aanbod. Deze marktvorm is doorzichtig, toetreding is makkelijk.

Bij een markt waarop veel aanbieders concurreren met een *heterogeen* product, maakt het de klant wél uit bij welke aanbieder hij koopt. Aanbieders concurreren met allerlei middelen: reclame, service, prijs, enzovoort. Deze marktvorm heet *monopolistische concurrentie*. Zo'n markt is minder doorzichtig vanwege de verschillen tussen de producten. De toetreding wordt daardoor lastiger.

Als er weinig aanbieders zijn van een product lukt het beter om prijsconcurrentie te vermijden. De marktvorm is dan *oligopolie*. De aanbieders concurreren met andere middelen dan de prijs: *non-price competition*. Deze markt is ondoorzichtig, de toetreding is moeilijk. Als het product homogeen is, spreek je van een *homogeen* oligopolie. Bij een heterogeen product heb je te maken met een *heterogeen* oligopolie.

De markt voor een product dat bij één enkele aanbieder te koop is, heeft de marktvorm *monopolie*. Een markt met monopolie is ondoorzichtig en toetreding is erg moeilijk.

Bedrijven die een *kartel* vormen, spreken onderling af om de concurrentie te beperken. Kartels zijn tegenwoordig verboden, de *ACM* houdt daar toezicht op. Bij een *prijs*kartel spreken bedrijven een vaste prijs af voor een product. Bij een *productie*kartel proberen zij de prijs omhoog te krijgen door minder te produceren. Bij een *marktverdelings*kartel spreken bedrijven onderling af wie welke klant mag bedienen.

6.8 Begrippen

ACM	Autoriteit Consument en Markt, overheidsorgaan dat moet controleren of bedrijven eerlijk concurreren.
Concurrentie	Bedrijven proberen elkaar klanten af te nemen.
Doorzichtigheid	Mate waarin informatie beschikbaar is over de prijsvorming op een markt.
Kartel	Aantal bedrijven met onderlinge afspraak om de concurrentie te beperken.
marktverdelings~	bedrijven spreken onderling af wie welke klant bedient.
prijs~	bedrijven spreken onderling een vaste prijs af.
productie~	bedrijven spreken onderling af minder te produceren, zodat de prijs stijgt.
Marktvorm	Geeft aan hoeveel concurrentie er is op een abstracte markt en hoe die concurrentie eruitziet.
Monopolie	Marktvorm met één aanbieder.
Monopolistische concurrentie	Marktvorm met veel aanbieders van een heterogeen product.
Non-price competition	Concurrentie met alle middelen, behalve de prijs.
Oligopolie	Marktvorm met weinig aanbieders.
homogeen ~	Marktvorm met weinig aanbieders van een homogeen product.
heterogeen ~	Marktvorm met weinig aanbieders van een heterogeen product.
Productdifferentiatie	Aanbieders doen moeite om hun product te onderscheiden van de producten van concurrenten en om consumenten bewust te maken van de verschillen.
Toetreding	Het starten van een bedrijf op een abstracte markt.
Volledige concurrentie	(Volledige mededinging) Marktvorm met veel aanbieders van een homogeen product.

7 Concurrentie

7.1 Concurrentieniveaus
7.2 Marktaandeel
7.3 Concurrentiegedrag
7.4 Samenvatting
7.5 Begrippen

7.1 Concurrentieniveaus

De markt waarop een onderneming actief is, kun je ruim of minder ruim afbakenen. Als het over concurrentie gaat, denken de meeste mensen aan rivaliteit tussen directe concurrenten, bijvoorbeeld tussen Microsoft en Apple op de markt voor besturingssoftware. Maar er zijn vier verschillende niveaus van concurrentie.

- *Behoeftenconcurrentie* is concurrentie om de portemonnee van de consumenten. Op dit niveau concurreren alle bedrijven met elkaar. Als mensen ineens veel meer gaan besteden aan geluidsapparatuur houden ze minder geld over voor bijvoorbeeld een zonvakantie.

- *Generieke concurrentie* is concurrentie binnen een hele productklasse. Het is concurrentie tussen bedrijven die producten uit een vergelijkbare behoeftencategorie aanbieden. Bijvoorbeeld: aanbieders van auto's zitten in de productklasse (of behoeftencategorie) vervoer. Daarin hebben ze ook concurrentie van aanbieders uit andere bedrijfstakken, zoals openbaar vervoer, luchtvaart en aanbieders van fietsen en motorfietsen. Dit is concurrentie om een zo groot mogelijk deel van de generieke vraag te bemachtigen.

- *Productvormconcurrentie* is concurrentie tussen aanbieders van verschillende verschijningsvormen van een product uit dezelfde productgroep. De concurrenten bevinden zich in dezelfde bedrijfstak. Een product*vorm* is een vorm die een product uit een bepaalde productgroep kan aannemen. Bijvoorbeeld de productgroep auto's. Daarin heb je personenauto's, stadsauto's, sportwagens, gezinsauto's, bestelwagens, terreinwagens, enzovoort. Welke productvorm gaat de consument kiezen?

merkconcurrentie

- *Merkconcurrentie* (een andere naam is bedrijfsconcurrentie) is concurrentie tussen bedrijven die een vergelijkbaar product aanbieden. Bijvoorbeeld: Nissan concurreert met Opel en Volkswagen op de markt voor personenauto's. Porsche concurreert met Ferrari op de markt voor luxe sportauto's. Op dit niveau concurreren aanbieders om de secundaire vraag (zie paragraaf 1.5).

Behoeftenconcurrentie:	sport of muziek?
Generieke concurrentie:	schaatsen, in-line skates of skeelers?
Productvormconcurrentie:	kunstschaatsen, noren, klapschaatsen of ijshockeyschaatsen?
Merkconcurrentie:	Viking, Nooitgedacht, Norseman, Zandstra, enzovoort.

Op het niveau van behoeften en generieke vraag vat je de markt heel ruim op. Dat kan heel nuttig zijn, zeker als je een visie op de toekomst wilt hebben. Welke uitgever had dertig jaar geleden de invloed van het internet kunnen voorzien? Misschien de uitgever die begrijpt dat hij werkt op de markt voor informatie (het generieke concurrentieniveau).

Hoe meer geld consumenten aan vakanties besteden, hoe minder ze beschikbaar hebben voor informatie of voor kleding (behoeftenconcurrentie). Dat veel aanbieders dit belangrijk vinden, zie je aan collectieve reclame (reclame vanuit de bedrijfstak): 'Melk, de witte motor' van de zuivelindustrie, 'Brood, daar zit wat in' van de bakkerijen. Hiermee probeert een bedrijfstak te voorkomen dat klanten naar een vervangend product (substituut) grijpen. Met zulke promotie mikken de aanbieders erop om een deel van de generieke vraag naar hun bedrijfstak te krijgen.

Uitingen van zuivere productvormconcurrentie zie je minder vaak. Is een tablet beter dan een laptop of een desktop? Vaker zie je een combinatie van merkconcurrentie en productvormconcurrentie: een iPad is mooi en van goede kwaliteit, een Kindle Fire is ook handig en stukken goedkoper. Deze aanbieders maken wel reclame voor tablets, maar alleen in combinatie met reclame voor hun eigen merk.

substituut

Een *substituut* (of substitutiegoed) is een ander goed dat in vrijwel dezelfde behoefte kan voorzien. Voor vrijwel elk product zijn er allerlei substituten. In plaats van tv kijken kun je uitgaan (behoefteniveau). Als je uit wilt gaan, kun je kiezen tussen de bioscoop, de disco of een avondje stappen (generiek niveau). Kies je voor de bioscoop, dan kun je kiezen tussen een actiefilm, een drama of een familiefilm. Ga je dat laatste drama kijken, dan kun je kiezen tussen verschillende bioscopen. Aanbieders van films moeten dus niet alleen hun eigen film of bioscoop promoten, maar ook de belevenis van een avondje bioscoop.

Opdrachten

1. a. Bedenk zoveel mogelijk aanbieders die in kunnen spelen op de behoefte aan gezondheid.
   b. Op welk niveau van concurrentie ben je bezig bij a.?
   c. Neem een bedrijfstak uit je voorbeelden bij a. en omschrijf hoe de productvorm- en merkconcurrentie eruit kan zien.

2. Om welk concurrentieniveau gaat het? Verklaar je antwoorden.
   a. Kijk eens wat vaker in de spiegel van de kapper.
   b. Miele, er is geen betere.
   c. Uit, goed voor u!
   d. Je voelt je lekkerder in een Peugeot.
   e. Blij dat ik rij.
   f. Have it your way, Burger King.
   g. Computers help people help people (een vroegere slogan van IBM).

3. Bedenk een substitutiegoed voor:
   a. Brood.
   b. Zonvakantie.
   c. De bioscoop.
   d. De krant.

7.2 Marktaandeel

Wie wint de concurrentie op een bepaalde markt? En wie zijn nummer twee en drie? Als het over concurrentie gaat, lees je vaak over het marktaandeel. Om dat zinvol te kunnen bepalen, moet je eerst goed weten over welke markt het precies gaat. Het kan gaan over:

- een hele productklasse: bijvoorbeeld de markt voor vervoer;
- een productgroep: bijvoorbeeld de markt voor fietsen;
- een productvorm: bijvoorbeeld de markt voor elektrische fietsen.

Heel vaak gaat het over de productgroep, maar niet altijd.

Verder moet je het gebied van de markt afbakenen: gaat het over een land, bijvoorbeeld Nederland, of over de hele wereld, of over een stad, bijvoorbeeld Amsterdam?

Tot slot moet je nog een tijdvak bepalen: gaat het over een week, een maand, een kwartaal, een jaar?

Pas als je deze drie factoren in kaart hebt, kun je op zoek gaan naar de totale omvang van de markt.

In paragraaf 1.5 staat een voorbeeld van het marktaandeel van het merk Volkswagen op de markt voor de productgroep auto's. Dat berekende je zo:

$$\frac{60.350}{502.544} \times 100 = 12\%$$

Die 60.350 stuks was het aantal nieuw verkochte Volkswagens in het jaar 2012 in Nederland. In totaal werden er in dat jaar 502.544 nieuwe auto's verkocht. Je deelde de secundaire vraag naar Volkswagens, in aantallen, door de primaire vraag naar auto's in dat jaar, ook in aantallen. Je kreeg dan de selectieve vraag, ofwel het marktaandeel.

afzet
omzet

In plaats van naar de vraag kun je ook kijken naar het aanbod, de verkoop. Je krijgt dan in feite dezelfde som, als je kijkt naar de *afzet*, het aantal verkochte producten. In veel gevallen is het beter om uit te gaan van de *omzet*: de opbrengst van die verkochte producten. Omzet is afzet vermenigvuldigd met de verkoopprijs per stuk (zonder btw). Afzet is een aantal, omzet is een geldbedrag.

In 2012 werden in Nederland 1.039.000 nieuwe fietsen verkocht. De gemiddelde prijs van een fiets excl. btw was € 725,-. De totale omzet in de productgroep fietsen was:

$$1.039.000 \times € 725,- = € 753.275.000,-$$

(bij benadering, omdat je hier uitgaat van een gemiddelde prijs).

Van merk A gingen 155.850 fietsen van de hand tegen een gemiddelde prijs van
€ 675,-. Van merk B werden 124.680 fietsen verkocht tegen een gemiddelde
prijs van € 900,-. Bereken het marktaandeel op basis van afzet en op basis van
omzet.

Op basis van de afzet:
Merk A
$$\frac{155.850}{1.039.000} \times 100 = 15\%$$

Merk B
$$\frac{124.680}{1.039.000} \times 100 = 12\%$$

Op basis van omzet:
Omzet merk A: 155.850 × € 675,- = € 105.198.750,-
Omzet merk B: 124.680 × € 900 = € 112.212.000,-

Merk A
$$\frac{105.198.750}{753.275.000} \times 100 = 14\%$$

Merk B
$$\frac{112.212.000}{753.275.000} \times 100 = 14{,}9\%$$

Op basis van de omzet blijkt merk B het veel beter te doen. Zie je een marktaandeel en wil je echt vergelijken, dan moet je weten of het berekend is op basis van de afzet of op basis van de omzet. Goedkopere aanbieders doen het beter als je naar de afzet kijkt, maar een aanbieder met een duurder assortiment kan dat ruimschoots goed maken met de omzet.

Bij het marktaandeel kijk je alleen naar het aandeel van de actuele vraag over een afgelopen periode. Ondernemingen kijken graag vooruit: welk marktaandeel is er mogelijk voor volgend jaar?
Het marktaandeel kun je op twee manieren vergroten:
- klanten van concurrerende aanbieders weglokken (dus klanten zoeken vanuit de actuele vraag;

- klanten zoeken die dit product nog niet kochten (klanten zoeken met potentiële vraag).

Dat laatste is vaak makkelijker. Maar hoeveel mogelijke extra klanten zijn er eigenlijk? Met andere woorden, wat is de potentiële vraag? Daarvoor moet je eerst nagaan hoeveel klanten er al zijn op de markt voor de productgroep. Bij sommige producten kijk je naar individuele klanten, bijvoorbeeld bij drop. Bij andere producten kijk je naar het aantal huishoudens, bijvoorbeeld bij wasmachines.

Het potentiële, mogelijke aantal klanten kun je onderzoeken. Je kunt bijvoorbeeld in een enquête vragen of mensen drop lusten. Bij goed steekproefonderzoek krijg je dan bij benadering het aantal Nederlanders dat drop lust. Je neemt dan dat percentage van de bevolking van drie jaar en ouder (baby's eten nog geen drop), en je hebt het potentiële aantal gebruikers van drop.

marktpotentieel

Als je daarnaast ook onderzoekt hoeveel drop een gemiddelde gebruiker koopt, kun je het *marktpotentieel* schatten. Dat is de totale omzet die mogelijk zou zijn op deze markt, onder goede omstandigheden en met perfecte marketing. Je weet al dat deze gelijk is aan de actuele vraag plus de potentiële vraag. De potentiële vraag naar een bepaald artikel geeft aan hoeveel ruimte een bedrijfstak heeft om te groeien.

omzetpotentieel

De kans is natuurlijk niet groot dat één bedrijf met die hele potentiële vraag aan de haal gaat. Bij het schatten van de maximaal mogelijke afzet voor een bepaalde onderneming spreek je van het *omzetpotentieel*.

penetratiegraad

Welk deel van het marktpotentieel is al benut? Bij verbruiksgoederen, die snel op zijn, spreek je van de penetratiegraad. Bij de *penetratiegraad* van verbruiksgoederen geef je het huidige aantal gebruikers weer als percentage van het mogelijke aantal gebruikers:

$$\frac{\text{actueel aantal gebruikers}}{\text{potentieel aantal gebruikers}} \times 100 = ...\%$$

bezitsgraad

Bij duurzame gebruiksgoederen, die langer meegaan, spreek je van *bezitsgraad*.

$$\frac{\text{aantal mensen dat het product bezit}}{\text{potentieel aantal klanten}} \times 100 = ...\%$$

Hoofdstuk 7 Concurrentie

Het hangt van het product af of je kijkt naar het aantal personen, of naar het aantal huishoudens. Bij auto's of ijskasten neem je het aantal huishoudens. Bij tablets of mobieltjes neem je het aantal personen.

Onthoud

Marktaandeel:

$$\frac{\text{afzet (of omzet) van een aanbieder}}{\text{afzet (of omzet) van alle aanbieders}} \times 100 = ...\%$$

Deel van de markt dat al bediend wordt:

Bij verbruiksgoed: *penetratiegraad*

$$\frac{\text{huidig aantal gebruikers}}{\text{potentieel aantal gebruikers}} \times 100 = ...\%$$

Bij gebruiksgoed: *bezitsgraad*

$$\frac{\text{huidig aantal bezitters}}{\text{potentieel aantal bezitters}} \times 100 = ...\%$$

Marktpotentieel:
Actuele vraag + potentiële vraag

Omzetpotentieel:
Actuele vraag bij onderneming X + potentiële vraag voor onderneming X

Opdrachten

4. a. Jan verkocht het afgelopen jaar 2.080 rotan stoelen à € 46,41. De totale omzet op de markt voor meubelen was € 9.653.280.000,-. Bereken Jans marktaandeel.
    b. Op de markt voor rotan meubelen werd dit jaar € 4.826.640,- omgezet. Bereken Jans marktaandeel voor de productvorm rotan meubelen.
    c. Jan schat dat in de stad Nijmegen, waar hij werkt, 6.000 huishoudens rotan meubelen in huis hebben. Volgens hem kunnen dat er met goede marketing 20.000 worden. Bereken de bezitsgraad voor rotan meubelen in Nijmegen.
    d. Het afgelopen jaar werd in Nijmegen voor € 46.410,- aan rotan meubelen verkocht. Jan schat dat van die 14.000 mogelijke klanten er volgend jaar 1.000 tot aankoop zullen overgaan. De gemiddelde prijs is volgens

jaar € 50,- per stoel. Bereken het marktpotentieel in deze stad voor komend jaar.
e. Jan denkt dat hij zeker de helft van die duizend klanten kan bedienen. Bereken Jans omzetpotentieel voor komend jaar.

5. In 2012 zijn 171.000 fietsen met elektrische trapondersteuning verkocht voor een gemiddelde prijs van € 1.821,-. Daarvan waren er 37.620 stuks van het merk Sparta met een gemiddelde prijs van € 1.980,-, en 29.070 stuks van het merk Gazelle met een gemiddelde prijs van € 1.850,-.
   a. Bereken de marktaandelen van Sparta en Gazelle op basis van de afzet.
   b. Bereken de marktaandelen van Sparta en Gazelle op basis van de omzet.

6. Discounter LoTex had het afgelopen jaar een omzet van anderhalf miljoen euro. LoTex verkocht voor € 350.000,- aan gordijnstoffen en voor € 555.500,- aan meubelstoffen. Het marktaandeel van de discounter bij gordijnstoffen was 7%, bij meubelstoffen 11%.
   a Bereken de totale omzet in gordijnstoffen.
   b Bereken de totale omzet in meubelstoffen.

7. Afgelopen jaar was de afzet van SoftSpot 200.000.000 spotjes voor € 2,50 per stuk. SoftSpot heeft een mooi marktaandeel: 80% (op basis van de omzet). De verkoopprijs van de enige concurrent ligt 20% lager.
   a Hoeveel bedraagt de totale omzet op deze markt?
   b Bereken de afzet van de concurrent.

8. BestBed verkocht het afgelopen jaar 4.000 bedden met een gemiddelde verkoopprijs van € 500,-. De totale omzet van slaapkamermeubels in de bedieningsregio van deze winkel was € 20 miljoen.
   a. Bereken het marktaandeel van BestBed in haar regio.
   b. Bijna iedereen heeft al een bed, dus de verkoop bestaat voor een groot deel uit vervangingsvraag. Toch denkt BestBed dat er nog flink wat potentiële vraag is naar de productvorm waterbed. Er zijn in de bedieningsregio van BestBed op dit moment 100.000 huishoudens met een waterbed, en de marketingmedewerker schat dat dit gedurende de komende vier jaar met 60.000 stuks kan toenemen. Bereken de bezitsgraad van waterbedden in deze regio.
   c. De actuele totale afzet van waterbedden in deze regio was afgelopen jaar 15.000 stuks, tegen een gemiddelde verkoopprijs van € 1.100,- excl. btw. Bereken het marktpotentieel in deze regio.

d. De marketingmedewerker denkt dat de uitbreidingsvraag zich evenredig over die komende vier jaar zal spreiden, en dat BestBed de helft van de uitbreidingsvraag voor haar rekening gaat nemen. Bereken het omzetpotentieel van BestBed voor het komende jaar.

7.3 Concurrentiegedrag

Als jouw onderneming het marktaandeel wil vergroten ten koste van de concurrentie, dan zijn er concurrentie*doelwitten*: andere ondernemingen waar je marktaandeel van wil afnemen.

concurrentiedoelwit

Hiervoor is het nuttig om de concurrentie in te delen in soorten concurrenten. De *marktleider* is de onderneming met het grootste marktaandeel. Hoe machtig die marktleider is, hangt af van het verschil in marktaandeel, maar ook van de marktvorm. Bij volledige en monopolistische concurrentie zijn er veel aanbieders. Op veel van deze markten is het verschil tussen de marktleider en de aanbieders met minder marktaandeel niet zo enorm. Op deze markten zijn er vaak concurrenten te vinden die *marktuitdager* worden en proberen om zelf marktleider te worden.

marktleider

marktuitdager

Op een markt met de marktvorm oligopolie is de marktleider geen makkelijk doelwit: die heeft een goed gevulde kas, een groot communicatiebudget en veel overwicht op de handelspartners die de producten distribueren. Voor veel van de kleinere aanbieders is uitdagen op zo'n markt veel te riskant. Voor hen zijn er ruwweg twee mogelijkheden.

Ze kunnen *marktvolger* zijn. Dat wil zeggen dat ze gaan schuilen onder de paraplu van de marktleider. Die paraplu bestaat bij oligopolie uit het aangeven van de prijs, waarbij de anderen volgen (non-price competition). Een marktleider heeft baat bij het bestaan van marktvolgers: hij wordt dan minder snel beschuldigd van het frustreren van de concurrentie, wat officieel niet mag. De kleinsten van de marktvolgers kunnen wel elkaar in de haren vliegen om de kruimels.

marktvolger

In Nederland is Shell marktleider op de markt voor autobrandstof, met een marktaandeel van ruim 18%. Er zijn nog vier andere grote aanbieders (BP,

Texaco, Esso en Total). Samen hebben de vijf grootste aanbieders ongeveer 60% van de markt in handen. Als Shell de prijs verhoogt of verlaagt, doen de meeste andere aanbieders snel hetzelfde.

Een andere manier voor kleinere ondernemingen om succesvol te zijn, is om het concurrentiegeweld te ontvluchten. Dat kan door een *niche* ofwel *marktnis* te zoeken. Dat wil zeggen dat een onderneming één bepaalde doelgroep zoekt en zich heel precies op die groep klanten richt. Zeker als die doelgroep qua omvang minder interessant is voor de zwaargewichten, kan zo'n nichestrategie heel succesvol zijn. De onderneming leert haar klanten goed kennen en kan haar aanbod goed op maat snijden. De klanten in de doelgroep waarderen het aanbod, dat goed bij hen past.

BigFoot bv is een kleine schoenwinkelketen gespecialiseerd in afwijkende maten. Voor de grote aanbieders is deze doelgroep niet zo interessant: daar moet je maar weer machines voor omstellen, dat is duur en lastig. BigFoot heeft veel kennis van productie op maat, waardoor zij toch tegen acceptabele kosten in kan kopen en kan produceren. De onderneming heeft een hechte band met de toeleveranciers. Veel van de klanten zijn gefrustreerd door de slechte service die veel schoenwinkels hen bieden. Daardoor ontstaat al snel een sterke klantenbinding en een hoge klanttevredenheid. De klantwaarde (het bedrag dat klanten gemiddeld besteden) ligt hoger dan gemiddeld in de branche. Ook de mond-tot-mondreclame werkt goed, waardoor BigFoot geen groot reclamebudget nodig heeft.

ontwijking

verdediging

Nichemarketing is een voorbeeld van een *ontwijk*strategie: de onderneming verschuilt zich als het ware in een nis van de markt, zodat ze minder last heeft van het concurrentiegeweld. Ook marktvolgers volgen een ontwijkstrategie. Er zijn ook *verdedigende* strategieën mogelijk. Een voorbeeld van verdediging is het hoog houden van toetredingsdrempels, bijvoorbeeld met enorme reclamebudgetten. Veel marktleiders doen aan verdediging.

substitutie

aanval

Om meer te verkopen kun je proberen marktaandeel van concurrenten af te snoepen. De doelstelling is dan gericht op *substitutie*, je wilt dat klanten het merk van de concurrent vervangen (substitueren) door dat van jou. Daar past een *aanvals*strategie bij. De extreemste vorm daarvan is een *put-out*strategie.

Hoofdstuk 7 Concurrentie

Die is erop gericht om concurrenten uit de markt weg te drukken.

marktuitbreiding Er zijn ook gevallen waarin het nuttig kan zijn om je te richten op *marktuitbreiding* van de markt. De doelstelling is dan gericht op de potentiële vraag, op mogelijke klanten, die het product of de dienst nog niet kopen. Het uitbreiden van de totale markt is alleen voordelig als de meeste van die nieuwe klanten bij jouw onderneming gaan kopen. Om zo'n uitbreidingseffect te bereiken, is een goede communicatiestrategie nodig. Uitbreiding kun je bij de ontwijkstrategieën rekenen: je zoekt klanten op die nog niet bediend worden door de concurrenten. Uitbreiding kun je ook bereiken door met hetzelfde product meer gebruiksmogelijkheden te bieden, denk aan boeken of tijdschriften lezen op je tablet. Zo kun je ook aan bestaande klanten meer verkopen.

Opdrachten

9. a. Wie vormt het concurrentiedoelwit van een marktuitdager?
   b. Bedenk twee mogelijke concurrentiedoelstellingen van een marktuitdager.

10. a. Wat is een marktvolger?
    b. Bedenk twee mogelijke concurrentiedoelstellingen van een marktvolger.
    c. Verklaar waarom op markten met de marktvorm oligopolie de marktleider vaak de kleine marktvolgers in bescherming neemt, in plaats van ze aan te vallen.

11. a. Bedenk een voorbeeld van een bedrijf dat aan nichemarketing doet.
    b. Wat is het voordeel van nichemarketing?
    c. En wat is het nadeel ervan?

12. a. Op welke manier zou jouw school aan marktuitbreiding kunnen doen?
    b. Wat voor concurrentiestrategie hoort daarbij?
    c. Hoe zou jouw school aan substitutie kunnen doen?
    d. Welke concurrentiedoelstelling hoort daarbij?

13.

Albert Heijn verlaagt prijs van duizend artikelen
Albert Heijn gaat vanaf maandag de prijzen van ongeveer duizend artikelen verlagen. Sommige producten worden tot 20 procent goedkoper. Het gaat volgens Albert Heijn om een structurele prijsverlaging en niet om een kortingsactie. De grootste concurrent van Albert Heijn, Jumbo, laat in een reactie weten dat het de prijzen sowieso verlaagt als de vaste prijzen van een ander lager blijken. 'Dat zullen we ook nu doen, of Albert Heijn nou 1 of 1000 prijzen verlaagt', aldus een woordvoerder. Hoogvliet verklaart: 'Wij bewaken altijd onze prijsafstand en zullen meegaan als Albert Heijn haar prijs verlaagt.'

Het Parool 07/09/13 – bron: ANP

a. Wat voor soort concurrent is Albert Heijn op de Nederlandse markt voor supermarkten?
b. Hoe kun je de strategie van AH omschrijven?
c. Wat voor soort concurrent is Jumbo?
d. Wat voor strategie volgt Jumbo?

7.4 Samenvatting

Concurrentie kun je ruim of smal opvatten. Concurrentie tussen bedrijven binnen dezelfde bedrijfstak is bedrijfs- of merkconcurrentie. Binnen één bedrijfstak kun je ook productvormconcurrentie tegenkomen: een bedrijf probeert dan met een bepaald type van het product meer klanten te winnen ten koste van de concurrenten.

Concurrentie kan ook komen van ondernemingen buiten de bedrijfstak. *Generieke* concurrentie vindt plaats tussen ondernemingen met verschillende producten die in dezelfde behoefte kunnen voorzien. Deze producten zijn elkaars *substituut*. Op het niveau van *behoeften*concurrentie zijn alle bedrijven elkaars concurrent. Ze proberen een zo groot mogelijk deel van de uitgaven van de consument te krijgen.

Wil je een *marktaandeel* bepalen, of begrijpen, dan heb je informatie nodig over het product (productklasse, productgroep of productvorm), over de tijdsperiode en over de geografische omvang van de markt waar het om gaat. Je moet ook weten of het over afzet of omzet gaat. Om het marktaandeel te berekenen, neem je de afzet van een onderneming als percentage van de afzet op de totale abstracte markt. Beter nog is het om van de omzet uit te gaan.

Om na te gaan hoe ver een product al in de markt is doorgedrongen kun je de *penetratiegraad* berekenen: het huidige aantal gebruikers als percentage van het totale aantal potentiële gebruikers. Bij duurzame gebruiksgoederen spreek je van *bezitsgraad*. Het *marktpotentieel* bestaat uit de actuele (effectieve) vraag plus de potentiële vraag. Wil je dit naar een individuele onderneming vertalen, dan bereken je het *omzet*potentieel: de huidige omzet plus de potentiële omzet voor de komende periode.

De *marktleider* is de onderneming met het grootste marktaandeel op een abstracte markt. Een *marktuitdager* volgt een aanvalsstrategie en probeert zelf marktleider te worden. Een *marktvolger* volgt een ontwijkstrategie door het beleid van de marktleider te volgen en zo het marktaandeel op peil te houden. Ook een *marktnisser* volgt een ontwijkstrategie door zich op een kleinere, precieze doelgroep te richten en die zo goed mogelijk te bedienen. Een *verdedigings*strategie is erop gericht om toetreding moeilijk te maken. Bij aanvallen kan een onderneming zich richten op *substitutie*: snoepen uit de actuele vraag van concurrenten; of op *marktuitbreiding*, meer marktaandeel verwerven in de potentiële vraag.

7.5 Begrippen

Behoeften concurrentie	Concurrentie tussen allerlei bedrijven en bedrijfstakken om de consumenteneuro.
Bezitsgraad	Het huidig aantal bezitters van een duurzaam gebruiksgoed, als percentage van het totale aantal potentiële bezitters.
Concurrentie doelwitten	Andere ondernemingen waar jouw onderneming marktaandeel van wil afnemen.
Generieke concurrentie	Concurrentie tussen bedrijven met aanbod binnen een hele productklasse.
Marktaandeel	De afzet of de omzet van een bepaald product of merk, als percentage van de totale afzet of omzet op de abstracte markt voor dat product of merk; in een bepaalde periode.
Marktleider	De onderneming met het grootste marktaandeel op een bepaalde abstracte markt.
Marktnisser	Onderneming die een ontwijkstrategie volgt door zich alleen op één bepaalde doelgroep te richten. Een ander woord hiervoor is nichemarketing.
Marktuitbreiding	Aanvalsstrategie gericht op winnen van klanten met potentiële vraag.
Marktuitdager	Onderneming die probeert om marktleider te worden met een aanvalsstrategie.
Marktvolger	Onderneming die in grote lijnen het beleid van de marktleider volgt.
Merkconcurrentie	Bedrijfsconcurrentie, concurrentie tussen bedrijven met aanbod in dezelfde productgroep.
Penetratiegraad	Het huidig aantal gebruikers van een verbruiksgoed, als percentage van het totale aantal potentiële gebruikers.
Productvorm concurrentie	Concurrentie tussen bedrijven die producten met dezelfde productvorm aanbieden.
Substitutie	Aanvalsstrategie die erop gericht is om concurrenten een deel van de actuele vraag af te nemen.

8 Het vak marketing

8.1 Marktbenaderingen
8.2 Marketing
8.3 De marketingmix
8.4 Marketingomgeving
8.5 De afdeling marketing
8.6 Samenvatting
8.7 Begrippen

8.1 Marktbenaderingen

Er is een markt voor je product en je wilt graag verkopen. Hoe benader je die markt? Tegenwoordig zou je eerst eens gaan onderzoeken wie je klanten kunnen zijn en wat die mensen precies willen. Je gaat de markt benaderen volgens het marketingconcept. Maar marketing zoals we het nu kennen, bestaat pas sinds een jaar of zestig.

Tegenwoordig word je bijna overspoeld met aanbod, dingen die je kunt kopen: in winkels en via de media. Van een bepaald product bestaan allerlei soorten en maten van veel verschillende merken. Die overvloed is er niet altijd geweest. Toen de mensen minder te besteden hadden, was die overdaad niet nodig. Er was veel minder aanbod van producten dan nu, er viel minder te kiezen. De meeste markten waren *verkopers*markten: de vraag was groter dan het aanbod.

Ruim een eeuw geleden introduceerde Ford de lopende band. Hierdoor kon deze fabriek veel sneller en goedkoper auto's maken dan daarvoor. De T-Ford was een stuk goedkoper dan andere auto's en hierdoor kwam autobezit binnen het bereik van veel mensen die daar eerder het geld niet voor hadden. Efficiency stond voorop. Henry Ford zei dat de T-Ford in elke kleur te koop was, 'as long as it's black'. Door de massaproductie en voordelen van productie op grote schaal kon de prijs van deze auto dalen van $ 980,- in 1910 naar $ 290,- in 1924. Ford verkocht er meer dan 15 miljoen stuks van.

productieconcept

Ford ging werken volgens het *productie*concept. Deze marktbenadering is gebaseerd op het idee dat producten beschikbaar en vooral betaalbaar moeten zijn. Het doel is om veel en goedkoop te produceren. Goede distributie is ook belangrijk. Vraag is er toch wel, zeker als de prijs is afgestemd op de portemonnee van de klanten. Vandaag de dag zie je het productieconcept nog veel in arme landen. Heel veel mensen in Congo hebben een petroleumstelletje nodig. Daar hoef je niet moeilijk over te doen met marktonderzoek. Klanten hebben er niet veel geld voor, dus bedrijven bieden goedkope petroleumstelletjes aan van niet al te hoge kwaliteit. Er is niet veel keus in de winkels.

productconcept

Een bedrijf dat vooral focust op de kwaliteit van het product, benadert de markt volgens het *product*concept. Deze marktbenadering bestaat al heel lang, maar werkt het beste bij een verkopersmarkt met weinig aanbod. Op markten met heel veel aanbod valt een goed product niet vanzelf op. Bovendien heeft de aanbieder niet uitgezocht of zijn aanbod wel goed aansluit bij de wensen van zijn klanten.

Een loodgieter verstaat zijn vak. Hij installeert goede producten, maar hij is moeilijk bereikbaar voor z'n klanten. Vaak probeert hij producten te verkopen die hij zelf goed vindt: hij luistert slecht. Als er klachten komen, haalt hij zijn schouders op. Deze loodgieter werkt volgens het productconcept.

Tussen allerlei aanbod herkennen klanten het goede product niet meer vanzelf. Nog lastiger wordt het als concurrenten ook goede producten aanbieden. In de loop van de vorige eeuw werd het aanbod van verschillende producten steeds groter, in allerlei soorten en maten. Langzaam sloeg de markt om van een verkopersmarkt naar een kopersmarkt: de klant heeft het voor het kiezen. Veel ondernemingen kregen daarom meer aandacht voor de verkoop. Ook een goed product heeft vaak een zetje nodig, en de klant moet het product wel kennen. In het denken van de bedrijven gingen promotie en verkoopbevordering centraal staan: het *verkoop*concept.

verkoopconcept

Er zijn ook *niet-gezochte* goederen. Neem een begrafenisverzekering, daar denk je niet elke dag over na. Aanbieders hiervan kunnen alleen maar over de drempel komen met ongevraagde communicatie. Zo komen ze al snel bij het verkoopconcept uit.

Er zijn nog steeds bedrijven die de verkoop een centrale plaats in hun bedrijfsvoering geven. Je ziet het verkoopconcept ook bij de politieke partijen als er verkiezingen aankomen. Maar voor de meeste aanbieders biedt het verkoopconcept niet meer genoeg zekerheid dat de producten worden verkocht. Het aanbod van producten wordt steeds groter, de consument heeft veel keus. De consument heeft meer te besteden, maar is ook kritischer. Op de huidige kopersmarkt kan de klant kieskeurig zijn.

Op een kopersmarkt moet een aanbieder dié producten te maken, die de klant als waardevol ervaart. Bij het *marketing*concept zijn de behoeften van de afnemer het startpunt. Pas als je die goed kent, kun je een product ontwikkelen dat precies op die behoeften aansluit. Om die behoeften te leren kennen is marktonderzoek nodig. Verder is klanttevredenheid heel belangrijk. Niet alleen nieuwe klanten aantrekken, maar vooral ook de relatie met bestaande klanten onderhouden.

De bevolking in de westerse landen vergrijst: er komen relatief meer oude mensen. Ford liet zijn productontwikkelaars lastige kleding dragen, waardoor ze zich stijf voelden en beperkt waren in hun bewegingsvrijheid. Op deze manier moesten ze ervoor zorgen dat de auto's comfortabel zijn en goed te bedienen, ook voor stramme oude mensen.

Ook al ken je de behoeften van je klanten op je duimpje, er kan nog meer aan de hand zijn. Mensen houden niet van producten die met behulp van kinderarbeid zijn gemaakt. Ze zijn bezorgd over het milieu en vinden het ook niet netjes als een bedrijf investeert in een land waar mensenrechten amper bestaan. Al dit soort dingen kunnen voor negatieve publiciteit zorgen. Een onderneming kan het ook omkeren: door alert te zijn op milieu en mensenrechten kan een aanbieder ook bij de marketing een streepje voor krijgen. Aanbieders die dat doen, benaderen de markt met het *sociaal* marketingconcept. Daarbij staan de belangen van de klanten én de samenleving centraal.

The Body Shop verkoopt lichaamsverzorgende producten. Deze onderneming richt zich op de milieubewuste klant. Ook aanbieders die het EKO-keurmerk aanvragen, doen dit vanuit het sociale marketingconcept. Bij de ASN bank kun je maatschappelijk verantwoord sparen en beleggen.

Onthoud

Vijf manieren om de markt te benaderen:
- productieconcept — veel en goedkoop produceren
- productconcept — een goed product
- verkoopconcept — verkoop en voorlichting
- marketingconcept — de behoeften van de eindgebruikers staan centraal
- sociaal marketingconcept — belangen van consument en maatschappij staan centraal

---

Opdrachten

1. a. Leg uit waarom het productconcept minder goed werkt als er veel aanbieders op een markt zijn.
   b. Wat is groter op een kopersmarkt, de vraag of het aanbod?
   c. Waarom werkt het verkoopconcept lang niet altijd op een kopersmarkt?
   d. Leg uit waarom het productieconcept in arme landen nuttig is.

2. a. Past het productieconcept beter bij een kopersmarkt of een verkopersmarkt? Verklaar je antwoord.
   b. Welk marktbenaderingsconcept past het beste bij een kopersmarkt?

3. a. 'Een goed boek verkoopt zichzelf.' Vanuit welk concept denkt deze uitgever?
   b. Waarom krijgen steeds meer bedrijven belangstelling voor het milieu?

4. Geef steeds aan welk marktbenaderingsconcept de aanbieder hanteert.
   a. Jozef maakt kleedjes. Hij denkt de concurrentie te kunnen verslaan door het gebruik van natuurlijke grondstoffen en klassieke weefpatronen.
   b. Was 'm met windkracht 6! Het energiebedrijf biedt haar klanten de mogelijkheid om tegen extra betaling windenergie te kopen.
   c. Boris is luciferfabrikant. Hij zegt dat de kwaliteit er niet zoveel toe doet, lucifers worden toch wel verkocht. Boris produceert zoveel en zo goedkoop mogelijk.
   d. Julie geeft encyclopedieën uit. Ze heeft moeite haar producten te slijten, maar denkt dat dat wel goed komt nu zij net vier charmante jonge vertegenwoordigers heeft aangenomen.

e. Manon wil erg graag starten met een kinderkledingboetiek. Er zijn alleen al zoveel winkels voor kinderkleding. Het lijkt Manon beter eerst advies te vragen aan een bureau voor marktonderzoek. Die kunnen de voorkeuren van de klant onderzoeken.

5. Voor financiële diensten, zoals levensverzekeringen en beleggingsfondsen, krijgen veel mensen voorstellen in de brievenbus. Vaak worden potentiële klanten ook telefonisch benaderd. Vanuit welk concept wordt hier gewerkt?

6. Zoek nog een voorbeeld van een onderneming die duidelijk het sociaal marketingconcept volgt.

7.

Merktrouw Generation Y: lastiger maar ook loyaler
De Generation Y is selectiever in wat ze verwachten van merken, maar als ze eenmaal kiezen voor een merk zijn ze wel loyaler dan andere doelgroepen. Havas Media onderzocht de afgelopen maanden hoe Generation Y (circa 3 miljoen consumenten in Nederland in de leeftijd van 17 t/m 33 jaar) omgaat met merken, advertising en media. Roel van den Borne, CEO van Havas Media: "De Gen Y wordt door veel merken op vrijwel eenzelfde manier als andere generaties benaderd terwijl deze groep totaal anders is.

Gevormd door de technologische ontwikkelingen (en het internet bij uitstek), de groeiende welvaart en een andere vorm van opvoeding, zijn Gen Y'ers gewend aan het hebben van een enorme keuzevrijheid.
marketingtribune.nl, 27-09-2013

a. Welke marktbenadering hanteren die 'veel merken' die de Gen Y op vrijwel dezelfde manier benaderen als andere generaties?
b. Duidt die keuzevrijheid op een kopersmarkt of op een verkopersmarkt?

8.2 Marketing

marketing

Marketing is het aanbieden van producten of diensten op basis van de behoeften van afnemers.

consumentenmarketing

Wie zijn de afnemers? *Consumenten*marketing is gericht op consumenten. Er zijn ook veel bedrijven die aan andere bedrijven verkopen, op de zakelijke markt. Die hebben te maken met *business-to-business* marketing (b2b). Een speciale vorm daarvan is *detaillisten*marketing. Daar heeft bijvoorbeeld een groothandel of importeur mee te maken, die aan winkelbedrijven verkoopt. Maar ook fabrikanten kunnen ermee te maken hebben omdat grootwinkelbedrijven rechtstreeks bij de fabrikant kunnen inkopen.

b2b
detaillistenmarketing

internationale marketing

Exporterende bedrijven en multinationals hebben te maken met *internationale* marketing. Mensen in verschillende samenlevingen kunnen heel anders tegen hetzelfde aanbod aankijken. Ikea merkte bijvoorbeeld pas na de start in de USA dat alles daar een paar maten groter moet. Mitsubishi moest de naam van de Pajero in Spaanstalige landen veranderen, omdat ze er te laat achter kwamen dat 'pajero' daar een seksueel getint scheldwoord is. Ook hier blijkt dat het heel kostbaar kan zijn als je je klanten niet goed kent.

non-profit marketing

Je kunt marketing ook anders indelen, als je kijkt naar wat er verkocht wordt. Instellingen en stichtingen hebben te maken met *non-profit* marketing. Een museum dat goed aan weet te sluiten bij de behoeften van de doelgroep(en) heeft meer succes. Een liefdadige instelling net zo goed. In het artikel hieronder zie je een voorbeeld van non-profit marketing. Dienstverleners werken met *diensten*marketing. Diensten verkopen werkt anders dan tastbare producten aanbieden, want je kunt ze minder makkelijk laten zien, en je kunt er geen voorraad van aanleggen.

dienstenmarketing

'De Brandwonden Stichting collecteert deze week voor het eerst niet alleen huis aan huis, maar ook via Facebook. De belangenorganisatie heeft een speciale Facebook collecte-applicatie ontwikkeld, waarmee iedereen die op Facebook zit zelf een online collectebus kan aanmaken en voor de Brandwonden Stichting kan collecteren onder zijn of haar Facebook-vrienden. Zo probeer de stichting Facebook-vrienden te attenderen op belangrijke preventieboodschappen zoals 'Voorkom brandwonden: drink geen hete thee of koffie met een kind op schoot.' Of 'Wat doe JIJ bij brand? Blijf uit de rook!' Maar ook mensen met brandwonden samenbrengen via de speciale Facebookpagina 'Leven na Brandwonden' voorziet in de behoefte van een grote groep lotgenoten, aldus de organisatie.'

emerce.nl, 7 oktober 2013

Wat komt er allemaal kijken bij marketing? Communicatie is het startpunt voor marketing. Weet je eenmaal wat klanten willen, dan zorg je voor het juiste product of de juiste dienst. Hoe kom je te weten wat klanten willen? Door het ze te vragen. Dat kan door marktonderzoek te doen, maar ook gewoon door regelmatig met bestaande klanten te praten.

Het juiste product is een oplossing voor iets waar mensen behoefte aan hebben. Klanten kopen geen kooktoestel omdat ze graag een stuk roestvrij staal in de keuken hebben, maar omdat ze makkelijk en lekker willen koken. In de muziekwinkel ben je niet op zoek naar een plastic schijfje in een doosje, maar naar een goede muziekopname waar je keer op keer van kunt genieten. Met het juiste product bied je klanten iets dat *waarde* voor ze heeft.

Dat juiste product of die juiste dienst verkoop je tegen de juiste prijs en met het juiste niveau van dienstverlening en gemak voor de klant. Ook bij het verkopen is communicatie nodig, want die klanten moeten wel weten dat het te koop is en waar het te koop is. En na de koop moet jij weer te weten komen of je klanten tevreden zijn.

Die juiste prijs hangt in de eerste plaats af van het bedrag dat klanten voor je product over hebben. Maar ook de kosten en de concurrentie hebben invloed op de prijs die je kunt vragen.

Het product is een oplossing. Daar hangt van alles omheen: de dienstverlening rond het product, de kwaliteit, de garantie, de verpakking, de uitstraling van de merknaam, het assortiment waar het in zit. Bij de communicatie horen marktonderzoek, persoonlijke verkoop, reclame, public relations (pr), sponsoring en tijdelijke acties.

Ook de manier waarop je het aanbod distribueert, hoort bij marketing. *Distributie* is het verspreiden van het aanbod, zorgen dat het op die plaatsen te koop is, waar klanten het verwachten en waar ze het willen kopen. Daarbij hoort de keuze van de juiste verkooppunten. Ook de keuze van de juiste handelspartners (zoals een groothandel), en de samenwerking daarmee, kan heel belangrijk zijn.

Marketing bestaat dus uit communicatie, allerlei keuzen en beslissingen rond het aanbod, de prijs en de distributie.

Opdrachten

8. a. Zoek een voorbeeld van een onderneming die aan detaillistenmarketing moet doen.
   b. Op welke manier zou jouw opleidingsinstelling aan b2b marketing kunnen doen?

9. a. Liefdadige instellingen verkopen niets. Waar is hun marketing dan op gericht?
   b. Hoe heet zulke marketing?

10. Aan welk soort marketing moeten deze bedrijven en instellingen doen?
    a. SNS bank
    b. Nestlé
    c. Groothandel Versluijs
    d. Super 1-uit-1000
    e. Schoonmaakbedrijf Correct
    f. Ziekenhuis Zorgvliet

8.3 De marketingmix

Met goede marketing wil een onderneming haar klanten iets bieden wat zij op prijs stellen, wat waarde voor hen heeft. Op die manier kan de onderneming winstgevend zijn. Hoe doe je dat, waarde bieden aan je klanten?

Er zijn nogal wat dingen die bij kunnen dragen aan waarde voor de klant. Om dat wat overzichtelijker te maken werken marketeers met de marketingmix. Die mix bestaat uit marketing*instrumenten*. Dat zijn de vier (of vijf) P's: product, prijs, plaats, promotie (en personeel).

vier P's

Onthoud

De marketingmix:

Instrument	Deelinstrumenten
• Product	Het product of de dienst zelf, assortiment, garantie, merk, service, verpakking.
• Prijs	Consumentenprijs, prijs voor de tussenhandel, kortingen.
• Plaats	Distributiekanalen, distributie-intensiteit, winkelformules, trek- of duwdistributie.
• Promotie	Reclame, persoonlijke verkoop, pr, sponsoring, publiciteit, direct marketing, verkoopacties, beurzen en tentoonstellingen.
• Personeel	Meedenken met de klant, inzet, representatie, onderlinge communicatie.

Oorspronkelijk waren er vier P's. De P van personeel is er later bijgekomen en wordt vooral gebruikt in de detailhandelsmarketing en dienstenmarketing. Sommigen weten nog meer P's te bedenken, bijvoorbeeld Presentatie, Politiek, Publieke opinie. In de gangbare leerstof houdt men het op vier of vijf P's.

vier C's

Veel marketingmensen vinden dat vooral de eerste vier P's teveel vanuit de aanbieder bekeken zijn, in plaats vanuit de klant. Je kunt ook de vier C's gebruiken: consumentenbehoeften, cost to the consumer, convenience en communicatie.

Instrument

• Consumentenbehoeften Mensen kopen geen producten, maar oplossingen.

• Cost to the consumer Wat kost het daadwerkelijk voor een klant om een product in huis te halen? Voor klanten is de prijs vaak maar een deel van de kosten. Denk aan reis- en parkeerkosten, tijd die nodig is om iets te vinden en tijd en moeite die nodig zijn om gewenste informatie te krijgen.

- Convenience Voor de klant gaat de P van plaats over koopgemak: kan ik het makkelijk vinden, is het makkelijk en prettig om met deze verkoper zaken te doen?
- Communicatie Promotie klinkt eenzijdig, richting klant. Het klopt dat wat glitter en glamour in je campagne kan helpen. Toch is de beste commerciële communicatie tweerichtingsverkeer.

Die vier C's lopen niet echt lekker: er zijn ook zakelijke afnemers, niet alleen consumenten. Maar die P's lopen ook niet helemaal. Neem bijvoorbeeld 'plaats', dat gaat over 'distributie'. Welke letters je ook gebruikt, het blijft een ezelsbruggetje om die mix makkelijk te onthouden. Waar het om gaat, is dat je bij alle marketinginstrumenten steeds zorgt dat je door de bril van je klanten kijkt en denkt aan de waarde die je hun kunt leveren.

P van product

De P van *product* (of dienst) is het aanbod zelf. Hierbij horen: de kwaliteit, het merk, de service rond het product of de dienst, de garantie en de verpakking. Veel bedrijven bieden allerlei verschillende producten aan, denk aan een winkelbedrijf. Dan is ook het assortiment belangrijk: de combinatie van verschillende artikelen moet zorgen dat klanten het aanbod de moeite waard vinden.

Een product of een dienst is aanbod. Vanuit de klant gezien heeft dat aanbod alleen waarde als het voorziet in een behoefte. Dat kan een bestaande behoefte zijn, maar ook eentje waarvan klanten nog niet eens wisten dat ze die behoefte hadden. Niemand vroeg in de winkel om een mobieltje, voordat zaktelefoons op de markt kwamen. Mensen hebben dus niet speciaal behoefte aan een zaktelefoon, maar aan eenvoudige communicatie.

P van prijs

De P van product heeft veel te maken met de P van *prijs*: hoe hebberiger je de klanten kunt maken, hoe meer ze ervoor over hebben. De prijs die je kunt vragen, hangt af van de *vraag*, maar ook van de *kosten* (als er geen winst te maken valt, kun je beter thuisblijven). Je moet ook inspelen op de *concurrentie*: wat doen die met dit marketinginstrument? Je kunt met de prijs stunten om marktaandeel te winnen, of juist met een hogere prijs laten weten dat je aanbod kwaliteit heeft.

P van promotie

Bij de P van *promotie* (communicatie) horen reclame, public relations (pr), sponsoring, persoonlijke verkoop, verkoopacties en direct marketing. Eigenlijk moet je marktonderzoek er ook bij rekenen: als je niet weet wat klanten willen, kun je nog zoveel promotie maken, maar je bent niet bezig met echte marketing.

P van plaats

De P van *plaats* staat voor *distributie*: waar verkoop je het product, bij wat voor verkooppunten en bij hoeveel verkooppunten? Kunnen klanten er makkelijk aan komen, of vinden ze het juist prettig om er echt voor te winkelen? Een gemaksgoed, zoals een reep chocola, moet overal te koop zijn; voor een shopping good, zoals goede luidsprekers, gaan mensen naar een speciaalzaak. Verkooppunten moeten goed passen bij het product. Kostuums van Hugo Boss hangen niet bij de Hema.

Een goede samenwerking met handelspartners (groothandel, winkelbedrijven, distributiecentra) hoort ook bij dit instrument. Een reclameboodschap kan bijvoorbeeld flink verstoord worden als de presentatie in de winkel er niet bij past.

Vanuit de klant gezien staat goede distributie voor gemak (convenience): de klant moet het product kunnen vinden waar hij het verwacht.

P van personeel

Vooral in de detailhandelsmarketing gebruikt men vaak nog een vijfde P: *personeel*. Als je met vier P's werkt, zit dit element bij Product (service) en bij Promotie (persoonlijke verkoop). Als het personeel de marketingmix niet snapt of niet goed uitvoert, kan een goede mix toch op een flop uitdraaien. Dat geldt voor alle bedrijven, niet alleen in de detailhandel. Het is noodzakelijk dat alle medewerkers de klant centraal stellen en volgens het marketingconcept kunnen werken.

marketingmix

Door die P's, de marketinginstrumenten, goed in te vullen, geeft het bedrijf het aanbod een duidelijk gezicht. De *marketingmix* bestaat uit een samenhangende invulling van de vier (of meer) marketinginstrumenten (P's). De precieze invulling heeft veel te maken met de gekozen doelgroep. Het heeft geen zin een dumpzaak te starten in een nette wijk: de plaats klopt niet met prijs. De verschillende P's moeten goed bij elkaar passen; de mix moet samenhangend zijn, ofwel consistent.

Apple verkoopt computers, mp3-spelers en telefoons. Die computers heten geen computers maar Macs of iPads, en de mp3-spelers heten iPods. De meeste Mac-gebruikers vinden Microsoft maar niks. Macs zijn veel beter en ze zijn cool.
- Product: nadruk op kwaliteit, design, vernieuwing, modieus.
- Prijs: hoog.
- Promotie: wel reclame maken, maar niet al te veel. Mond-tot-mondreclame is belangrijk, veel in het nieuws komen ook. Geen tijdelijke verkoopacties.
- Plaats: alleen te koop in betere computerzaken of in Apple-winkels.

In het voorbeeld zie je een marketingmix in een notendop, er is natuurlijk nog veel meer over te vertellen. Wat verwachten klanten van Apple? Een goed product waarmee ze zich onderscheiden, waarmee ze erbij horen. Daar willen ze best voor naar een speciaalzaak.

De Aldi is een discounter, een detailhandel (in dit geval een supermarktketen) waar een lage prijs het belangrijkste verkoopargument is. De winkels zijn kaal en ongezellig, de klant moet artikelen uit dozen halen en de rij voor de kassa kan behoorlijk lang zijn.
- Product: een assortiment met nadruk op goedkopere artikelen, veel huismerken en C-merken.
- Prijs: laag.
- Promotie: vooral reclame in lokale media (niet al te duur), regelmatig een verkoopactie.
- Plaats: beperkt aantal filialen.
- Personeel: zo min mogelijk personeel in dienst, laag serviceniveau.

Aldi's marketingmix is erop gericht om klanten waarde te bieden in de vorm van besparing. Alle instrumenten kloppen daarmee. De verkooppunten zien er met opzet kaal uit. Alles straalt dezelfde boodschap uit: wij besparen kosten, zodat u kunt besparen.

Opdrachten

11. a. Je werkt bij Mars aan de distributie. Wat is het gevolg als je het aantal verkooppunten gaat beperken?

b. Je werkt bij Calvin Klein. Wat is het gevolg als je het aantal verkooppunten fors gaat uitbreiden?
c. Over welk marketinginstrument gaat deze opdracht?

12. Neem een winkel in gedachten in de buurt van je school. Omschrijf kort de marketingmix en breng in kaart wat klanten van dat bedrijf verwachten.

13. Je werkt bij een winkel voor Perzische tapijten.
    a. Ontwerp heel in het kort een goede marketingmix.
    b. Leg uit waarom de Perzische tapijten zoveel duurder zijn dan een tapijt van bijvoorbeeld IKEA.

14. a. Zoek uit wat een Mac mini is en wat die kost.
    b. Leg uit hoe de Mac mini past in de marketingstrategie van Apple.

8.4 Marketingomgeving

Een bedrijf of instelling is onderdeel van een samenleving, van een land, van de wereld. Een bedrijf heeft niet alleen relaties met klanten, maar met allerlei groepen in de samenleving. Marketing doe je dus niet in het luchtledige, maar in een omgeving. Net zoals jij in een omgeving leeft. Die omgeving bepaalt voor een deel wat je kunt doen en wat je niet kunt doen. In de winter kun je in Nederland moeilijk buiten zwemmen bijvoorbeeld. Tot je achttiende heb je te maken met leerplicht. Bedrijven hebben net zo goed te maken met allerlei factoren in hun omgeving, die bepalen wat wel mogelijk is en wat niet. Die omgeving kun je indelen in drie niveaus.

micro-omgeving

'Micro' betekent klein. De *micro*-omgeving van een bedrijf of instelling bestaat uit de eigen organisatie. Het gaat om *interne* omgevingsfactoren.
- Het personeel, de talenten en het scholingsniveau van de medewerkers bepalen voor een deel wat het bedrijf wel of niet kan.
- De organisatiestructuur en de organisatiecultuur kunnen bepalend zijn voor een goede uitvoering van de plannen. Is dit bedrijf flexibel? Werken de afdelingen goed samen?
- De inkoop bepaalt of het bedrijf voldoende voorraad heeft, of het de productie kan uitbreiden of niet.

- De financiën bepalen mede wat er mogelijk is aan marketingactiviteiten.
- De productie zelf bepaalt of er uitbreiding mogelijk is of niet. Als de verkoop lager is dan de productie kun je aan klantenwinning gaan denken, of aan een verkoopactie.

Omgevingsfactoren op microniveau kan de onderneming zelf beïnvloeden.

meso-omgeving
marktpartijen

'Meso' betekent middel, het middenniveau tussen groot en klein in. De *meso*-omgeving van een bedrijf of instelling bestaat uit de marktpartijen, de stakeholders en overige publieksgroepen. De *marktpartijen* zijn:
- leveranciers en andere schakels van de bedrijfskolom;
- concurrenten;
- eindgebruikers (meestal consumenten).

De leveranciers vormen de voorgaande schakel in de bedrijfskolom. Andere schakels in de bedrijfskolom bepalen mede wat mogelijk is: is er voldoende grondstof beschikbaar? Gaan de inkoopprijzen omhoog of omlaag?

Concurrenten kunnen een uitdaging vormen, maar ze kunnen ook een struikelblok zijn. In het vorige hoofdstuk zag je al dat je concurrentie kunt tegenkomen op verschillende niveaus.

De eindgebruikers (zakelijke klanten of consumenten) bepalen uiteindelijk wat ze willen kopen. Als marktpartij zijn zij doorslaggevend.

stakeholders

Stakeholders zijn alle mensen die belang hebben bij de onderneming. Dat zijn:
- het eigen personeel en de vakbonden;
- beleggers (aandeelhouders en obligatiehouders);
- banken die geld aan het bedrijf lenen;
- overheden.

Het eigen personeel heeft natuurlijk belang bij een goed lopend bedrijf. Daarnaast wil het graag een prettige werkomgeving en een goede beloning. De vakbonden komen op voor de belangen van het personeel.

Ondernemingen hebben geld nodig om te kunnen investeren. Dat geld kan komen van aandeelhouders, die voor een klein stukje eigenaar zijn. Het kan ook komen van leningen. Aandeelhouders en obligatiehouders hebben belang bij goede bedrijfsresultaten. Dat geldt ook voor banken die geld aan de onderneming lenen, want zij zien hun geld graag weer terug.

Ook overheden hebben belang bij goed draaiende ondernemingen. Denk aan de gemeente, die wil graag werkgelegenheid zien voor de bevolking. Goed lopende ondernemingen betalen ook belasting, en daar hangen de inkomsten van overheden weer vanaf.

publieksgroepen

Een *publieksgroep* is een groep personen (of organisaties) waar de onderneming van afhankelijk is. De relatie met de ene publieksgroep is anders dan die met de andere publieksgroepen. Alle marktpartijen en stakeholders die tot nu toe genoemd zijn, zijn tegelijk ook publieksgroepen. Overige publieksgroepen zijn:

- het grote publiek, de publieke opinie kan veel invloed hebben op het succes van een onderneming;
- belangengroepen, denk aan de Consumentenbond of Greenpeace;
- bedrijfstakorganisaties, deze komen op voor de belangen van de ondernemingen in hun bedrijfstak;
- omwonenden of een wijkcomité, een slechte relatie met omwonenden kan slechte publiciteit opleveren;
- scholen en opleidingscentra, hier komen toekomstig personeel en stagiaires vandaan;
- de media, berichtgeving over een onderneming kan veel invloed hebben.

Met de omgevingsfactoren op meso-niveau heeft de onderneming een wisselwerking. Zij beïnvloeden de onderneming, en de onderneming zelf doet haar best om deze groepen in haar omgeving te beïnvloeden.

macro-omgeving

'Macro' betekent groot. De *macro*-omgeving van een bedrijf of instelling bestaat uit omgevingsfactoren waar de organisatie zelf geen invloed op kan hebben. Daar zijn ze te groot voor. Deze omgevingsfactoren kun je indelen in zes hoofdgroepen:

- *D*emografische omgevingsfactoren
- *E*conomische omgevingsfactoren
- *S*ociaal-culturele omgevingsfactoren
- *T*echnologische omgevingsfactoren
- *E*cologische omgevingsfactoren
- *P*olitiek-juridische omgevingsfactoren.

DESTEP

Een ezelsbruggetje om deze factoren te onthouden is DESTEP: de beginletters van boven naar onder.

Demografie

Demografen laten zien hoe een bevolking is opgebouwd. Dat kan naar leeftijdsgroep en geslacht, maar ook naar culturele achtergrond, naar inkomen, naar opleiding, naar huizenbezit of naar woonplaats. Demografische ontwikkelingen kunnen veel invloed hebben op deelmarkten. De komende decennia zullen in het teken staan van de vergrijzing, waardoor er kansen ontstaan voor bedrijven die in weten te spelen op de behoeften van moderne senioren. Een ander voorbeeld: er zijn steeds meer eenpersoonshuishoudens in Nederland.

Economie

De economie beïnvloedt de koopkracht van je klanten. In de economische groei zit een conjunctuurbeweging. Dat is een golfbeweging: het gaat een aantal jaren heel goed, en dan zit het een aantal jaren tegen. Vooral voor investeringsbeslissingen is het belangrijk om daar goed zicht op te hebben. Vooral als het goed gaat, wordt er veel geïnvesteerd, terwijl het juist slim kan zijn om tegen het einde van een dip alvast vooruit te lopen op een volgende conjunctuurgolf.

Daarbij moet je verschil blijven maken tussen je bedrijfstak en de economie van het land: ook in een laagconjunctuur zijn er meestal bedrijfstakken die het nog goed of heel aardig blijven doen. Voor internationaal werkende bedrijven is het ook nodig om zicht te houden op de valutamarkt en mogelijke handelsbeperkingen. Informatie over economische ontwikkelingen vind je gewoon in de krant. Ook bij het Centraal Bureau voor de Statistiek (CBS) en het Centraal Planbureau (CPB) kun je veel informatie vinden. Op www.cbsinuwbuurt.nl kun je ook naar lokale en regionale gegevens zoeken.

Sociaal-culturele omgeving

Veel producten en merken moeten het hebben van hun imago. Dat moet dan wel aansluiten bij de belevingswereld van hun doelgroep. En die belevingswereld is altijd in verandering. Ook subculturen kunnen belangrijk zijn. Zo is het Suikerfeest als marketingitem nog zwaar onderontwikkeld. Sociale en culturele ontwikkelingen worden ook wel geplaatst onder de noemer *sociografische* ontwikkelingen.

Technologie

Voor productiebedrijven kan een nieuwe technologische ontwikkeling een kans zijn of juist een bedreiging. Maar ook in de handel en dienstverlening is de technologische ontwikkeling steeds belangrijker geworden. Denk aan Kodak dat ten onder ging omdat het te laat op de digitale fotografie insprong. Of aan de enorme veranderingen met de komst van het internet en informatietechnologie. Het is dus voor alle bedrijven nodig om op de hoogte te blijven van technologische ontwikkelingen. Dat kan door vakbladen bij te houden voor je bedrijfstak en door de krant te lezen.

Hoofdstuk 8   Het vak marketing

Ecologie

De ecologische omgeving kun je ook wel de fysieke omgeving noemen: moeder aarde waar wij op leven. Denk aan het broeikaseffect en de stijging van het zeewater. Daar moeten overheden wat aan doen en dat zal bedrijven beïnvloeden. In alternatieve energiebronnen en zuinige apparaten zitten nog steeds kansen voor het bedrijfsleven. In woningen die per saldo geen energie kosten ook.

Politiek-juridische omgeving

De politiek bepaalt de wet- en regelgeving in dit land. Dat kan op het niveau van de EU, de centrale overheid in Den Haag, de provincie of de gemeente. Als je in de marketing werkt moet je op de hoogte zijn van de wetgeving (zie hoofdstuk 15).

Onthoud

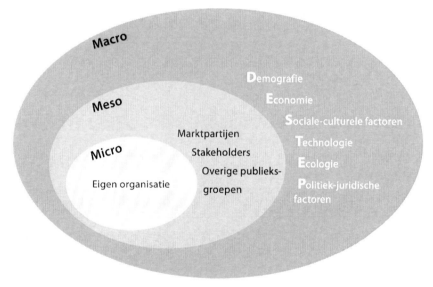

Figuur 8.1   De marketingomgeving

Opdrachten

15. a. Wat is de belangrijkste marktpartij?
    b. Welke marktpartijen heeft een onderneming nog meer?
    c. Met welke groepen stakeholders heeft een onderneming te maken?
    d. Eén van die groepen stakeholders hoort eigenlijk bij het microniveau. Welke is dat?
    e. Noteer drie van de overige publieksgroepen.
    f. Over welk niveau van de marketingomgeving gaat deze opdracht?

16. Geef voorbeelden van het belang van technologie voor deze ondernemingen.
    a. Een doe-het-zelfzaak.
    b. Een patatkraam.
    c. Een aanbieder van leerlingvolgsystemen (software).

17. a. Wat wordt bedoeld met conjunctuurcycli?
    b. Waarom is het voor ondernemers belangrijk om zicht te hebben op de conjunctuur?

18. a. Leg uit dat de dollarkoers voor exporteurs zowel een bedreiging als een kans kan zijn.
    b. Beantwoord dezelfde vraag voor importeurs.

19. a. Geef een voorbeeld van wetgeving die invloed heeft op een bepaalde bedrijfstak.
    b. Welke verschillende overheden kunnen daarbij een rol spelen?
    c. Op welke manier kunnen bedrijven op de hoogte blijven van plannen van de overheid?

20. a. Waarom is demografie belangrijk voor de marketing?
    b. Is dit een factor die speelt op de korte of lange termijn? Verklaar je antwoord.
    c. Geef een voorbeeld van een demografische ontwikkeling waar aanbieders steeds meer mee te maken zullen krijgen.

21. a. Bij welke subcultuur hoor jij?
    b. Welke kansen schept die subcultuur voor het bedrijfsleven?

22. a. Met welke publieksgroepen heeft jouw school als bedrijf veel te maken?
    b. En het bedrijf waar je het laatst stage liep?

8.5 De afdeling marketing

Het werk op de marketingafdeling valt uiteen in drie hoofdmoten:
- informatie verzamelen;
- plannen maken;
- plannen uitvoeren.

Allereerst verzamel je informatie over klanten en mogelijke klanten. Je zoekt antwoord op vragen als: hoeveel klanten zijn er, hoe groot is de vraag, hoe zit het met hun koopkracht, welke voorkeuren hebben deze mensen, waar hebben ze precies behoefte aan? Daarbij gebruik je verschillende vormen van marktonderzoek, maar ook in het dagelijkse contact met klanten kun je een schat aan informatie verzamelen. Als alle klanten hun klantenkaart scannen, levert dat bijvoorbeeld veel nuttige informatie op. Veel bedrijven werken met een programma voor customer relationship management (CRM). In zo'n programma kunnen medewerkers informatie over allerlei klantcontacten opslaan (niet alleen de marketingmedewerkers).

Een goed plan maak je op basis van de juiste informatie. Je hebt niet alleen over klanten informatie nodig, maar over alle omgevingsfactoren uit de vorig paragraaf. Bijvoorbeeld over de concurrentie. Wat bieden de concurrenten aan? Tegen welke prijzen? Wanneer beginnen zij met de uitverkoop? De planningscyclus bij de marketing begint met al die informatie op een rij zetten en die goed analyseren. Dat resulteert in een twee analyses:
- interne analyse van de omgeving op microniveau;
- externe analyse van de meso- en macro-omgeving.

Uit de interne analyse komen de sterke en zwakke punten van het eigen bedrijf naar voren. Waar zijn we heel goed in? Wat kunnen we beter niet doen? Op welke punten kunnen we onze prestaties verbeteren?
De externe analyse laat zien welke kansen en bedreigingen er zijn voor ons bedrijf op onze markt. Vervolgens zet je al die punten tegenover elkaar. Daaruit volgen de opties die het bedrijf heeft. Op basis van die opties bepaalt de afdeling marketing, in nauw overleg met het management, de aanpak voor de volgende periode. Dat wordt het marketingplan.

Bij dat marketingplan horen deelplannen voor de verschillende marketinginstrumenten: een communicatieplan (P van promotie), een productplan, een distributieplan (P van plaats) en een prijsplan. Sommige van die plannen hebben weer hun eigen deelplannen. Zo hoort er bij het communicatieplan vaak een reclameplan.

Plannen zijn er om uit te voeren. Die voert de marketingafdeling niet in haar eentje uit. De verkoopafdeling is er bijvoorbeeld nauw bij betrokken, maar de productieafdeling en de inkoopafdeling moeten net zo goed bijdragen aan het halen van de doelen. En als een bedrijf echt de markt wil benaderen volgens het marketingconcept, moeten alle afdelingen werken vanuit het idee dat de klant koning is. Een ontevreden klant stapt de volgende keer net zo makkelijk naar een andere aanbieder.

De productieafdeling heeft een erg handig apparaat ontwikkeld. De verkoopafdeling heeft er een onleesbare handleiding bij geschreven. Het bedrijf krijgt veel telefoontjes, na een tijdje zakken de verkopen terug.

Een consument vindt eindelijk die leuke bank die hij al tijden zocht. Meteen bestellen die bank! Als de bank na drie maanden eindelijk bezorgd wordt, is de lol er eigenlijk wel af.

Veel kleine bedrijven en startende ondernemingen hebben geen aparte marketingafdeling. Toch is het juist voor startende ondernemers heel belangrijk om eerst goed de markt te verkennen. Is er eigenlijk wel ruimte voor ons in deze markt?

Kleinere ondernemingen hebben minder reserves en zijn dus gevoeliger voor financiële tegenslagen. Hun voordeel is dat zij zich sneller aan kunnen passen als de marktomstandigheden veranderen, juist omdat zij kleiner zijn. Zij moeten dus steeds heel goed letten op hun omgeving. Kleine ondernemingen en starters moeten dus net als grotere bedrijven werken vanuit de marketinggedachte.

Opdrachten

23. Noteer drie taken van de marketingafdeling.

24. Waarom is een marketingafdeling niet voldoende voor een geslaagde marketing van een onderneming?

25. a. Waarom moeten kleine bedrijven nog scherper op hun omgeving letten dan grote?
    b. Welk voordeel hebben kleine bedrijven ten opzichte van hun grote concurrenten bij hun marketing?

8.6 Samenvatting

Als de welvaart niet hoog is, benaderen veel bedrijven de markt vanuit het *productieconcept*: veel en goedkoop produceren. Bij het *productconcept* is de kwaliteit van het product het belangrijkste marketinginstrument. Het *verkoopconcept* voegt daaraan promotie en reclame toe. Bij het *marketingconcept* vormen de wensen van de consument het uitgangspunt van het hele productie- en verkoopproces. Op een kopersmarkt moet dat haast wel. Als een bedrijf ook rekening houdt met maatschappelijke belangen, gaat het uit van het *sociale marketingconcept*.

Marketing is het aanbieden van producten of diensten op basis van de behoeften van afnemers. Je biedt oplossingen aan die waarde hebben voor mensen. Er zijn verschillende soorten marketing, afhankelijk van wat verkocht wordt of van het soort afnemers: consumentenmarketing, b2b-marketing, detaillistenmarketing, internationale marketing, non-profit marketing en dienstenmarketing.

De marketing krijgt vorm met de marketing*mix*, waarmee een bedrijf de marketinginstrumenten invult. Dat zijn de 4 P's (of meer): product, promotie, plaats, prijs. Werken met de vier C's gaat meer uit van de klant: consumentenbehoeften, communication, convenience en cost to the consumer. De mix moet samenhangend zijn, ofwel consistent.

Een bedrijf of instelling werkt in een omgeving. De marketingomgeving kun je indelen in drie niveaus. De organisatie zelf vormt de *micro*-omgeving. De *meso*-omgeving bestaat uit de marktpartijen (klanten, leveranciers en concurrenten), de stakeholders (personeel, beleggers, banken, overheden) en de overige publieksgroepen. De *macro*-omgeving bestaat uit zes deelgebieden die je kunt onthouden met DESTEP: demografie, economie, sociaal-culturele omgeving, technologie, ecologie en politiek-juridische omgeving.

De drie hoofdtaken van de marketingafdeling zijn: informatie verzamelen, planning en die plannen uitvoeren (samen met de overige afdelingen). Voor een goede marketing is het nodig dat alle afdelingen volgens het marketingconcept werken.

8.7 Begrippen

Macro-omgeving	Bestaat uit omgevingsfactoren op grote schaal, waar de organisatie zelf geen invloed op kan hebben.
Marketing	Aanbieden van producten of diensten op basis van de behoeften van (mogelijke) afnemers.
Business-to-business-marketing	gericht op de afgeleide vraag.
Consumentenmarketing	gericht op de finale vraag.
Dienstenmarketing	marketing van diensten.
Detaillistenmarketing	gericht op de afgeleide vraag van kleinhandelaren.
Internationale marketing	gericht op de vraag in andere landen.
Non-profitmarketing	marketing door non-profitorganisaties.
Marketingconcept	Marktbenadering waarbij de behoeften van (mogelijke) afnemers centraal staan.
sociaal ~	Aanbieders gedragen zich daarnaast ook als goed medeburger.
Marketinginstrument	Eén van de vijf P's (prijs, product, plaats, promotie, personeel).
Marketingmix	Samenhangende invulling van de marketinginstrumenten: Prijs, Product, Plaats, Promotie en Personeel.
Marktpartijen	Leveranciers en andere schakels van de bedrijfskolom, concurrenten en eindgebruikers.
Meso-omgeving	Bestaat uit de marktpartijen, de stakeholders en andere publieksgroepen. De organisatie kan deze omgeving een beetje beïnvloeden, maar wordt er ook door beïnvloed.
Micro-omgeving	Bestaat uit de interne omgevingsfactoren. Deze zijn door de organisatie te beïnvloeden.
Productconcept	Marktbenadering waarbij de kwaliteit van het aanbod centraal staat.
Productieconcept	Marktbenadering waarbij goedkoop produceren en lage prijzen centraal staan.
Publieksgroep	Een groep personen (of organisaties) waar de onderneming van afhankelijk is. De relatie met de ene publieksgroep is anders dan die met de andere publieksgroepen.
Stakeholders	Alle mensen die belang hebben bij een organisatie.
Verkoopconcept	Marktbenadering waarbij sterk de nadruk ligt op promotie.

9 Prijs

9.1 De prijsmix
9.2 Prijsbeleid
9.3 Prijselasticiteit van de vraag
9.4 De betekenis van prijselasticiteit
9.5 Kruiselingse prijselasticiteit
9.6 Samenvatting
9.7 Begrippen

9.1 De prijsmix

The price is right, maar welke prijs is dat precies? Het goede antwoord kan doorslaggevend zijn voor de marketing van een bedrijf. Het marketingdoel van een bedrijf vind je vertaald in een marketingstrategie, de aanpak waarmee men dat doel wil bereiken. Die strategie wordt ingevuld met de instrumenten van de marketingmix (de P's). Eén daarvan is de P van prijs.

prijs

De prijs is het bedrag dat de klant voor een goed of een dienst betaalt. De hoogte van de prijs geeft een signaal over het product:
Dat is een koopje!
Oef, dit is prijzig!
Dat is nou een goede prijs-kwaliteitverhouding!

Aan die laatste zie je al dat prijs veel te maken heeft met de andere P's. Alle marketinginstrumenten moeten met elkaar kloppen, ze moeten onderling consistent zijn. Een slecht product verkopen voor een hoge prijs is geen goede strategie. De prijs moet ook kloppen met de promotie. Bij een hogere prijs past een betere service van het personeel. Het personeel moet klanten ook goed kunnen informeren over prijzen. En ongeprijsde artikelen op een schap verkopen slecht.

Vergeleken met de andere marketinginstrumenten is prijs heel flexibel: je kunt een prijs makkelijk en snel wijzigen. Je kunt ook met kortingen werken, waardoor je verschillende prijzen berekent aan verschillende soorten klanten.

prijs en vraag

Klanten kunnen altijd iets anders met hun geld doen dan bij jou kopen. De prijs speelt bijna altijd mee in een koopbeslissing. Daarom is de juiste prijs zo belangrijk: een te hoge prijs betekent dat je weinig verkoopt; een te lage prijs betekent dat je minder verdient dan mogelijk. Wat is nou precies de juiste prijs? Dat hangt van veel dingen af: van marktomstandigheden, van het product en je assortiment, van de koopkracht van de klanten en van hun koopgedrag, van het gedrag van de concurrenten en van de wetgeving.

Champagne is duur, rond de € 27,- per fles. Veel mensen vinden het lekker, maar men koopt het niet zo veel. Als de champagne in de aanbieding is voor € 19,90, springt de verkoop ineens omhoog.

prijsgevoelig

Bij veel producten zijn de klanten prijsgevoelig: de klanten (de vraag) reageren sterk op veranderingen in de prijs. Er bestaan ook producten die weinig prijsgevoelig zijn.

Voor winkeliers is het niet interessant om met de prijs van suiker te stunten. Als suiker in de aanbieding is, gaan consumenten er niet opeens meer van eten. Mensen gaan hooguit minder suiker eten doordat ze op dieet zijn of gezonder gaan eten, niet omdat de prijs is verhoogd. De vraag naar suiker is nauwelijks prijsgevoelig.

De verhouding tussen vraag en aanbod is ook op een andere manier belangrijk bij de prijszetting. Bijvoorbeeld: vakantievluchten vanuit Schiphol zijn vaak duurder dan vanuit Zaventem of Düsseldorf. Waarom? Die Hollanders staan in de rij om weg te gaan. Dan kan Schiphol Airport meer luchthavenbelasting vragen waardoor de tickets duurder zijn; de mensen betalen het toch wel.

prijs en concurrentie

Stunten met de prijs kan ook gevaarlijk zijn: stel je voor dat een grote concurrent als reactie de prijs verlaagt. Dan kun je niet meer terug, want dan verlies je marktaandeel. Bij de prijszetting moeten de meeste bedrijven goed de prijzen van de concurrentie in de gaten houden.

prijs en kosten

De prijs heeft niet alleen een functie van signaal naar de buitenwereld. De verkoopprijs is ook het enige marketinginstrument dat geld in het laatje brengt. De andere vier kosten alleen maar geld! Door middel van verkoopprijzen moet een ondernemer de kosten terugverdienen en liefst ook nog winst maken.

inkoopprijs

Voor handelsondernemingen is de inkoopprijs van de goederen een grote kostenpost. Productiebedrijven hebben veel grondstoffen nodig. Goedkoper inkopen van grondstoffen, halffabrikaten of handelsgoederen kan de onderneming enorme bedragen schelen. Je kunt proberen te bezuinigen op inkoopprijzen door te onderhandelen met leveranciers. Het kan vaak goedkoper door centraal inkopen van grotere hoeveelheden tegelijk. Aandacht voor kosten en inkoopprijzen zelf is dus bijna net zo belangrijk voor het prijsbeleid als de verkoopprijs zelf.

prijsmix

Over de prijs moet elke ondernemer een aantal beslissingen nemen. Bij elkaar vormen die beslissingen de *prijsmix*. Die beslissingen kun je splitsen in drie terreinen:
- prijs en de vraag;
- prijs en de kosten;
- prijs en de concurrentie.

prijsdoelstelling

Net als de andere P's moet het instrument prijs meehelpen om de marketingdoelstelling te bereiken. De doelstellingen van het prijsbeleid kunnen bijvoorbeeld zijn: blijven bestaan, meer marktaandeel, zo veel mogelijk winst op korte termijn. De *prijsdoelstelling* geeft aan wat de onderneming met haar prijsbeleid wil bereiken.

Opdrachten

1. a. Geef twee verschillen tussen prijs en de andere marketinginstrumenten.
   b. Geef twee voorbeelden waaraan je kunt zien dat prijs bij de andere P's moet passen.

2. a. Wat wil het zeggen dat de vraag naar een product prijsgevoelig is?
   b. Geef een voorbeeld van een product met een prijsgevoelige vraag.
   c. Bedenk nog een voorbeeld van een product met een weinig prijsgevoelige vraag.

3. a. Geef een voorbeeld van een markt (voor een product of een productsoort) waar op het moment veel prijsconcurrentie voorkomt.

b. Bedenk ook een voorbeeld van een markt waar juist niet op prijs wordt geconcurreerd.

4. Op welke twee manieren heeft de vraag invloed op de prijszetting?

5. Leg uit waarom Prijs een flexibeler marketinginstrument is dan bijvoorbeeld Product.

6. a. Leg uit wat de inkoopprijzen te maken hebben met het marketinginstrument Prijs.
   b. Waarom moet een aanbieder rekening houden met zijn kosten bij de prijszetting?
   c. Wat heeft prijszetting te maken met concurrentie?

7. Noteer twee manieren waarop een onderneming het instrument inkoopprijs kan gebruiken bij het prijsbeleid.

8. Leg uit dat Prijs moet kloppen met andere marketinginstrumenten.

9.2 Prijsbeleid

Elke aanbieder voert een prijs*beleid*, dat is de manier waarop hij de prijsmix invult. De beste aanbieders beginnen bij de vraag: wat zijn de klanten bereid voor mijn aanbod te betalen? Daarbij zijn er veel mogelijkheden, zoals prijsdifferentiatie (verschillende varianten van een product in verschillende prijsklassen) en prijsdiscriminatie (verschillende prijzen vragen aan verschillende groepen afnemers). Ook met kortingen en psychologische prijzen (zoals € 9,95) kun je de prijsbeleving van de klant beïnvloeden. Verder moet een aanbieder letten op de prijselasticiteit van de vraag (de prijsgevoeligheid): als de vraag sterk prijsgevoelig is, kan een prijsverhoging zorgen voor een daling van de omzet.

Ondertussen moet de aanbieder wel rekening houden met z'n kosten. Van het verschil tussen inkoop- en verkoopprijs moet een onderneming tenslotte leven. Bedrijven proberen de inkoopprijzen en kostprijzen zo laag mogelijk te houden. Tussen kosten en opbrengsten moet een redelijke marge zitten.

Tegelijk moet een aanbieder de prijzen van de concurrentie in de gaten houden. Als die een even goed aanbod heeft tegen lagere prijzen, dreigt er gevaar. Aan de verkoopprijs kan nog worden gemorreld met behulp van kortingen. Dat kan belangrijk zijn bij eventuele onderhandelingen. Met het uitbrengen van een offerte heb je nog geen order binnen, onderhandelingen kunnen de doorslag geven.

Het productbeleid en het prijsbeleid moeten goed bij elkaar passen. Bij een sterke nadruk op lage prijzen hoort minder kwaliteit en service. Bij hoge kwaliteit en service horen hogere prijzen. Het is belangrijk om het beleid goed aan de klanten uit te leggen, zodat ze weten waar ze aan toe zijn en begrijpen dat prijs, kwaliteit en geboden service met elkaar kloppen.

IKEA legt al jaren de nadruk op lage prijzen van haar meubelen (meubelen zijn voor de meeste consumenten duur, dus vraaggericht). In de catalogus staat altijd een uitleg van het 'waarom' van die lage prijzen: zelf ophalen, zelf in elkaar zetten, platte pakketten dus lage magazijnkosten, massaproductie ('weinig service, hoort bij de lage prijs'). Tegelijk beweert zij dat de meubelen van goede kwaliteit zijn: een bladzijde met een testmachine en een jochie dat op de bank staat te springen ('een goede prijs/kwaliteitsverhouding'). Aan trouwe klanten met een IKEA family-pasje geeft IKEA wat meer service, die kunnen bepaalde artikelen goedkoper krijgen (nog een vraaggericht element in het prijsbeleid).

Opdrachten

9. Geef aan of het prijsbeleid kostengericht, concurrentiegericht of vraaggericht is.
   a. 'De verkoopprijs moet de overheadkosten dekken en bovendien een winstmarge van 20% bevatten', zegt de manager.
   b. 'Die nieuwe telefoon moet € 50,- gaan kosten. Jullie sleutelen net zo lang tot je het voor die prijs kunt maken', zegt een andere manager tegen z'n afdeling Onderzoek & Ontwikkeling.
   c. 'Bij disco GoGetGo is de entree met een euro verhoogd!', zegt medewerker Dave van Dansen bij Jansen. 'Goed idee, gaan we ook gelijk doen!' antwoordt mevrouw Jansen.

10. a. Leg uit waarom kortingen een belangrijk instrument binnen het prijsbeleid kunnen zijn.
    b. Bedenk twee voorbeelden van het gebruik van dit instrument in de praktijk.

11. Leg uit wat het verband is tussen productbeleid en prijsbeleid.

9.3 Prijselasticiteit van de vraag

Een onderneming kan de prijs gebruiken als marketinginstrument, om meer te verkopen. Maar zomaar de prijs verhogen om meer geld binnen te krijgen, is meestal niet zo'n goed idee. De vraag naar veel producten is namelijk prijsgevoelig: als de prijs stijgt, daalt de afzet. Hoe sterk dat verband precies is, kun je aflezen aan de prijselasticiteit van de vraag. Daarom moet een aanbieder de prijselasticiteit voor zijn producten kennen om met de prijs goed aan te sluiten bij de vraag.

Als de afzet daalt als gevolg van een hogere prijs, is er een *negatief* verband tussen prijs en verkochte hoeveelheid. Bij een negatief verband gaat de prijs omhoog en als gevolg daarvan gaat de vraag omlaag. Of omgekeerd: als de prijs daalt, stijgt de afzet. Er is dus een beweging in *tegengestelde* richting.

Een t-shirt moet normaal € 15,- opbrengen. In de maand augustus gaan ze in de aanbieding: twee voor € 20,-. De verkoop van t-shirts stijgt omdat veel consumenten meteen twee shirts aanschaffen. De prijs van t-shirts heeft invloed op de verkochte hoeveelheid, op de afzet. Er is een negatief verband tussen prijs en afzet: lagere prijs, hogere afzet.

Het voorjaar daarop gaat de prijs van dit type t-shirt van € 15,- naar € 18,-. Het gevolg is dat de afzet daalt van 250 shirts per maand naar 190. Er is een negatief verband tussen prijs en afzet: hogere prijs, lagere afzet.

prijselasticiteit

De mate waarin de afzet reageert op een prijsverandering heet de *prijselasticiteit van de vraag*. Meestal noem je die kortweg 'de prijselasticiteit'. Dat verband kun je in een getal uitdrukken, je kunt eraan aflezen hoe prijsgevoelig de vraag naar een product is. Om de prijselasticiteit uit te rekenen moet je eerst weten met hoeveel procent de prijs veranderd is en met hoeveel procent de vraag is veranderd.

procentuele verandering

Een verandering in procenten bereken je zo:

$$\frac{(\text{nieuw} - \text{oud})}{\text{oud}} \times 100 = \ldots\%$$

'Nieuw min oud' is de stijging (of daling) in euro's of in aantallen. Die wil je uitdrukken als percentage van het oorspronkelijke getal, 'oud'. Daarom deel je door 'oud'. Je vermenigvuldigt met 100 om er procenten van te maken. Een procentuele verandering kun je heel kort opschijven met een symbool, de Griekse hoofdletter D ofwel delta: Δ. 'Δ afzet' betekent 'de verandering van de afzet in procenten'. 'Δ prijs' betekent 'de verandering van de prijs in procenten'.

Δ

Neem de prijsverhoging van t-shirts uit het laatste voorbeeld: de prijs steeg van € 15,- naar € 18,-. Hoe groot is Δ prijs, de verandering in procenten?

$$\Delta \text{ prijs is } \frac{€\,18 - €\,15}{€\,15} \times 100 = +20\%$$

De afzet van T-shirts is na de prijsverhoging gedaald van 250 stuks per maand naar 190 stuks per maand. De afzet neemt af met 60 stuks.

$$\Delta \text{ afzet is } \frac{190 - 250}{250} \times 100 = -24\%$$

De afzet is dus gedaald met 24%. Schrijf altijd het plus- of minteken erbij. Je weet dan of je met een stijging of een daling te maken hebt, zo raak je niet in de war.

E_v

Nu kun je de prijselasticiteit van de vraag berekenen: je deelt de verandering van de afzet door de verandering van de prijs. De prijselasticiteit van de vraag kun je kort aangeven met het symbool E_v.

$$E_v = \frac{\Delta \text{ afzet } -24}{\Delta \text{ prijs } +20} = -1{,}2$$

Aan het minteken van het antwoord zie je weer dat het verband negatief is. Bij een elasticiteit staat de oorzaak altijd *onder* de deelstreep. Bij prijselasticiteit is de prijsverandering de oorzaak. De afzet reageert daarop. Verder moet je opletten met de + en − tekens. Als je twee gelijke tekens door elkaar deelt (+ gedeeld door + of − gedeeld door −), krijgt de uitkomst een *plus*. Deel je twee ongelijke tekens door elkaar, dan krijgt de uitkomst een *min*.

Onthoud

Prijselasticiteit van de vraag:

$$E_v = \frac{\Delta \text{ afzet}}{\Delta \text{ prijs}} \quad \begin{matrix} \leftarrow \text{ gevolg} \\ \leftarrow \text{ oorzaak} \end{matrix}$$

Let op de tekens:

+/− wordt −   +/+ blijft +
−/+ wordt −   −/− wordt +

Δ is een verandering in procenten: $\frac{(\text{nieuw} - \text{oud})}{\text{oud}} \times 100 = ...\%$

Opdrachten

De verkoop van sterke drank in Nederland is in de eerste helft van het jaar met 10 procent gedaald tot zo'n 25 miljoen liter. Dat heeft SpiritsNL, de vereniging van importeurs en producenten van gedistilleerd, zaterdag bekendgemaakt.

Joep Stassen, directeur van de organisatie, schrijft de daling volledig toe aan de accijnsverhoging van 6 procent, ingevoerd aan het begin van het jaar. 'De belastinginkomsten zijn daardoor niet gestegen, maar met 5 miljoen euro gedaald", zegt Stassen. Hij vreest dat de tweede helft van het jaar een soortgelijke daling zal laten zien.

De door het kabinet beoogde accijnsverhoging van 5 procent voor volgend jaar noemt hij onwenselijk en uiterst onverstandig. Stassen: 'De cijfers van dit jaar, maar ook ervaringen uit het verleden leren dat accijnsverhogingen op gedistilleerd geen geld opleveren, maar geld kosten.'

parool.nl 07-09-13

12. a. Gebruik het artikel hierboven om de prijselasticiteit van de vraag naar sterke drank te berekenen.
    b. Daalt de afzet meer, minder of in dezelfde mate als de prijs stijgt?

13. Vorig jaar werden er 5000 serviezen ElaStola verkocht tegen een prijs van € 600,-. Dit jaar is de verkoopprijs € 696,- en worden er 4000 serviezen afgezet.
    a. Bereken Δ afzet en Δ prijs.
    b. Bereken de prijselasticiteit van de vraag naar ElaStola serviezen.
    c. Daalt de afzet sterker, minder sterk of in dezelfde mate als de prijs stijgt?

14. Van servies Aramis worden tegen een prijs van € 450,- 5000 stuks afgezet. Nadat de prijs is verhoogd naar € 517,50 worden er 4.250 stuks verkocht.
    a. Bereken de prijselasticiteit van de vraag naar Aramis serviezen.
    b. Daalt de afzet sterker, minder sterk of in dezelfde mate als de prijs stijgt?

15. Ronnie staat met bloemen op de markt en hij weet wel raad met de concurrentie. Bij € 2,- per bos bloemen verkoopt hij 50 bosjes per uur. Nu gaan twee bosjes bloemen voor € 3,- en hij verkoopt 100 bosjes per uur!
    a. Bereken de prijselasticiteit van de vraag naar bosjes chrysanten.
    b. Stijgt de afzet sterker, minder sterk of in dezelfde mate als de prijs daalt?

16. De prijs van een pakje sigaretten gaat van € 7,- naar € 7,84 per pakje. Daarna loopt de afzet bij een sigarenmagazijn terug van 500 pakjes per maand naar 485.
    a. Bereken de prijselasticiteit van de vraag naar deze sigaretten.
    b. Daalt de afzet sterker, minder sterk of in dezelfde mate als de prijs stijgt?

17. a. Kijk naar de opdrachten 12 t/m 16. In welk geval reageert de vraag het meest prijsgevoelig?
    b. Hoe blijkt dat uit het getal van de prijselasticiteit?

18. Parfum Flash heeft een flitsend imago, de verkoop loopt goed. De producent wil de omzet toch nog verhogen en verlaagt de prijs van € 60,- naar € 54,- per flacon. Tot haar schrik merkt de producent dat de afzet daalt van 8500 flacons per week naar 6800. Bereken de prijselasticiteit van de vraag naar Flash parfum.

9.4 De betekenis van prijselasticiteit

Meestal is het verband negatief: als de prijs stijgt, daalt de afzet (of andersom). Op de getallenlijn zit je dan links van de nul. Als de vraag naar een product prijsgevoelig is, dan is de verandering van de vraag *groter* dan de verandering van de prijs. Als je een groter getal deelt door een kleiner getal, krijg je uitkomsten groter dan 1; of, met een minteken ervoor, uitkomsten die links van de −1 liggen. Als een verandering in prijs een grotere en tegengestelde verandering in vraag uitlokt, dan reageert de vraag *elastisch*. Dat is hetzelfde als *prijsgevoelig*.

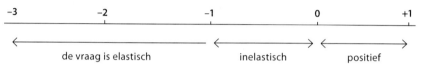

Figuur 9.1

Als klant ben je het meest gevoelig voor de prijs van artikelen die je niet het hardst nodig hebt. Als de huur verhoogd wordt, ga je niet op straat wonen, dus de vraag naar woningen is niet zo prijsgevoelig. De vraag naar brood ook niet. Maar als vakanties ineens veel duurder worden, loopt de vraag terug. Als je geld tekort komt, kun je daarop makkelijk bezuinigen. Vandaar dat men artikelen waarbij de vraag elastisch is *luxe*goederen noemt.

Luxegoederen zijn vaak shopping goods. Andere voorbeelden zijn: elektronica, boeken, schoonheidsartikelen, auto's of meubilair. Ook de vraag naar wat duurdere gemaksgoederen is vaak elastisch: de verkoop van filet américain reageert sterker op een prijsverandering dan die van goedkope boterhamworst.

De vraag is altijd minder elastisch als je naar de hele productgroep kijkt. Mensen kopen broeken. Als broeken duurder worden, kopen ze iets minder. Als één merk broek duurder wordt en de rest niet, kan de consument makkelijk switchen. De vraag naar één type broek is dus elastischer dan de vraag naar de productgroep broeken in zijn geheel.

In het voorbeeld van sigaretten (opdracht 16) reageert de vraag wel wat op een prijsverhoging, maar niet zo sterk. Het verband is wel negatief, maar de afzet daalt minder sterk dan de prijs is gestegen. De vraag is dan *inelastisch* en de prijselasticiteit ligt tussen −1 en 0. Dit zie je bij artikelen waar je moeilijk buiten kunt: woningen, gas, brood, tandpasta.

Hoofdstuk 9 Prijs

noodzakelijke goederen

Producten waarbij de vraag niet veel daalt als de prijs stijgt, zijn goederen die iedereen nodig heeft, zoals levensmiddelen. Als brood goedkoper wordt, ga je er niet ineens veel meer van eten. Als brood duurder wordt, heb je het nog steeds nodig. Producten met een inelastische vraag heten *noodzakelijke* goederen. Sigaretten zijn misschien niet noodzakelijk, maar een verslaafde ziet dat anders. Een ander woord is *primaire* goederen: goederen waarmee mensen voorzien in hun primaire levensbehoeften.

statusgoederen

Statusgoederen zijn een categorie apart. Het zijn artikelen waar je geen status meer aan kunt ontlenen als ze goedkoper worden. Het gevolg is dat er bij een prijsverlaging juist minder van wordt verkocht. Er is wel sprake van elasticiteit, maar bij de berekening krijg je een *positief* antwoord: prijs daalt, afzet daalt ook. Voorbeelden van statusgoederen zijn: dure auto's, dure schoonheidsproducten, lidmaatschap van exclusieve clubs, kleding van topontwerpers, dure parfums.

Onthoud

Bij prijselasticiteit van de vraag:

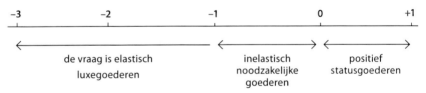

Figuur 9.2

Opdrachten

19. a. Bedenk nog een voorbeeld van een product waarbij de consument gevoelig is voor een prijsverhoging.
    b. Wat is een 'elastische vraag'?

20. a. Waarom is de vraag naar Prodent elastisch en de vraag naar tandpasta niet?
    b. Wat bedoelt men met een inelastische vraag?
    c. Bedenk nog een voorbeeld van een product met een inelastische vraag.

21. De prijs van thee stijgt door een tegenvallende oogst met 40%. Aanbieder Cuppa-T verhoogt daarom de prijs van een pak Mellow-T met € 0,27 naar € 2,07. Daardoor daalt de afzet van een miljoen pakjes per week naar 800.000 pakjes.
    a. Met hoeveel procent stijgt de winkelprijs van Mellow-T?
    b. Bereken de prijselasticiteit van de vraag naar Mellow-T.
    c. Wat voor soort product is Mellow-T?

22. Schoenenwinkel Van der Stap heeft in december altijd een drukke tijd. Met de uitverkoop gaan er twee maal zoveel schoenen over de toonbank dan normaal. De gemiddelde prijs van de schoenen is dan 20% lager.
    a. Bereken de prijselasticiteit van de vraag naar schoenen van Van der Stap.
    b. Leg uit waarom het antwoord negatief is.
    c. Is de vraag naar deze schoenen elastisch?
    d. Wat voor soort product zijn deze schoenen?

23. Werkplaats KarpatiStan maakt en verkoopt handgeknoopte wollen tapijten. De verkoopprijs is € 3.000,- en men verkoopt 40 tapijten per maand. Eigenaar Stan Karpati wil de verkoopprijs verlagen naar € 2.550,-. Hij denkt zo meer te verkopen. Het blijkt dat de afzet terugloopt naar 34 tapijten.
    a. Bereken de prijselasticiteit van de vraag naar KarpatiStan tapijten.
    b. Wat voor soort product zijn deze tapijten?
    c. Wat zou je Stan adviseren?

24. In de lente verhoogt Van der Stap de prijs van een paar SummerS-slippers van € 10,90 naar € 11,99. De afzet daalt van 250 stuks per week naar 215 stuks per week.
    a. Bereken de prijselasticiteit van de vraag naar SummerS-slippers.
    b. Met wat voor soort product heeft Van der Stap te maken?

25. Korreltje Zout nv verhoogt wegens gestegen productiekosten de prijs van een pak zeezout van € 0,20 naar € 0,21. De volgende periode worden er in plaats van 82.600 pakken maar 81.774 verkocht.
    a. Bereken de prijselasticiteit van de vraag naar zeezout.
    b. Wat voor soort product is zeezout?

Hoofdstuk 9 Prijs

Een aanbieder moet weten of de vraag naar zijn product elastisch is of niet. Als de vraag prijsgevoelig is, neemt de afzet relatief meer toe dan de prijs daalt en andersom. In dat geval kun je met een prijsdaling makkelijk een hogere omzet bereiken. Je weet dan ook gelijk dat het gevaarlijk is om de prijs te verhogen: de omzet kan dan snel teruglopen.

Your-o-Sport verkoopt elastische kniebanden voor € 10,- per paar. De prijselasticiteit van de vraag is −1,5. In januari bedroeg de omzet € 500.000,-. De marketingdoelstelling van Your-o-Sport is een hogere omzet. De onderneming verhoogt de prijs naar € 12,-. Wat wordt nu de omzet?

De prijs is gestegen van € 10,- naar € 12,-, dus met 20%. E_v is −1,5.

$$\frac{\Delta \text{ afzet}}{+20\%} = -1{,}5$$

Δ afzet is dus $-1{,}5 \times 20 = -30\%$.

De afzet in januari was € 500.000,- : € 10,- = 50.000 paar.
De afzet daalt met 30%: 50.000 − 15.000 = 35.000 paar.

De nieuwe omzet: 35.000 × € 12,- = € 420.000,-.

Your-o-Sport is erop achteruit gegaan: de omzet is gedaald.

Opdrachten

26. De prijselasticiteit van de vraag naar overhemden is −1. Met hoeveel procent neemt de afzet af als de prijs met 10% stijgt?

27. a. De prijselasticiteit van de vraag naar InfoMatic software is −2. Is de vraag naar deze programma's elastisch of juist niet?
    b. Wat voor soort product is deze software?
    c. De prijs daalt met 15%. Hoe reageert de afzet?

28. Waarom is het voor een aanbieder nodig om te weten of de vraag naar zijn product elastisch is?

29. Your-o-Sport wil met halters een grotere omzet halen. De afzet van halters was het eerste kwartaal 50.000 paar à € 25,- per paar. In het tweede kwartaal verlaagt de onderneming de prijs naar € 22,50 per paar. Dat kwartaal stijgt de afzet naar 70.000 paar.
   a. Is de vraag naar halters elastisch? Laat je berekening zien.
   b. Is de omzet gestegen of gedaald na de prijsverlaging? Laat je berekening zien.

30. Your-o-Sport verkoopt ook aerobicspakjes voor € 40,- per stuk. De omzet van aerobicspakjes was vorige maand € 100.000,-. De prijs van de pakjes wordt verlaagd naar € 29,95. Uit vroegere verkoopcijfers is gebleken dat de elasticiteit van de vraag naar dit product −1,1 bedraagt.
   a. Wat wordt de nieuwe afzet? Rond het percentage van de prijsdaling af op hele cijfers.
   b. Wat is € 29,95 voor een soort prijs?

31. Your-o-Sport heeft ook vitametabletten in het assortiment. Men verhoogt de prijs van een potje multivitaminen van € 6,- naar € 7,50. Na de prijsverhoging blijkt dat de omzet gelijk is gebleven.
   a. Bereken de elasticiteit van de vraag naar dit product (stel de omzet op € 9000,-).
   b. Is de vraag naar het artikel elastisch?

9.5 Kruiselingse prijselasticiteit

kruisprijselasticiteit

Bij *kruiselingse* prijselasticiteit van de vraag gaat het om *twee* producten. Het geeft aan in welke mate de vraag naar het *ene* goed reageert op een prijsverandering van het *andere* goed. Kruiselingse prijselasticiteit van de vraag wordt voor het gemak vaak *kruisprijselasticiteit* genoemd.

De prijs van barbecues is verlaagd. Daardoor kopen meer mensen een barbecue. Als gevolg hiervan neemt de vraag naar houtskool toe.

De prijs van laptopcomputers (goed A) is gedaald met 30%. De afzet van computertassen (goed B) is hierdoor gestegen met 40%.

De kruiselingse prijselasticiteit (E_K) van de vraag naar computertassen:

$$E_{K^+} = \frac{\Delta \text{ afzet goed B} +40\%}{\Delta \text{ prijs goed A} -30\%} = -1,33$$

Onthoud

Kruiselingse prijselasticiteit van de vraag:

$$E_K = \frac{\Delta \text{ afzet goed B}}{\Delta \text{ prijs goed A}} \quad \begin{array}{l} \longleftarrow \text{ gevolg} \\ \longleftarrow \text{ oorzaak} \end{array}$$

De kruiselingse elasticiteit van de vraag naar goed B computertassen is *negatief*. Het minteken in het antwoord betekent dat bij een prijsdaling (–) van draagbare computers de vraag naar computertassen toeneemt (+): een negatief verband.

Een negatieve kruisprijselasticiteit krijg je bij complementaire goederen. 'Complementair' betekent aanvullend. Als je een draagbare computer koopt, heb je waarschijnlijk ook behoefte aan een computertas om je computer veilig mee te kunnen nemen. Een *complementair* goed heb je nodig als je een *ander* artikel hebt aangeschaft. Computertassen zijn complementaire goederen van computers.

complementair goed

Opdrachten

32. De prijs van cd-spelers daalt van gemiddeld € 225,- naar € 193,50. De afzet van cd's stijgt de maand daarop van 615.000 naar 713.400 stuks. Bereken de kruiselingse prijselasticiteit van de vraag naar cd's.

33. Schoenenzaak Van der Stap heeft in december de prijs van schoenen met gemiddeld 20% verlaagd. In januari stijgt de afzet van veters van 5000 paar naar 8000. Bereken de kruiselingse prijselasticiteit van de vraag naar veters.

34. Bedenk een complementair goed voor de volgende producten.
    a. Camera's.
    b. Brillen.
    c. Auto's.
    d. Thee.

35. Bedenk nog een voorbeeld van twee producten die complementair zijn.

De prijs van een cola (goed A) in de kantine gaat van € 0,30 per beker naar € 0,39 per beker. De afzet van appelsap gaat van 220 bekers naar 253 bekers per dag.

Eerst de veranderingen in procenten:

$$\frac{€\,0{,}39 - €\,0{,}30}{€\,0{,}30} \times 100 = +30\% \qquad \frac{253 - 220}{220} \times 100 = +15\%$$

$$E_K = \frac{\Delta \text{ afzet appelsap}}{\Delta \text{ prijs cola}} = \frac{+15\%}{+30} = +0{,}5\%$$

Klanten kunnen stemmen met hun portemonnee: als een prijsverhoging ze te gek is, kunnen ze uitwijken naar een vervangend product. Je wilt iets fris drinken, dat lukt voor veel mensen ook met appelsap. Appelsap vervangt in het voorbeeld dus de cola. Cola en appelsap zijn *substitutiegoederen*, goederen die elkaar kunnen vervangen.

substitutiegoederen

Bij substitutiegoederen is de kruisprijselasticiteit *positief*. Doordat cola duurder wordt (+) stijgt de afzet van het substitutiegoed appelsap (+). Plus gedeeld door plus geeft plus. Als de cola goedkoper zou worden (-), zou de afzet van appelsap weer dalen (-). Min gedeeld door min geeft ook plus.

Het getal 0,5 in het antwoord wil zeggen dat de afzet van appelsap maar half zo hard stijgt als de prijs van cola stijgt. Een deel van de klanten switcht naar appelsap, een ander deel misschien naar een ander substitutiedrankje, weer een ander deel blijft bij cola.

Opdrachten

36. De prijs van aardappels is na een slechte oogst gestegen met 40%. De afzet van rijst is gestegen met 20%. Bereken de kruiselingse prijselasticiteit van de vraag naar rijst.

37. Bij een bakker is deze week de slagroomtaart in de aanbieding: van € 5,- voor € 3,95. De afzet van tompouces daalt van 600 stuks naar 500 stuks.
   a. Bereken de kruiselingse prijselasticiteit van de vraag naar tompouces.
   b. Om wat voor soort goederen gaat het hier?

38. De prijs van een reep GoedSnick gaat van € 0,55 naar € 0,66. De afzet van ChocoTov stijgt van 780 stuks naar 897 stuks. Bereken de kruiselingse prijselasticiteit van de vraag naar ChocoTov.

39. Het kilometertarief van NS stijgt van € 2,- per 8 kilometer naar € 2,10. De afzet van fietsen stijgt met 1%.
   a. Bereken de kruiselingse prijselasticiteit van de vraag naar fietsen.
   b. Om wat voor soort goederen gaat het hier?

40. De nagellak is in prijs verlaagd: van € 6,- naar € 4,80. De afzet van remover stijgt met 10%.
   a. Bereken de kruiselingse prijselasticiteit van de vraag naar remover.
   b. Om wat voor soort goederen gaat het hier?

41. Leg uit waarom kruisprijselasticiteit voor een aanbieder belangrijk is.

Als je niet goed oplet, kan kruisprijselasticiteit kan je ook op een dwaalspoor brengen. Er zijn ook goederen die niets met elkaar te maken hebben.

De prijs van boeken is met 10% gestegen. De afzet van sportschoenen is met 20% gestegen.

Vul je zonder nadenken de formule in, dan kom je op een kruisprijselasticiteit van +2. Dat wijst op een sterk verband tussen de vraag naar sportschoenen en de prijs van boeken. Iedereen die even nadenkt, snapt dat sportschoenen geen substituut zijn voor boeken. Boeken zijn ook geen complementaire artikelen voor sportschoenen. Deze goederen hebben niets met elkaar te maken. De kruisprijselasticiteit stel je daarom op *nul*. Nul wil zeggen dat er geen verband is tussen de afzet van het ene goed en de prijs van het andere goed. De kruisprijselasticiteit is nul bij *onafhankelijke* goederen.

onafhankelijke goederen

Er *kan* wel een verband bestaan, maar het gaat dan om een factor die van buitenaf invloed heeft op beide goederen, bijvoorbeeld de koopkracht van de consument. Als die is gestegen, worden er meer luxegoederen verkocht. De reden achter de gestegen vraag naar beide goederen moet je dan zoeken in de omgevingsfactor inkomen.

Onthoud

Indeling goederen naar kruiselingse elasticiteit van de vraag

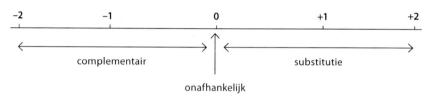

Figuur 9.3

Opdrachten

42. De prijs van eettafels is bij MeubelLand tijdelijk sterk verlaagd. De verkoop van stoelen is hierdoor gestegen.
    a. Over welke soort elasticiteit gaat het hier?
    b. Is die elasticiteit positief of negatief?
    c. Hoe noem je stoelen in relatie tot een tafel?

43. Steeds meer consumenten stappen van een bril over naar lenzen. Het laatste jaar zijn de verkopen van zachte lenzen met 15% gestegen. De verkoop van schoonmaakvloeistoffen is met 12% gestegen.
    a. Wat kun je zeggen over de kruisprijselasticiteit van de vraag naar schoonmaakvloeistof?
    b. De prijs van zachte lenzen is een jaar geleden verlaagd met 10%. Bereken de kruiselingse elasticiteit van de vraag naar schoonmaakvloeistof voor lenzen.

44. Dat steeds meer mensen overstappen van een bril naar lenzen komt onder meer doordat de monturen steeds duurder worden.
    a. Is de kruiselingse elasticiteit van brillen en lenzen positief of negatief?
    b. Hoe noem je brillen in relatie tot lenzen?
    c. De prijs van een bril is het laatste jaar gemiddeld met 25% gestegen. De kruisprijselasticiteit met lenzen is 1,3. Bereken Δ afzet lenzen.

d. De prijselasticiteit van de vraag naar brillen met een duur montuur is −1,4. De prijselasticiteit van de vraag naar brillen met een goedkoop montuur is -0,95. Bij welk type bril reageert de vraag het heftigst op een prijsverandering?

45. a. Haardhout is 5% in prijs gestegen. De vraag naar open haarden is gedaald van 5200 naar 4888 stuks per kwartaal. Bereken de kruiselingse prijselasticiteit van de vraag naar open haarden.
b. Wat voor soort goederen zijn hout en open haarden in relatie tot elkaar?

46. a. De prijs van wijn is het afgelopen jaar met 6% gedaald. De vraag naar kauwgom is met 10% gestegen. Wat is de kruiselingse prijselasticiteit van de vraag naar kauwgom.
b. Wat voor soort goederen zijn wijn en kauwgom in relatie tot elkaar?

47. a. Bedenk een substitutiegoed voor vervoer per tram.
b. Geef aan of de kruisprijselasticiteit tussen de twee goederen (diensten) positief is of negatief.

48. a. Bedenk een complementair product voor een zaklantaarn.
b. Geef aan of de kruisprijselasticiteit tussen de twee goederen positief is of negatief.

49. De prijs van BladeRunner-skeelers wordt verhoogd van € 150,- naar € 180,-. De afzet neemt toe met 30%.
a. Bereken de prijselasticiteit van de vraag naar deze skeelers.
b. Is de vraag elastisch?
c. Met wat voor soort goed heb je hier te maken?

50. Is de kruiselingse prijselasticiteit van de vraag naar kleurpotloden in relatie tot de prijs van stiften positief of negatief? Verklaar je antwoord.

51. De marketingmanager van schoenenfabrikant FootLoose berekent een positieve kruiselingse prijselasticiteit van +0,9 tussen merk Streetfighter en merk Jumper.
a. Bereken de verandering in de afgezette hoeveelheid van Streetfighter als de prijs van Jumper stijgt van € 60,- naar € 80,-.
b. Bereken de verandering in de afgezette hoeveelheid van Streetfighter als de prijs van Jumper daalt van € 60,- naar € 50,-.
c. Met wat voor goederen heb je hier te maken?

De marketingmanager berekent een negatieve kruisprijselasticiteit van de vraag naar veters in relatie tot de prijs van schoenen van −1,1.
   d. Wat voor gevolgen heeft het voor de afzet van veters als de prijs van schoenen met 8% wordt verlaagd?
   e. Als de prijs van veters wordt verlaagd, worden er dan ook automatisch meer schoenen verkocht?
   f. Wat zijn veters voor schoenen?
   g. Zijn schoenen dat ook voor veters?

52. Is de vraag naar noodzakelijke producten elastisch? Waarom wel of waarom niet?

53. Welke drie mogelijkheden zijn er bij de uitkomst van prijselasticiteit? Geef bij elke mogelijkheid aan welke waarde de uitkomst dan minstens moet hebben.

54. De afzet van bananen is met 20% gestegen, de prijs van sinaasappelen is met 15% gestegen.
   a. Met welk type elasticiteit heb je hier te maken?
   b. Bereken deze elasticiteit.
   c. Wat voor goederen zijn bananen in relatie tot sinaasappelen?

9.6 Samenvatting

De *prijs*mix bestaat uit de beslissingen die een onderneming neemt over de verkoopprijs. Daarbij zijn de vraag, de concurrentie en de kosten belangrijke factoren. Hoe de prijszetting er precies uitziet, hangt ook af van de marktvorm en de eigenschappen van het product zelf.

Wil je marktgericht werken, dan is de vraag het belangrijkst bij de prijszetting. Pas daarna kijk je naar kosten en concurrentie. Kosten zijn belangrijk omdat er winst gemaakt moet worden. Concurrentie om dezelfde reden: niet goed inspelen op de concurrentie kan ten koste gaan van je marktaandeel.

De prijselasticiteit van de vraag geeft aan hoe de afzet van een goed reageert op een verandering van de prijs. Prijselasticiteit is meestal *negatief*: als de prijs stijgt, neemt de vraag naar het product af (en andersom). De vraag is *elastisch* als de afzet meer stijgt dan de prijs daalt, de uitkomst ligt dan links van −1. Dat is het geval bij *luxe* producten. De vraag is *inelastisch* als de afzet minder stijgt dan de prijs daalt. Het antwoord ligt dan tussen −1 en 0. Dit vind je bij *noodzakelijke* producten. Bij *statusgoederen* is de prijselasticiteit van de vraag *positief*: bij een prijsdaling daalt ook de afzet. Een onderneming moet de prijselasticiteit van de vraag naar haar producten kennen. Alleen bij een elastische vraag kan prijsdaling leiden tot omzetstijging.

Kruiselingse prijselasticiteit van de vraag is *negatief* bij *complementaire* goederen, goederen die elkaar aanvullen: een prijsdaling van het ene goed lokt een afzetstijging bij het andere goed uit. Kruisprijselasticiteit is *positief* bij *substitutiegoederen*, goederen die elkaar (kunnen) vervangen: een prijsdaling van het ene goed lokt een afzetdaling bij het andere goed uit. Bij *onafhankelijke goederen* is er geen verband tussen afzet en prijs van beide goederen: de kruisprijselasticiteit is nul.

9.7 Begrippen

Complementaire goederen	Goederen die elkaar aanvullen. De kruisprijselasticiteit is negatief.
Elastische vraag	De vraag stijgt meer dan de prijs daalt of andersom. De prijselasticiteit van de vraag ligt links van −1.
Inelastische vraag	De vraag stijgt minder of evenveel als de prijs daalt of andersom. De prijselasticiteit van de vraag ligt tussen −1 en 0.
Prijselasticiteit van de vraag (E_v)	Geeft aan in welke mate de vraag naar een goed reageert op een prijsverandering.
Prijsmix	Bestaat uit de strategische beslissingen die een onderneming maakt over de prijs in relatie tot de vraag, de kosten en de concurrentie.
Kruisprijselasticiteit of kruiselingse prijselasticiteit (E_k)	Geeft aan in welke mate waarin de vraag naar een goed reageert op een prijsverandering van een ander goed.
Noodzakelijke goederen (= primaire goederen)	Goederen die nodig zijn voor de eerste levensbehoeften. De vraag is niet prijsgevoelig.
Onafhankelijke goederen	Er is geen verband tussen prijs en afzet van beide goederen, de kruisprijselasticiteit is nul.

Statusgoederen	Producten waar mensen een statusgevoel aan ontlenen. De prijselasticiteit van de vraag is positief.
Substitutiegoederen	Goederen die elkaar kunnen vervangen. De kruisprijs-elasticiteit is positief.

10 Inkomenselasticiteit

10.1 Koopkracht
10.2 De inkomenselasticiteit van de vraag
10.3 Inkomen en soorten goederen
10.4 Samenvatting
10.5 Begrippen

10.1 Koopkracht

Het vorige hoofdstuk ging over het verband tussen de vraag naar een product en de prijs, de prijselasticiteit. Hoeveel mensen van een product willen kopen, hangt niet alleen af van de prijs. Het inkomen is ook een belangrijke factor: als mensen meer verdienen, besteden ze meer geld. Er worden dan meer cd's verkocht, meer bioscoopkaartjes, meer kleding, enzovoort. De vraag naar deze producten neemt toe als het inkomen stijgt.

koopkracht

Aanbieders zijn geïnteresseerd in de koopkracht van hun klanten, omdat de vraag naar veel producten daarvan afhangt. De *koopkracht* in een land geeft aan hoeveel goederen en diensten de inwoners met hun geld kunnen kopen. De koopkracht hoeft niet elk jaar hetzelfde te zijn: goederen en diensten worden duurder; geld wordt minder waard. Als er veel inflatie is en de loonstijging blijft achter, neemt de koopkracht van de consument af.

bronnen

Er zijn drie *bronnen* van koopkracht, waaruit mensen geld putten om te kunnen besteden.
- Inkomen
  Iedereen heeft een *inkomen*. Bij de meesten is dit loon (inkomen uit arbeid), anderen hebben ook inkomsten uit vermogen (rente, dividend) of winst uit onderneming. Uitkeringen en huurinkomsten zijn ook vormen van inkomen.
- Spaargeld
  Daarnaast hebben veel mensen *spaargeld*, waar zij zo nodig gebruik van kunnen maken.
- Lening
  Tenslotte is het mogelijk om geld te *lenen*. Dat kan een persoonlijke lening zijn, koop op afbetaling of geld dat vrijkomt door een hypotheek te verhogen.

vaste lasten

Een deel van het beschikbare geld hebben mensen nodig om hun *vaste lasten* te betalen. Dat zijn noodzakelijke uitgaven die regelmatig terugkeren, zoals: huur, telefoon, gemeentelijke belastingen, water, gas en elektra, de wekelijkse boodschappen. Allemaal bedragen die steeds opnieuw betaald moeten worden. Als je salaris binnenkomt, is het makkelijk om je rijk te rekenen. Trek je er meteen de vaste lasten vanaf, dan houd je maar een deel van je inkomen over om vrij te besteden.

gebonden koopkracht

vrije koopkracht

Met het geld dat je aan vaste lasten besteedt, koop je wel degelijk iets, dus het hoort bij je koopkracht. Het is alleen *gebonden* koopkracht: het staat van tevoren al vast waar je het aan besteedt. Het geld dat over blijft nadat de vaste lasten er vanaf zijn, is de *vrije* koopkracht. Voor de meeste ondernemers is de vrije koopkracht van belang: het geld dat consumenten overhouden. Als de consument maar net voldoende verdient om in zijn basisbehoeften te voorzien, schiet er weinig vrije koopkracht over.

drempelinkomen

Het inkomen dat nodig is voor de vaste lasten noemt men ook wel het *drempelinkomen*. Pas als iemands inkomen daar overheen komt, komt een consument toe aan andere, minder dringende behoeften. Voor de aanschaf van goederen die niet absoluut nodig zijn, moet er ruimte zijn in de portemonnee. Het drempelinkomen is het inkomen waarover de consument minimaal moet kunnen beschikken om belangstelling te hebben voor de aanschaf van goederen die niet nodig zijn om in de basisbehoeften te voorzien.

Opdrachten

1. a. Bedenk drie oorzaken waardoor jouw koopkracht niet elk jaar hetzelfde is.
   b. Noteer de drie bronnen van koopkracht.

2. a. Waarom is gebonden koopkracht voor de meeste ondernemers niet van belang?
   b. Bedenk twee voorbeelden van ondernemingen die het wel van gebonden koopkracht moeten hebben.

3. Leg uit wat 'drempelinkomen' betekent en wat het belang daarvan is voor het bedrijfsleven.

10.2 De inkomenselasticiteit van de vraag

inkomens-
elasticiteit

Als het inkomen stijgt, neemt de vrije koopkracht toe. De vraag naar veel producten wordt dan groter. De *inkomenselasticiteit* van de vraag geeft aan in welke mate de vraag naar een product reageert op een verandering in het inkomen. Inkomenselasticiteit is meestal positief: het inkomen neemt toe, daardoor neemt de vraag naar een bepaald goed toe.

Om inkomenselasticiteit te kunnen berekenen, moet je weten met hoeveel procent het inkomen is veranderd en met hoeveel procent de vraag (afzet) naar een bepaald product is veranderd. De verandering van het inkomen is de *oorzaak*, dus die staat altijd onder de deelstreep. De verandering in de vraag is het *gevolg*, dus die zet je boven. Het symbool voor de inkomenselasticiteit is E_Y.

Onthoud

Inkomenselasticiteit van de vraag:

$$E_Y = \frac{\Delta \text{ afzet}}{\Delta \text{ inkomen}} \quad \begin{array}{l} \longleftarrow \text{ gevolg} \\ \longleftarrow \text{ oorzaak} \end{array}$$

Je ziet dat de berekening sterk lijkt op die van de prijselasticiteit, alleen is de oorzaak nu een verandering van inkomen in plaats van een verandering in prijs.

Het gemiddelde jaarinkomen per huishouden is gestegen met 4%. Het gemiddelde kappersbezoek is toegenomen van tien keer per jaar naar elf keer per jaar. Is de vraag naar kappersdiensten inkomenselastisch?

De verandering van de vraag naar de kapper in procenten:

$$\frac{(\text{nieuw} - \text{oud})}{\text{oud}} \times 100 \quad \rightarrow \quad \frac{(11-10)}{10} \times 100 = +10\%$$

De inkomenselasticiteit van de vraag naar diensten van de kapper:

$$E_Y = \frac{\Delta \text{ afzet}}{\Delta \text{ inkomen}} = \frac{+10\%}{+4\%} = +2,5\%$$

inkomenselastisch

Het antwoord is ja: in dit voorbeeld is de inkomenselasticiteit van de vraag naar de kapper sterk elastisch. Bij inkomenselasticiteit spreek je van een *elastische* vraag als de uitkomst groter is dan +1.

De + voor het antwoord betekent dat er een positief verband is tussen inkomen en kappersbezoek. Als het inkomen stijgt, neemt het bezoek aan de kapper toe. De vraag is pas *inkomenselastisch* als die méér toeneemt dan door de stijging van het inkomen verklaard wordt. Als het inkomen stijgt met 4%, kunnen de uitgaven aan kappersbezoek ook stijgen met 4%. De verhouding tussen inkomen en het deel van het inkomen dat besteed wordt aan de kapper blijft dan gelijk.

Als de bestedingen bij de kapper toenemen met meer dan 4%, besteden mensen voortaan een groter deel van hun inkomen aan kappersbezoek. In het voorbeeld is dat zo, want het inkomen stijgt met 4% en de vraag met 10%, dat is 2,5 keer zo veel.

Opdrachten

4. Het gemiddelde inkomen is vorig jaar met 2% gestegen. De verkoop van televisies steeg van 434.000 naar 447.020 stuks.
   a. Bereken de inkomenselasticiteit van de vraag naar televisies.
   b. Leg uit waarom deze vraag inkomenselastisch is.

5. Joriens salaris steeg per 1 januari van € 1.735,- per maand naar € 1.787,05. Sindsdien besteedt ze gemiddeld € 162,76 per maand aan kleding. Vorig jaar was dat € 156,50. Bereken de inkomenselasticiteit van Joriens vraag naar kleding en geef aan of die vraag inkomenselastisch is.

6. Het inkomen is gestegen met 2% en de vraag naar lucifers met 0,5%. Bereken de inkomenselasticiteit van de vraag naar lucifers en geef aan of die vraag inkomenselastisch is.

7. Aniel vindt een andere baan. In plaats van € 1900,- verdient hij nu € 2280,- per maand. In plaats van 5 cd's per maand koopt hij er nu 8. Bereken de inkomenselasticiteit van Aniels vraag naad cd's en geef aan of die vraag inkomenselastisch is.

8. In India steeg het inkomen het afgelopen jaar met gemiddeld 4%. De vraag naar scooters steeg met 6% en de vraag naar fietsen steeg met 2%.

a. Bereken de inkomenselasticiteit van de vraag naar scooters in India.
b. Bereken de inkomenselasticiteit van de vraag naar fietsen in India.
c. Welke vraag is inkomenselastisch en welke niet?

9. Barend is marketingmanager van Steigermann Boterhamworst bv. Hij staat perplex: de vraag naar dit product is met 2% afgenomen, terwijl het gemiddelde gezinsinkomen het afgelopen jaar toch steeg van € 22.700,- naar € 23.381,-.
   a. Bereken de inkomenselasticiteit van de vraag naar boterhamworst.
   b. Is deze vraag inkomenselastisch?
   c. Geef een verklaring voor deze tegenslag.
   d. Geef een advies om op de marktontwikkeling in te spelen.

10. a. Waarom is de inkomenselasticiteit van de vraag meestal positief?
    b. Waarom is de prijselasticiteit van de vraag meestal negatief?

10.3 Inkomen en soorten goederen

Bij inkomenselasticiteit zijn er drie mogelijkheden:
- de vraag is inkomenselastisch;
- de vraag is inelastisch;
- de inkomenselasticiteit van de vraag is negatief.

Wat voor soort producten horen bij deze mogelijkheden?

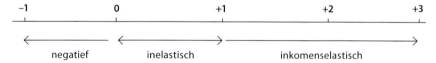

Figuur 10.1

luxegoederen

Met *luxe*goederen heb je te maken als de inkomenselasticiteit groter is dan +1. De vraag naar luxegoederen stijgt sterker dan het inkomen stijgt. Als de ruimte in de portemonnee (de vrije koopkracht) groter wordt, gaan mensen meer luxegoederen aanschaffen. Denk aan vakanties, boten of auto's. Ook gewone gemaksgoederen in de supermarkt kunnen luxe zijn: mensen gaan roomboter kopen in plaats van margarine; of A-merken in plaats van het huismerk.

noodzakelijke goederen

In opdracht 6 berekende je de inkomenselasticiteit van de vraag naar lucifers. Naarmate het inkomen stijgt, kopen mensen wel iets meer lucifers, maar zoveel extra hebben ze er niet van nodig. De vraag stijgt dus wel, maar minder sterk dan het inkomen. Dat geeft een inkomenselasticiteit die tussen 0 en 1 ligt. De vraag is *inelastisch*. Dit zie je bij *noodzakelijke* goederen (ofwel *primaire* goederen). Die voorzien in de basisbehoeften. Een ander voorbeeld is brood: je gaat niet ineens veel meer brood eten als je meer verdient.

Wet van Engel

Ernst Engel deed in de 19^e eeuw statistisch onderzoek. Hij kwam er achter dat mensen, die meer gaan verdienen, een kleiner deel van hun inkomen besteden aan de eerste levensbehoeften; dus aan noodzakelijke goederen. Dit heet sindsdien de *Wet van Engel*.

Mensen met een jaarinkomen van € 25.000,- kopen gemiddeld eens per drie jaar een nieuwe bril. Consumenten met een jaarinkomen van € 50.000,- kopen gemiddeld eens per twee jaar een nieuwe bril. Bereken de inkomenselasticiteit van de vraag naar het product bril.

Eens per drie jaar is per jaar 1/3 = 0,3333 bril per jaar
Eens per twee jaar is per jaar 1/2 = 0,5 bril per jaar

$$\Delta \text{ afzet} = \frac{0,5 - 0,3333}{0,3333} = 0,5 \times 100 = 50\%$$

$$\Delta \text{ inkomen} = \frac{50.000 - 25.000}{25.000} \times 100 = 100\%$$

$$E_Y = \frac{50\%}{100\%} = +0,5$$

De + uit het antwoord betekent dat er een positief verband is tussen de vraag naar brillen en het inkomen. Als het inkomen stijgt, stijgt ook de vraag naar brillen. De vraag is *elastisch* als die in procenten meer toeneemt dan het inkomen. Dat is hier niet zo. De vraag naar brillen neemt wel toe, maar procentueel minder dan het inkomen toeneemt. De vraag naar brillen is inkomensinelastisch.

Je zag al dat ook de prijselasticiteit van de vraag bij noodzakelijke producten inelastisch is. Je hebt van noodzakelijke of primaire goederen nou eenmaal een bepaalde hoeveelheid nodig om in je basisbehoeften te voorzien. Daarom reageert de afzet niet sterk op veranderingen in prijs of inkomen. Wat precies noodzakelijk is, verschilt per periode en per regio.

Verschil per streek
In Nederland is verwarming een basisbehoefte, in de tropen niet.

Verschil per periode
In Nederland was centrale verwarming honderd jaar geleden iets voor rijke mensen. Nu is het een basisbehoefte van bijna iedereen.

Van *inferieure goederen* wordt juist minder verkocht als het inkomen stijgt. Daarom is de inkomenselasticiteit van de vraag naar inferieure goederen negatief, kleiner dan 0. De consument beschouwt deze goederen als inferieur, als minderwaardig. Zodra de klant over meer geld beschikt, wijkt hij uit naar een ander product. Je zag al een voorbeeld in opdracht 9: als mensen meer geld hebben, gaan ze minder goedkope boterhamworst kopen. Ze kopen dan liever iets anders voor op hun brood. Andere voorbeelden zijn: meubels van namaakleer, fabrieksbrood en kasten van spaanplaat.

De meeste inferieure goederen werden juist verkocht omdat ze goedkoop waren. Als de koopkracht stijgt, laat de klant ze links liggen: hij wijkt uit naar een beter en duurder alternatief. Inferieure goederen zijn vaak van mindere kwaliteit.

Voor aanbieders is het belangrijk om te weten of de vraag naar hun product inkomenselastisch is. Als de vraag inkomenselastisch is, zal de afzet in tijden van laagconjunctuur dalen en in tijden van hoogconjunctuur stijgen.

Onthoud

Indeling goederen naar inkomenselasticiteit

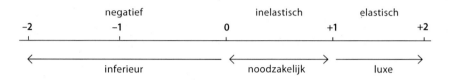

Figuur 10.2

Opdrachten

11. Het inkomen van de doelgroep van tuincentrum FlowerPower is gestegen met 20%. De omzet van het tuincentrum is gestegen met 25%. De prijzen van de artikelen zijn gelijk gebleven.
    a. Met hoeveel procent is de afzet gestegen?
    b. Bereken de inkomenselasticiteit van de vraag naar tuinproducten.
    c. Wat voor soort product verkoopt FlowerPower?

12. Het gemiddelde inkomen steeg in Nederland ten opzichte van vorig jaar met 2,5%. Hieronder zie je hoe de afzet van verschillende producten reageerde. Bereken steeds de inkomenselasticiteit van de vraag en geef aan wat voor soort product het is.
    a. Tablets: afzetstijging 6%.
    b. Zuivel: afzetstijging 1%.
    c. Bioscoopbezoek: afzetstijging 3%.
    d. Tweedehandskleding: afzetdaling 4%.
    e. Brood: afzetstijging 0,5%.

13. De vraag naar een goed heeft een inkomenselasticiteit van −1.
    a. Wat gebeurt er met de afzet als het inkomen met 10% stijgt?
    b. Hoe heet een dergelijk goed?

14. a. Geef een voorbeeld van een artikel dat voor jou duidelijk luxe is.
    b. Leg uit waarom de inkomenselasticiteit van jouw vraag naar dat goed groter is dan +1.
    c. Geef ook een voorbeeld van een artikel dat voor jou noodzakelijk is en leg uit waarom de inkomenselasticiteit tussen 0 en 1 ligt.

Hoofdstuk 10 Inkomenselasticiteit

15. Waarom is het voor een aanbieder belangrijk om te weten of zijn product als luxe, noodzakelijk of inferieur wordt ervaren?

16. De afzet van motorfietsen daalde tijdens de economische recessie van 150.000 per jaar naar 141.000 per jaar. Het gemiddelde inkomen daalde met 4%.
    a. Bereken de inkomenselasticiteit van de vraag naar motorfietsen.
    b. Is de vraag naar motorfietsen inkomenselastisch?
    c. Wat voor soort product is een motorfiets?
    d. Het jaar daarop stijgt het inkomen met 3%. De inkomenselasticiteit van de vraag naar motorfietsen blijft gelijk. Bereken de afzet in dat jaar.

17. De prijs van een blikje CannyFruit is gedaald met 10%. De afzet van CannyFruit is met 12,5% gestegen. De gemiddelde prijs van een liter frisdrank is gedaald met 5%. De gemiddelde afname van frisdranken is gestegen met 3%. Het gemiddelde inkomen van de supermarktbezoeker is gestegen met 4%.
    a. Bereken de prijselasticiteit van de vraag naar CannyFruit.
    b. Bereken de prijselasticiteit van de vraag naar frisdranken.
    c. Bereken de inkomenselasticiteit van de vraag naar frisdranken.
    d. Bedenk een reden voor je verschillende antwoorden bij a. en b.

18. a. Is de vraag naar racefietsen volgens jou inkomenselastisch? Verklaar je antwoord.
    b. Is de vraag naar rijst volgens jou inkomenselastisch? Verklaar je antwoord.

19. De inkomenselasticiteit van de vraag naar vulpennen is +1,5. Leg uit wat dit betekent.

20. Bereken de verandering in de afzet van de volgende goederen bij een stijging van het inkomen met 14%. Geef aan om wat voor soort product het gaat.
    a. Leerboeken. De inkomenselasticiteit is +1,05.
    b. Mobiele telefoons. De inkomenselasticiteit is +1,4.
    c. Goedkope kindersokken. De inkomenselasticiteit is +0,75.

21. De prijselasticiteit van de vraag naar racefietsen is −1,5. De inkomenselasticiteit van de vraag is +2. De prijs van een racefiets is verhoogd van

€ 1.000,- naar € 1.200,-. Het gemiddelde inkomen van de fietsenliefhebber is gestegen van € 22.500,- naar € 24.750,- per jaar. Voordat de prijs werd verhoogd, verkocht rijwielhandel VeloCity 3000 racefietsen per jaar.
a. Hoeveel fietsen worden er dit jaar verkocht, alleen rekening houdend met de gestegen prijs?
b. Hoeveel fietsen worden er dit jaar verkocht alleen rekening houdend met het gestegen inkomen?
c. Wat is het gecombineerde effect van beide elasticiteiten op de afzet van racefietsen?

10.4 Samenvatting

Koopkracht is de hoeveelheid goederen en diensten die de consument met zijn geld kan kopen. De drie bronnen van koopkracht zijn *inkomen*, *spaargeld* en *leningen*. Een deel daarvan is nodig voor de *vaste lasten*: noodzakelijke uitgaven die steeds terugkeren. Het bedrag dat nodig is om te voorzien in de basisbehoeften en de vaste lasten is de *gebonden koopkracht*. Als er nog geld overblijft, vormt dat de *vrije* koopkracht. Als het inkomen stijgt, neemt de vrije koopkracht toe. Pas boven een bepaald *drempelinkomen* krijgt de consument belangstelling voor luxegoederen.

De *inkomenselasticiteit* geeft aan hoe de afzet reageert op een verandering in het inkomen. Je berekent hem door de procentuele verandering van de afzet te delen door de procentuele verandering van het inkomen.

De vraag naar luxegoederen is *inkomenselastisch*: de afzet stijgt meer dan het inkomen en de inkomenselasticiteit is groter dan +1. De vraag naar *primaire* (noodzakelijke) goederen is inkomens*inelastisch*: de afzet stijgt minder snel dan het inkomen en de elasticiteit ligt tussen 0 en +1. De inkomenselasticiteit van de vraag naar *inferieure* goederen is *negatief*: de afzet daalt als het inkomen stijgt. De *Wet van Engel* stelt dat de uitgaven voor de basisbehoeften achterblijven als het inkomen toeneemt.

10.5 Begrippen

Bronnen van koopkracht	Inkomen, spaargeld en leningen.
Drempelinkomen	Het inkomen dat nodig is voor de vaste lasten.
Gebonden koopkracht	De koopkracht nodig voor de vaste lasten (inclusief de basisbehoeften).
Inferieure goederen	Goederen waarvan de afzet daalt als het inkomen stijgt.
Inkomenselasticiteit van de vraag (E_y)	Mate waarin de vraag naar een goed reageert op een verandering van het inkomen.
Koopkracht	De hoeveelheid goederen en diensten die mensen met hun geld kunnen kopen.
Luxegoederen	De vraag naar deze goederen is inkomenselastisch.
Noodzakelijke of primaire goederen	Goederen die nodig zijn voor de eerste levensbehoeften.
Vaste lasten	Noodzakelijke, regelmatige uitgaven.
Vrije koopkracht	Koopkracht die overblijft als de gebonden koopkracht besteed is.
Wet van Engel	De vraag naar primaire (noodzakelijke) goederen is niet inkomenselastisch.

11 Product

11.1 Kwaliteit
11.2 Merk
11.3 Service & garantie
11.4 Verpakking
11.5 Assortiment
11.6 Samenvatting
11.7 Begrippen

11.1 Kwaliteit

De P van Product is een van de marketinginstrument in de marketingmix. De P van product kun je weer onderverdelen in vijf deelinstrumenten:

- kwaliteit
- merk
- service & garantie
- verpakking
- assortiment.

Dit noem je de productmix.

Wat is een product precies? Wat koop je nou eigenlijk als je een bijvoorbeeld een spijkerbroek koopt? Je koopt een paar aan elkaar genaaide lappen denim, geverfd met indigo en voorzien van een rits en een knoop. Toch zien de meeste klanten dat anders. Die kopen een degelijk kledingstuk dat lekker zit, tegen een stootje kan en helpt om er vlot uit te zien. Je koopt dus iets om in bepaalde behoeften te voorzien. Een aanbieder maakt alleen kans als hij goed bij de behoeften van klanten aansluit.

Mensen hebben helemaal geen behoefte aan een wasmachine. Wat moet je met zo'n groot vierkant stuk blik? Mensen die een wasmachine aanschaffen, kopen eigenlijk:

- schone was;
- gebruikersvriendelijkheid (niet te groot, makkelijk te bedienen, niet te veel herrie);
- als het even kan energiezuinigheid;
- duurzaamheid (heel vaak schone was).

Je koopt producten dus om hun *eigenschappen*. Een *product* bestaat uit een verzameling producteigenschappen die in een behoefte voorzien. Dat geldt zowel voor een goed als voor een dienst.

De mate waarin een product met haar eigenschappen aansluit op de behoeften van de klant, is de *kwaliteit*. Hoe schoner de was, hoe gebruikersvriendelijker en hoe duurzamer, hoe beter de kwaliteit van die wasmachine. Kwaliteit kun je dus zien als een verzameling eigenschappen die aansluiten bij de behoeften van de klant. Hoe minder ze daarbij aansluiten, hoe minder de kwaliteit.

Die producteigenschappen kun je splitsen in verschillende soorten.
- De *fysieke* eigenschappen van een product geven aan van welk materiaal het is gemaakt, hoe het in elkaar zit. Bij de spijkerbroek gaat het om de katoen, de manier van weven en stikken, de maat, de kleur en het model.
- De *functionele* eigenschappen geven aan wat het product kan. Wat zijn de functies? Kan die wasmachine ook centrifugeren? Wat is de kwaliteit van die functies? Is hij makkelijk te bedienen?
- De *emotionele* eigenschappen zijn minstens zo belangrijk bij de aankoopbeslissing, zeker op de consumentenmarkt. Hierbij gaat het vooral om het imago van het product, om het gevoel dat de klant erbij heeft. Past het bij een mode of trend? Wat vinden anderen ervan? Welke uitstraling verleent die spijkerbroek aan jou?

Het laten aansluiten van een aanbod bij de wensen en behoeften van klanten heet *positioneren*: de aanbieder verovert daarmee als het ware een 'positie' in de markt. Met de producteigenschappen onderscheidt de aanbieder zich van de concurrenten.

De kwaliteit van een product of een dienst heeft een sterke relatie met de P van personeel. Die wasmachine kan nog zo geweldig functioneren, maar als de klant slecht te woord wordt gestaan, of als de reparateur er een potje van maakt, sluit het totaalproduct toch niet goed aan bij de behoeften van de klant. Dat geldt ook voor de medewerker die je telefonisch te woord staat bij een probleem en de steward in het vliegtuig.

Dienstverlening, bezorging, administratieve afhandeling en postverzending zijn voorbeelden van dingen die ook bij het totaalproduct horen. Het is allemaal mensenwerk, dus zonder goed geschoold en klantvriendelijk personeel bereikt een aanbieder onvoldoende kwaliteit.

Opdrachten

1. Denk aan een mooie zonnebril.
   a. Geef drie voorbeelden van de fysieke eigenschappen.
   b. Geef drie voorbeelden van de emotionele eigenschappen.
   c. Geef drie voorbeelden van de functionele eigenschappen.

2. a. Leg uit hoe de aanbieder van die zonnebril de producteigenschappen gebruikt om de bril te positioneren.
   b. Waarom is het positioneren van producten zo belangrijk voor een aanbieder?

3. a. Hoe zijn Diesel spijkerbroeken gepositioneerd?
   b. Van welke producteigenschappen maakt de aanbieder daarbij gebruik?

4. a. Leg uit wat kwaliteit precies is.
   b. Bedenk twee manieren waarop de kantinebeheerder op jouw school kwaliteit kan gebruiken om meer te verkopen.

5. Geef twee betekenissen van het woord product.

6. De P van Personeel heeft veel invloed op de kwaliteit van het totaalproduct. Geef daarvan een voorbeeld:
   a. bij het product basketbal.
   b. bij het product verzekering.
   c. uit de schoolkantine.

11.2 Merk

merk

Merk is heel belangrijk voor de herkenbaarheid van producten; vaak ook van een onderneming. Een *merk* bestaat uit:
- een merk*naam*;
- een merk*teken* (logo) voor de herkenning;
- inschrijving in het merken*register* (daarmee is het merk beschermd).

functies merk

Het is duur om een merk te ontwikkelen. Daarvoor is erg veel reclame en promotie nodig. Er moeten dus grote voordelen tegenover staan. De voordelen van het voeren van een merk zijn:

- Bescherming
  Andere ondernemingen mogen niet 'gratis' meeliften.
- Constante kwaliteit
  Voor de klant betekent het merk de garantie van een constante kwaliteit.
- Klantenbinding
  Merkbekendheid en waardering maken de aankoopbeslissing makkelijker. Een tevreden klant herkent het merk een volgende keer, het koopbeslissingsproces gaat dan sneller. Een merk helpt dus bij de klantenbinding.
- Imago
  Het merk kan de onderneming helpen een bepaald imago op te bouwen.

Merken Apple en Google waardevoller dan Coca-Cola
Na dertien jaar is Coca-Cola onttroond als meest waardevolle merk ter wereld. Apple is de nieuwe nummer één, op de voet gevolgd door Google. Het bedrijf dat verantwoordelijk is voor de iMac, iPad en iPhone heeft een merkwaarde van 98,3 miljard dollar. Dat blijkt uit het onderzoek Best Global Brands van merkadviesbureau Interbrand. Interbrand publiceert jaarlijks de Best Global Brands-ranglijst waarin de merkwaarde van de 100 meest waardevolle merken ter wereld worden onderzocht. Achter Apple, Google en Coca-Cola handhaaft IBM zich op de vierde plek als meest waardevolle B2B-merk, met een merkwaarde van 78,8 miljard dollar.

marketingtribune.nl, 3-09-2013

paraplumerk

Ondernemingen als Philips en Sony geven veel van hun producten hetzelfde merk. Dat heet een *paraplu*merk. Het voordeel van een paraplumerk is dat alle producten meeprofiteren van de opgebouwde bekendheid en goede naam. Dat voordeel kan omslaan in een nadeel, als één product niet aan de verwachtingen voldoet. Een misser kan het imago van de andere producten beschadigen.

individueel merk

Een aanbieder van verschillende producten kan ook de aparte producten aparte merken geven. Dat zijn *individuele* merken. Elk merk moet helpen bij de positionering van dat individuele product. Het bekendste voorbeeld is Unilever. De meeste consumenten kennen de naam amper. Ze kennen wel Ola, Magnum, Ben & Jerry's, Bona, Becel, Blue Band, Robijn, Omo, Persil, en Calvé.

productimago — Unilever werkt per apart merk aan het *productimago*. Dat kost wel meer aan promotie, maar het levert ook wat op.
- Een probleem bij één merk straalt niet door naar de rest.
- Het is ook een manier om meer marktaandeel te veroveren: de doelgroep van Omo is niet dezelfde als de doelgroep van Persil. Met verschillende merken voor vergelijkbare producten kan de aanbieder verschillende doelgroepen bereiken.
- Het is een manier om meer schaarse plekken op de schappen van de supermarkt bezet te houden. Met één paraplumerk zouden de winkeliers er zeker meer andere merken naast zetten.

fabrikantenmerk
huismerk — Je kunt merken ook op een andere manier indelen. Als de eigenaar van het merk de producent is, dan heb je te maken met een *fabrikanten*merk. Eigen merken van de tussenhandel (groothandel of detailhandel) zijn *distribuanten*merken. Meestal noemt men die *huis*merken.

A-merk — Fabrikantenmerken kun je weer indelen in drie niveaus: A-, B- of C-merk. Een *A-merk* is een sterk merk. De aanbieder ondersteunt het met landelijke reclame en het is bij heel veel verkooppunten verkrijgbaar. Het imago is 'kwaliteitsproduct'. De prijs is relatief hoog.

B-merk — Een *B-merk* is niet overal verkrijgbaar en er wordt minder reclame voor gemaakt. B-merken zijn minder bekend dan A-merken. Hoewel de kwaliteit van B-merken niet veel onderdoet voor die van A-merken, is de prijs lager. B-merken zijn vaak *vecht*merken, zij moeten het opnemen tegen de distribuantenmerken. Een voorbeeld is Kanis & Gunnink: een B-merk koffie van Douwe Egberts.

C-merk — Een *C-merk* voegt als merk niets toe aan het product. Het merk zegt consumenten niets. De functie van C-merken is om de onderkant van de markt af te schermen: de fabrikant zou anders marktaandeel kunnen verliezen aan concurrenten die goedkopere producten leveren dan hij. De kwaliteit en de prijs van C-merken zijn een stuk lager dan bij A- en B-merken.

wit merk — Grossiers en grootwinkelbedrijven met eigen merken laten die producten door een fabrikant maken en plakken hun eigen label er op. Met eigen huismerken kan een winkelbedrijf zich beter onderscheiden van haar concurrenten. Ook kan het winkelbedrijf op een huismerk meer verdienen dan op een A-merk. Distribuantenmerken die op een C-merk lijken heten *witte* merken. Een voorbeeld hiervan is AH basic.

Foodmerk van het jaar: Hak

Hak is door de Nederlandse supermarktklant verkozen tot Merk van het Jaar 2013. Tweede in de verkiezing werd Pickwick, gevolgd door Mona. Mona is dit jaar ook uitgeroepen tot meest vernieuwende A-merk. Op basis van GfK-onderzoek onder 12.000 consumenten werden merken beoordeeld op kwaliteit, innovatiekracht en expressiviteit. Het blijkt dat het imago van A-merken steeds lager wordt gewaardeerd, vooral door de crisis en de concurrentie van discounters.

marketingtribune.nl, 7-10-2013

Opdrachten

7. Lees het artikel hierboven. Verklaar wat een tegenzittende economie te maken kan hebben met het imago van A-merken.

8. a. Leg uit waarom het opbouwen van merk en imago zo duur is.
   b. Zoek een voorbeeld van een bekend merk en dat nog niet zo lang bestaat. Hoe is dat merk bekend geworden?

9. a. Welke vier voordelen heeft het gebruik van merken voor aanbieders?
   b. Bedenk twee voordelen die merken hebben voor de consument.

10. a. Kleenex is een voorbeeld van een merknaam die iets zegt over het product. Bedenk er nog eentje.
    b. Bedenk ook een voorbeeld van een bekend merk dat niets over het product zegt.

11. Bedenk een voorbeeld van een product dat je wel eens koopt, zonder merknaam er op. Wat voor soort product is dat?

12. a. Bedenk nog een voorbeeld van een paraplumerk.
    b. Geef twee voordelen voor de aanbieder.
    c. Wat is het nadeel van een paraplumerk?

13. a. Geef twee redenen waarom sommige aanbieders voor elk apart product een apart merk lanceren.
    b. Hoe heet zo'n merk?
    c. Geef er ook een nadeel van.

14. Om wat voor merk gaat het?
    a. Microsoft.
    b. Skoda.
    c. Michelin.
    d. Dreft.

15. Geef twee redenen waarom de detailhandel distribuantenmerken ging ontwikkelen en verkopen.

16. a. Waarom moet een A-merk overal verkrijgbaar zijn?
    b. Waarom is een distribuantenmerk alleen in de eigen winkelorganisatie verkrijgbaar?

17. a. Waarom is de prijs-kwaliteitverhouding belangrijk bij een product?
    b. Leg uit waarom de prijs-kwaliteitverhouding van een B-merk beter is dan van een A-merk.

18. a. Wat is de functie van witte merken voor de detaillist?
    b. Wat voor merk vervult dezelfde functie voor de fabrikant?

19. Waarom wordt er geen landelijke reclame gemaakt voor C-merken?

20. Geef aan of de volgende merken A-, B-, of C-merken of distribuantenmerken zijn.
    a. Bavaria bier
    b. Kanis & Gunnink koffie
    c. Toshiba computers
    d. Magnavox elektronica
    e. Dobbelman wasmiddel
    f. Diesel spijkergoed
    g. Gouda's Glorie margarine
    h. 3es Cola
    i. Coca Cola
    j. AH Ketchup
    k. AH basic tomatenpuree
    l. Omo wasmiddel

21. Ondanks de prijs is het A-merk is nog steeds populair. Bedenk waarom.

22. De C-merken en witte merken hebben als doel de onderkant van de markt af te schermen.
    a. Leg uit wat hiermee wordt bedoeld.
    b. De consument beoordeelt deze merken als kwalitatief zwak. Wat kun je zeggen over de inkomenselasticiteit van de vraag naar deze merken?

23. a. Waarom past een hoge prijs bij de marketingmix van A-merken?
    b. Waarom past een hoge prijs niet bij de marketingmix van een C-merk?

24. Verklaar waarom er bij overname van een onderneming soms veel geld betaald wordt voor een merk (goodwill).

11.3 Service en garantie

service

Service bestaat uit alle bijkomende dienstverlening rondom de levering van een product (of dienst). Service is in feite product*ondersteuning*. Er is service *voor* de koop (zoals voorlichting, demonstratie), *tijdens* de koop (zoals inpakken, bon uitreiken, wijzen op accessoires) en *na* de koop (thuisbezorging, mogelijkheid van ruilen, hulplijn, onderhoud en reparatie).

Niet alle soorten producten hebben veel service nodig. Bij een pakje kauwgom is een glimlach aan de kassa meestal wel weer genoeg. Kauwgom is een voorbeeld van een *gemaks*goed (*convenience good*): de klant doet er weinig aankoopmoeite voor. Het aankoopbedrag is niet zo hoog. Een servicelijn en een goede website kunnen wel een nuttige service zijn voor gemaksgoederen. Een balie voor klantenservice in de winkel kan ook helpen: het aankoopbedrag per product is wel niet zo hoog, maar wel per klant elke week een volle kar.

Bij *shopping* goods, waarvoor klanten meer aankoopmoeite willen doen, is service een stuk belangrijker. Voordat je een wasmachine koopt, wil je op zijn minst goed geïnformeerd worden. Shopping goods zijn vaak gebruiksgoederen, zij gaan langer mee. Het aankoopbedrag is een stuk hoger dan bij gemaksgoederen. Ook daarom trekt de klant er meer tijd voor uit. *Specialty goods*, waar de klant erg veel aankoopmoeite voor wil doen, kunnen al helemaal niet zonder service. Het gaat om bijzondere producten of een product op maat.

Zonder de P van personeel is goede service ondenkbaar. Het personeel dat service verleent, moet voldoende opgeleid zijn om kennis van zaken te hebben, om te kunnen luisteren en om klantgericht te werken. Dat geldt natuurlijk voor verkopend personeel, maar net zo goed voor medewerkers van de administratie die klanten telefonisch te woord staan, voor reparateurs, voor al het personeel dat wel eens contact met de klant heeft.

Alle medewerkers moeten kennis hebben van de marketingmix van het bedrijf waar ze werken. Hun eigen werk moet immers met die marketingmix kloppen. Het personeel moet dezelfde boodschap naar de klant uitstralen als de overige marketinginstrumenten.

garantie

Bij *garantie* geeft de aanbieder de zekerheid aan de klant dat het product minstens een vastgestelde periode blijft functioneren. Een aanbieder kan zijn klanten veel of weinig zekerheid bieden. De zekerheid kan verschillende vormen aannemen.

De meest vergaande garantie is garantie op tevredenheid. De aanbieder garandeert dat het product aan de behoeften van de klant voldoet, anders neemt hij het terug. Fabrieksgarantie op het functioneren van het product gaat minder ver.

De wet legt een bodem in garantieregelingen. Een artikel dat niet aan redelijke verwachtingen voldoet, kun je binnen aan half jaar terugbrengen naar de verkoper; of die nou garantie verleent of niet. De verkoper moet dan zijn verplichtingen nakomen: zorgen dat hij die redelijke verwachtingen alsnog waarmaakt, of je geld teruggeven.

Garantie is ook een vorm van service. De aanbieder kan het gevoel van onzekerheid voor de koop ermee wegnemen. Dat is vooral bij wat duurdere producten belangrijk.

keurmerk

Voor een aantal producten bestaan *keur*merken. Dat is een bewijs van keuring door een onafhankelijke instantie, die het product keurt op een bepaalde eigenschap, bijvoorbeeld veiligheid. Komt het product door de keuring, dan mag het het keurmerk voeren. Een keurmerk is geen merk, het is ook geen garantie. Toch geeft het meer zekerheid, omdat vaststaat dat het product voldoet aan bepaalde eisen. Voorbeelden zijn: KEMA-Keur voor elektronische artikelen en FSC-Keurmerk voor houtproducten afkomstig uit verantwoord beheerde bossen.

Hoofdstuk 11 Product

Opdrachten

25. Geef een voorbeeld van service voor de koop.
    a. In de wachtkamer van de tandarts.
    b. Bij een autodealer.
    c. Bij de supermarkt.

26. Geef een voorbeeld van service tijdens de koop.
    a. Bij de kapper.
    b. In een winkel voor muziekinstrumenten.
    c. Op een terrasje.

27. Geef een voorbeeld van service na de koop.
    a. In de disco.
    b. Op jouw school.
    c. Bij een installateur van centrale verwarming.

28. a. Wat is service?
    b. Waarom hoort service eigenlijk bij de P van product?

29. Geef voor gemaksgoederen, shopping goods en specialty goods aan:
    - hoe vaak klanten ze kopen (de aankoopfrequentie);
    - of het aankoopbedrag hoog of laag is;
    - of er veel service nodig is.

30. Geef twee redenen waarom fabrikanten van A-merken vaak een gratis servicenummer hebben.

31. a. Wat is garantie?
    b. Verklaar waarom service en garantie samen als één instrument van de productmix gezien worden.

32. a Welke vorm van garantie verwacht je op audioapparatuur? Geef aan waarom deze vorm van garantie past in de productmix.
    b Waarom zou een winkelier verder willen gaan met de garantie? Geef daar een voordeel en een nadeel van.
    c Waarom doet een autodealer niet aan 'niet goed, geld terug'?

33. Welke extra zekerheid biedt een keurmerk wel en welke niet?

11.4 Verpakking

commerciële functie

De verpakking heeft een belangrijke *commerciële* functie. Die functie heeft verschillende aspecten.
- *Aandacht* trekken. Met de verpakking moet een product zeggen: 'Let op mij! Ik ben aantrekkelijk!' Niet voor niets kan juridisch gezien een verpakking opgevat worden als een uiting van reclame.
- *Herkenning.*
- *Informatie.* Zoals ingrediënten, houdbaarheid, technische specificatie, een waarschuwing, gebruiksaanwijzing, of gebruikstips.
- *Gebruiksgemak.* Een handvat aan dat kratje, lichte verpakkingen, strooiverpakkingen, of navulbare verpakkingen.

Op al deze punten moet de verpakking meehelpen aan de verkoop van het product, vandaar dat men dit de commerciële functie noemt.

technische functie

Daarnaast heeft de verpakking ook een duidelijke *technische* functie. Daarbij gaat het om:
- *Bescherming.* Een blikje, een doos, een zakje, allemaal nodig om te zorgen dat de inhoud heel blijft en niet vies wordt.
- *Houdbaarheid.* Veel verpakkingen verlengen de houdbaarheid van de inhoud; denk aan blikjes of een vacuümverpakking.
- *Vervoer.* Goed stapelbaar, makkelijk mee te nemen, niet te groot.
- *Dosering.* De consument weet precies hoeveel hij koopt.
- *Milieu.* Na gebruik moet de verpakking milieuvriendelijk te verwerken zijn.
- *Veiligheid.* Levert een rondslingerende verpakking geen gevaar op, bijvoorbeeld voor kleine kinderen?

Opdrachten

34. Geef voor elk product een voorbeeld van een technische en een commerciële functie van de verpakking. Geef per product ook aan of de technische en commerciële functies heel belangrijk zijn voor dit product of niet.
    a. Een krop sla.
    b. Een bos bloemen.
    c. Een pak koffie.
    d. Een blik verf.
    e. Een ijsje.

35. a. Waarom is de commerciële functie van verpakking zo belangrijk, zeker bij gemaksgoederen?
    b. Bedenk een voorbeeld van een product waarbij de commerciële functie van de verpakking van doorslaggevend belang is. Leg uit waarom.
    c. Geef een voorbeeld van een product waarbij te technische functie van de verpakking heel belangrijk is. Leg uit waarom.

36. Leg uit waarom verpakking bij de productmix hoort als marketinginstrument.

11.5 Assortiment

De meeste fabrikanten maken en verkopen meer dan één soort artikel. Dat maakt ze minder afhankelijk van het succes met dat ene product. Handelsbedrijven (grossier of detaillist) moeten wel meerdere artikelen tegelijk aanbieden. Klanten hebben geen zin om voor elk artikel weer naar een andere winkel te gaan. Vooral bij gemaksgoederen houden veel mensen van *one stop shopping*, dat spaart tijd en moeite.

assortiment

Alle artikelen uit het aanbod vormen het *assortiment*: het geheel van producten, productgroepen en merken dat een bedrijf aanbiedt. Een aantrekkelijk assortiment kan klanten over de drempel helpen.

Het assortiment is één van de kansen voor een aanbieder om zich te onderscheiden van de rest. Bij de detailhandel is het assortiment onderdeel van de winkelformule. Over het assortiment moet elke ondernemer een aantal beslissingen nemen.
- *Breedte*. Een *breed* assortiment bestaat uit veel verschillende soorten producten. Je vindt een breed assortiment in de supermarkt en in het warenhuis. Een *smal* assortiment bestaat uit weinig verschillende productsoorten. Dat kom je vooral tegen bij speciaalzaken, zoals een winkel in ijzerwaren of een kledingwinkel.
- *Diepte*. Diepte gaat over de keus binnen één productgroep. Het assortiment van veel supermarkten is wel breed, maar *ondiep*: per soort product heb je niet zo heel veel keus. Bij de speciaalzaak is dat andersom: ook al is het assortiment smal, het is wel *diep*: per soort product biedt zo'n winkel allerlei variaties en merken aan.

- *Hoogte.* De *hoogte* van het assortiment heeft te maken met de prijs. Bij een *laag* assortiment is de gemiddelde prijs van de artikelen laag. De gemiddelde prijs van de artikelen in een *hoog* assortiment ligt hoger.
- *Lengte.* De lengte (*kort* of *lang*) van het assortiment geeft aan hoeveel stuks per artikel de winkel op voorraad heeft (in de winkel en in het magazijn). Hoe kleiner de voorraad, hoe korter het assortiment.
- *Consistentie.* De combinatie van producten en productgroepen moet zinvol zijn en duidelijk herkenbaar. Een duidelijk samenhangend assortiment is *consistent.*

Het geheel van de beslissingen over de breedte, diepte, hoogte, lengte en consistentie van het assortiment, vormt de assortiments*mix*.

Opdrachten

37. Omschrijf voor elke onderneming de assortimentsmix.
    a. Albert Heijn.
    b. Zeeman.
    c. Een gemakswinkel (kleine supermarkt) bij jou in de buurt.
    d. Een postagentschap.
    e. De Bijenkorf.
    f. Een benzinestation.

38. Welke van de volgende ondernemingen hebben een lang assortiment nodig?
    a. De Kijkshop.
    b. Een kunsthandel.
    c. Een postorderbedrijf.
    d. Een garage die ook occasions verkoopt.
    e. IKEA.

39. Bedenk een voordeel en een nadeel voor een detaillist van een lang assortiment.

40.

Albert.nl biedt niet alleen toegang tot een halfje wit van AH. Ook drogisterij Etos, slijter Gall & Gall, natuurwinkel De Tuinen en groothandel DeliXL zijn er bereikbaar. Het ruime assortiment en het gemak van vijf winkels tegelijk aan de deur moet de klant weglokken bij de rivalen. Albert.nl concurreert niet op prijs. 'We gaan er vanuit dat mensen bereid zijn iets meer te betalen voor het gemak van thuis afgeleverde boodschappen, op een moment dat ze zelf kunnen bepalen.' De gedroomde klant van Albert.nl is een werkend stel met twee kinderen, van wie liefst één onder de tien jaar, en een inkomen van tweemaal modaal. Verder zijn tweeverdieners zonder kinderen gewild. Dat zijn ook doelgroepen van AH's concurrenten op internet.

a. Welke elementen uit de assortimentsmix kun je in het artikel over Albert.nl herkennen?
b. Vergelijk het assortiment van Albert.nl met een vestiging van AH. Op welke punten van de assortimentsmix zijn er verschillen?
c. Wat is een modaal inkomen? Zoek het op op internet als je het niet weet.
d. Geef aan welk verband er is tussen de assortimentsbeslissingen en de doelgroep waar zo'n online winkel op mikt.

11.6 Samenvatting

De P van Product is de verzameling eigenschappen die een bepaalde behoefte bevredigt. De productmix bestaat uit vijf instrumenten: kwaliteit, merk, service en garantie, verpakking en assortiment. Kwaliteit is de mate waarin de producteigenschappen voldoen aan de behoeften van de klant. De producteigenschappen kun je indelen in fysieke, emotionele en functionele eigenschappen van het product.

Een *merk* bestaat uit een merknaam, een merkteken en inschrijving in het merkenregister. Een merk biedt de aanbieder bescherming, zorgt voor klantenbinding en kan helpen een product- of ondernemingsimago op te bouwen. Een individueel merk is een apart merk per apart product van dezelfde aanbieder. Bij een paraplumerk heeft een groot aantal producten van de onderneming hetzelfde merk.

Fabrikantenmerken kunnen A-, B- of C-merken zijn. Het A-merk is een sterk merk, het B-merk een vechtmerk. C-merken moeten de onderkant van de markt afschermen. Distribuantenmerken zijn merken van de tussenhandel. Witte merken zijn de vechtmerken waarmee de detaillist de onderkant van de markt afschermt.

Service is alle bijkomende dienstverlening rondom de levering van goederen of diensten, voor, tijdens en na de koop. Service heeft veel te maken met de P van Personeel: zonder klantgericht en competent personeel geen goede service.

Garantie is het bieden van de extra zekerheid dat het product zal blijven functioneren en aan bepaalde eisen voldoet. Daarbij kun je onderscheid maken tussen garantie op tevredenheid en garantie op het functioneren. Service en garantie zijn vooral van belang bij gebruiksgoederen, shopping goods en specialty goods. Bij gemaksgoederen wordt service verleent in de vorm van servicelijn, website of servicebalie.

Veel producten zijn *verpakt*. Commerciële functies van verpakking zijn aandacht trekken, herkenning, informatievoorziening en gebruiksgemak. De technische functies bestaan uit bescherming, verlengen van de houdbaarheid, vergemakkelijken van vervoer, dosering, milieuvriendelijkheid en veiligheid.

Het geheel van producten, productgroepen en merken van een aanbieder vormt het *assortiment*. Het is belangrijk omdat klanten keuzemogelijkheid op prijs stellen. Een *breed* assortiment bestaat uit veel productsoorten, het tegengestelde heet *smal*. Een *diep* assortiment heeft per productsoort veel merken en typen. In een *consistent* assortiment is er samenhang tussen de soorten producten die verkocht worden. Een *laag* assortiment heeft een laag gemiddeld prijsniveau, in een *hoog* assortiment vind je hoge prijzen. Hoe *langer* een assortiment, hoe meer voorraad de aanbieder aanhoudt per artikel. De assortiments*mix* bestaat uit alle beslissingen over breedte, diepte, consistentie, hoogte en lengte van het assortiment.

11.7 Begrippen

Assortiment	Het geheel van producten, productgroepen en merken dat een bedrijf aanbiedt.
Assortimentsmix	Bestaat uit het geheel van de beslissingen over de breedte, diepte, hoogte, lengte en consistentie van het assortiment.
Garantie	De aanbieder zorgt ervoor dat het product minstens een vastgestelde periode blijft functioneren en aan de eisen voldoet.
Kwaliteit	De mate waarin een product met haar eigenschappen aansluit op de behoeften van de klant.
Merk	Bestaat uit merknaam, merkteken en inschrijving in het merkenregister.
Individueel ~	Elk apart product van de onderneming krijgt zijn eigen merk.
Paraplu~	Een groot aantal producten van dezelfde aanbieder heeft hetzelfde merk.
Product	Bestaat uit een verzameling producteigenschappen die in een behoefte voorzien. Dat geldt zowel voor een goed als voor een dienst.
Productmix	Bestaat uit kwaliteit, merk, service en garantie, verpakking en assortiment.
Service	Alle bijkomende dienstverlening voor, tijdens en na de levering van een product.
Verpakking	Zit om het product heen en vervult voor dat product een aantal commerciële en technische functies.

12 Promotie

12.1 De promotiemix
12.2 Reclame
12.3 Pr en sponsoring
12.4 Persoonlijke verkoop
12.5 Verkoopacties
12.6 Samenvatting
12.7 Begrippen

12.1 De promotiemix

Je hebt iets geweldigs te koop. Maar als niemand dat weet, verkoop je niets. Zonder goede communicatie kun je geen zaken doen.

Het doel van de P van promotie is verkoopbevordering. *Promotie* is commerciële communicatie. Met de P van promotie probeert een bedrijf haar klanten zover te krijgen dat ze bij haar komen kopen. Promotie kan zich ook richten op de noodzakelijke tussenstappen. Voordat iemand iets gaat kopen, moet hij van het product hebben gehoord en er iets van afweten (kennis). Als hij het product eenmaal kent, moet hij nog een voorkeur voor het product ontwikkelen (waardering). Pas daarna wordt de kans groot dat hij het aanschaft (actie). Die actie kan inhouden dat de klant:

- informatie vraagt;
- het product gaat proberen;
- meer van het product gaat kopen;
- het product vaker gaat kopen.

Ook de P van promotie verdeelt men onder in verschillende deelinstrumenten. Samen vormen die de promotie*mix*:

- *reclame*: betaalde communicatie via massamedia, gericht op verkoopbevordering;
- *public relations* (pr): bevorderen van een goede verstandhouding met de buitenwereld;
- *sponsoring*: een bedrijf betaalt mee aan activiteiten in ruil voor promotie;
- *verkoopacties* (sales promotions): tijdelijke verkoopbevordering;
- *persoonlijke verkoop*: communicatie met de klant op het verkooppunt;

- *direct marketing*: communicatie met klanten via brievenbus, telefoon of internet;
- *beurzen en tentoonstellingen*.

De eerste drie van die instrumenten zijn gericht op de langere termijn. Reclame en pr kunnen het imago van een onderneming of een product niet in één dag veranderen, daar is een langere adem voor nodig. De eerste drie instrumenten vormen samen de *thema*mix. De laatste vier vormen de *actie*mix.

Bij de themamix past *thema*communicatie, om de positie van een merk of product te versterken. Daarvoor hebben die producten of merken een goed imago nodig. De doelgroep moet voldoende kennis van het aanbod hebben. Bij themacommunicatie maakt men vooral gebruik van reclame, pr en sponsoring. Zulke reclame heet *thema*reclame.

Met themacommunicatie zegt een aanbieder: 'koop m'n producten, ze zijn het waard, ze passen bij jou'. Met *actie*communicatie zegt hij: 'koop m'n producten nu'. Verkoopacties (sales promotions) vormen de hoofdmoot van de actiecommunicatie. Ondersteunende instrumenten bij die acties zijn displays, merchandising, direct marketing (bijvoorbeeld mailings), verpakking, persoonlijke verkoop en actiereclame. Ook aanwezigheid op beurzen of tentoonstellingen is gericht op directe verkoopbevordering.

Het doel van themareclame is dat de doelgroep het aanbod kent en er een goed gevoel bij heeft. Themareclame herhaalt vaak eindeloos een herkenbaar thema. *Actie*reclame ondersteunt de actiecommunicatie: daarmee maakt een aanbieder acties bekend. Actiereclame is tijdelijk, themareclame is veel langduriger.

Hoe een bedrijf de promotiemix precies samenstelt, hangt af van het doel van de marketing. In elk geval moet de promotiemix *consistent* zijn: de instrumenten uit de promotiemix moeten goed bij elkaar passen. Het gebruik van promotie als marketinginstrument moet ook kloppen met de andere marketinginstrumenten.

Met de invulling van de promotiemix speelt een onderneming in op de fasen van kennis, waardering en actie die klanten doorlopen. Met de promotiemix moet een onderneming er eerst voor zorgen dat mensen het product leren kennen. Daarna moet de onderneming zien te bereiken dat ze het product gaan waarderen en er een voorkeur voor krijgen. Het volgende zetje in de promotie is nodig om mensen daadwerkelijk langs de kassa te krijgen. Nadat dat gelukt is, is het nodig om de relatie met klanten te onderhouden: ervoor zorgen dat het product in de herinnering blijft en dat klanten er trouw aan blijven.

> **Onthoud**
>
> Promotiemix
>
> Themamix:
> - themareclame
> - pr
> - sponsoring
>
> Actiemix:
> - tijdelijke verkoopacties
> - actiereclame
> - persoonlijke verkoop
> - direct marketing
> - beurzen en tentoonstellingen
>
> Functies van de instrumenten uit de promotiemix:
> - belangstelling wekken
> - voorkeur scheppen
> - tot koop aanzetten
> - relatie onderhouden

Welke promotie-instrumenten een onderneming kiest en de manier waarop zij ze invult, hangt af van de doelstelling (de boodschap) en van de doelgroep. Een onderneming die meerdere doelgroepen wil benaderen, moet vaak per doelgroep de promotie anders invullen.

De meest grove indeling in doelgroepen is die in consumentenmarkt (particulieren) en zakelijke markt (bedrijven en instellingen). Op beide markten kun je allerlei doelgroepen onderscheiden. Promotie kan zich op de hele markt richten, maar ook op een bepaald segment van de markt; bijvoorbeeld op kinderen, jongeren, hoogopgeleiden, 60-plussers, enzovoort.

De eigen medewerkers kunnen ook een belangrijke doelgroep voor promotie zijn. De doelstelling van deze communicatie is het stimuleren van het personeel tot goede prestaties. Die communicatie kan bestaan uit voorlichting en cursussen, maar ook uit acties in de vorm van extra voordeel voor medewerkers die goed presteren.

Hoofdstuk 12   Promotie

Opdrachten

1. a. Wat wil een bedrijf bij commerciële promotie uiteindelijk bereiken?
   b. Welke tussenstappen kunnen daarvoor nodig zijn?

2. Op welke twee manieren moet de promotie consistent zijn?

3. a. Wat betekent 'relaties onderhouden'?
   b. Zoek een voorbeeld van promotie met als doel om de relatie met klanten te onderhouden.
   c. Zoek ook een voorbeeld van promotie waarbij het doel belangstelling te wekken duidelijk centraal staat.

4. Waarom ziet de promotie gericht op zakelijke afnemers er anders uit dan de promotie gericht op de consumentenmarkt?

5. Leg uit waarom promotie gericht op eigen medewerkers minstens zo belangrijk is als promotie gericht op (mogelijke) klanten.

6. a. Op welk segment (of welke segmenten) van de consumentenmarkt kan een fabrikant van computerspellen de promotie het best richten?
   b. Op welk segment van de zakelijke markt moet deze onderneming haar promotie richten?

12.2   Reclame

reclame

Reclame is betaalde promotie van goederen, diensten of ideeën via (massa)media, afkomstig van een met name genoemde afzender.

media

Media is meervoud van medium, dat is Latijn voor 'hulpmiddel'. *Media* zijn hulpmiddelen bij de communicatie. Je komt reclame tegen in allerlei media: op radio en televisie, op internet, in kranten en tijdschriften, buiten (op billboards, gebouwen en openbaar vervoer), in de bioscoop en in folders.

massamedia

Media die veel mensen tegelijk kunnen bereiken, zijn *massamedia*. Omdat reclame aan veel mensen tegelijk gericht is, is reclame geen persoonlijke communicatie. Communiceren met elke consument apart is veel duurder. Een reclamebudget kan flink in de papieren lopen, maar per bereikte persoon is het bedrag niet zo hoog.

Hier zie je gelijk een voordeel en een nadeel van reclame: per bereikte persoon is reclame niet zo duur, maar de communicatie is niet persoonlijk. Bovendien krijgt de afzender geen antwoord terug, hij kan het effect van de reclame alleen maar indirect merken aan de verkopen.

Er is nog een nadeel. De communicatie is eenzijdig, want de ontvanger kan niet op een directe manier reageren. Hij kan wel zappen of de televisie uitzetten, ook kan hij een sticker met 'NEE' op zijn brievenbus plakken. Alleen merkt de afzender die reacties niet. Die moet wachten op een reactie in de winkel. De enige uitzondering hierbij is het medium internet: het is mogelijk om reclame daarop zó in te richten dat de ontvanger kan reageren.

Het instrument van de promotiemix waarbij de aanbieder wél in gesprek met de klant kan raken, is persoonlijke verkoop. Reclame en persoonlijke verkoop kunnen elkaar goed aanvullen. Reclame kan mensen naar het verkooppunt lokken, waar een verkoper de communicatie overneemt. Een vertegenwoordiger die zakelijke klanten probeert te werven, maakt veel meer kans als inkopers en managers al een goed en prettig beeld hebben van zijn onderneming en het aanbod.

Reclame is *betaalde* promotie. Onbetaalde berichtgeving in de media over producten en ondernemingen is dus geen reclame; dat heet *publiciteit*. Dat instrument hoort bij de pr; een onderneming kan met goede pr en persberichten proberen gunstige publiciteit in de media te krijgen.

Ontvangers zien op een dag heel wat onpersoonlijke reclameboodschappen. Om tussen die stortvloed aan reclame op te vallen, moet een goede reclameboodschap:
- Aandacht trekken (opvallen)
- Interesse wekken.

Aandacht en Interesse zijn de eerste twee fasen van de *AIDA*-formule voor commerciële boodschappen. De volgende twee zijn:
- Desire
- Actie (aankoop).

Opdrachten

7. Waarom maken ondernemingen gebruik van de massamedia?

8. a. Wat is voor afzenders het belangrijkste nadeel van reclame?

b. Waarom gebruiken zoveel bedrijven toch reclame in hun promotiemix?

9. Leg uit waarom de eerste twee fasen van de AIDA-formule zo belangrijk zijn bij reclame.

12.3 Pr en sponsoring

Public relations (pr) bestaat uit alle communicatie gericht op een goede verstandhouding met de externe en interne omgeving van de organisatie. Met pr werken bedrijven aan hun imago. Eén van de instrumenten bij pr is institutionele reclame (reclame voor het bedrijf zelf).

Goede producten of diensten aanbieden is niet genoeg. Er zijn andere aanbieders van dezelfde artikelen. Het is belangrijk dat het publiek een goed idee bij een onderneming heeft. Steeds meer mensen letten niet alleen op de spullen die ze kopen, maar ook op de onderneming die er achter zit: is die onderneming wel een prettige 'medeburger'?

Pr mikt onder andere op de publieke opinie. Bij het grote publiek horen de klanten en mogelijke klanten. De publieke opinie is belangrijk, omdat mensen elkaar beïnvloeden. Een slechte naam bij sommige groepen kan doorstralen naar andere groepen van het publiek. Maar er is ook vaak communicatie nodig met mensen en instellingen die nooit klant zullen worden; denk aan de media of aan de Consumentenbond. Ook actiegroepen kunnen de beeldvorming rond een onderneming negatief beïnvloeden.

Er zijn verschillende soorten pr, gericht op verschillende doelgroepen en situaties. Met marketing pr kan een onderneming de producten in het zonnetje zetten, bijvoorbeeld door de aandacht te vestigen op een technologische doorbraak. Bij *marketing pr* ligt de nadruk op het aanbod van producten of diensten.

Ondernemingen zijn afhankelijk van de overheid voor vergunningen. De overheid kan ondernemingen ook helpen met subsidie of met de aanleg van infrastructuur. Ook hiervoor is een goede verstandhouding van belang. Pr gericht op de overheid hoort bij *public affairs*, net als pr gericht op de publieke opinie.

financiële pr

Ondernemingen hebben geld nodig om te kunnen investeren. Beleggers en banken stellen geldkapitaal ter beschikking. Daarom zorgen vooral grotere ondernemingen ook voor *financiële pr*, gericht op de financiële wereld.

interne pr

Interne pr, gericht op de eigen medewerkers, kom je in allerlei vormen tegen: het personeelsblad, opleidingen en trainingen, voorlichtingsdagen, personeelsuitjes en jubilea. Het personeelsbeleid heeft ook invloed op het imago van een bedrijf. Het personeel is een bron van informatie naar de buitenwereld. Ontevreden werknemers praten met anderen en dat kan invloed hebben op de publieke opinie. Bovendien functioneert een bedrijf niet goed zonder gemotiveerd personeel.

crisis pr

In crisissituaties is meestal pr nodig om de schade te beperken. Bijvoorbeeld: er is iets mis met een voedingsproduct, of een vliegtuigmaatschappij krijgt last van een staking. In dat soort situaties is duidelijke communicatie van levensbelang. Daarbij is vaak geruststelling nodig ('alle potjes zijn uit de schappen gehaald'), maar ook openheid. Het verzwijgen van een probleem vergeeft het publiek niet snel.

publiciteit

Berichtgeving over een onderneming in de pers is gratis *publiciteit* (*free publicity*). Het is mooi dat het gratis is, maar de onderneming heeft geen controle over de inhoud. Een goede verstandhouding met verslaggevers en commentatoren is dus belangrijk; zorgen dat zij de juiste informatie krijgen ook. Dat kan door persoonlijk contact, door persberichten te verspreiden en door af en toe een persconferentie te organiseren.

Bij positieve berichten is het grote voordeel van zulke publiciteit dat de boodschap geloofwaardiger is dan pr of reclame van de onderneming zelf, omdat het uit een onafhankelijke bron komt. Een bericht in de krant of op televisie over een geweldig nieuw product werkt daarom beter dan een advertentie.

Zulke pr kan ook goed werken in de non-profitmarketing, zeker omdat daar lang niet altijd veel budget is voor reclame.

Utrecht Underground organiseert wandeltochten door de stad, waarbij de bezoekers niet alleen de mooie kanten zien, maar ook de wereld van daklozen en junkies. De stadsgidsen zijn zelf ex-daklozen. Met het geld dat bezoekers hiervoor betalen, zijn nu zes stadsgidsen aan het werk en de situatie in de

Hoofdstuk 12   Promotie

Utrechtse binnenstad is flink verbeterd. Dit succes heeft Utrecht Underground bereikt door middel van persberichten, waarin de hele landelijke pers geïnteresseerd was.

Opdrachten

10. a. Leg uit waarom public relations een promotie-instrument is.
    b. Leg uit waarom interne pr minstens net zo belangrijk is als pr gericht op de buitenwereld.

11. a. Wat is het verschil tussen marketing pr en de rest van de pr?
    b. Wat is het verschil tussen publiciteit en de rest van de pr?
    c. Op welke twee doelgroepen kan public affairs gericht zijn?

12. a. Grote farmaceutische bedrijven zijn in 2001 eindelijk gezwicht voor de druk om medicijnen tegen AIDS goedkoper aan te bieden in arme landen. Dat het zoveel jaren geduurd heeft, was geen goede pr. Verklaar waarom die bedrijven dat kennelijk minder belangrijk vonden.
    b. Welk pr-instrument zouden die bedrijven in kunnen zetten om hun imago te verbeteren?

sponsoring

Bij *sponsoring* betaalt een onderneming mee aan activiteiten, in ruil voor promotie voor de onderneming of haar producten. Dat kunnen activiteiten zijn op het gebied van sport of cultuur of sociale activiteiten.

Sponsoring heeft veel met pr te maken. Het doel van sponsoring is hetzelfde: dat mensen een prettig idee krijgen bij de onderneming en haar producten. Het gaat dus ook om het imago: bijvoorbeeld sportief, degelijk, vriendelijk. Sponsoring is alleen weer een ander instrument om daaraan te werken. De associatie met de gesponsorde activiteit zorgt dat het publiek de onderneming eerder accepteert, sponsoring levert goodwill op. Met de keus voor sponsoren op een bepaald terrein onderstreep je je imago.

sportsponsiring

*Sport*sponsoring is een goede manier om je aan het brede publiek te presenteren, omdat erg veel mensen van sport houden. Tegelijk kan het een sportief en gezond imago opleveren. Sport heeft het grote voordeel, dat je in één klap veel mensen kunt bereiken. Binnen de sportsponsoring valt nog heel veel te kiezen, bijvoorbeeld:

- lokaal, landelijk of wereldwijd;
- alleen de naam laten zien of echt een verband leggen tussen een onderneming en een club;
- een club sponsoren of een individuele speler;
- een sport die een grote massa mensen aanspreekt (voetbal) of je richten op een bepaald marktsegment (bergbeklimmen, schaken).

culturele sponsoring

Bij het sponsoren van activiteiten op het gebied van kunst en cultuur past een heel ander imago. Denk aan sponsoring van musea, concerten of exposities. De bezoekers hebben er een goed idee bij. Zowel bij sport als bij kunst is het ook mogelijk om eenmalige wedstrijden of evenementen te sponsoren. Een evenement dat op televisie komt, is helemaal mooi.

sociale sponsoring

Sociale sponsoring is het sponsoren van activiteiten en evenementen die de sociale omgeving van mensen verbeteren. Het kan gaan om een bijdrage voor een club of vereniging, openluchtcinema, een cursus of opleiding, een kermis, of een activiteit op milieugebied. Met sociale sponsoring laat een organisatie zien dat ze maatschappelijk betrokken is.

Met sponsoring kan een bedrijf zich vrij makkelijk op een bepaalde doelgroep richten. Dat kan door het soort sponsoring, maar ook door de schaal ervan. Door mee te betalen aan een clubhuis kan een bedrijf bijvoorbeeld de relatie met omwonenden versterken. Sponsoring kan ook prima op lokaal of regionaal niveau.

Opdrachten

13. a. Wat heeft sponsoring met promotie te maken?
    b. Wat kan sponsoring met publiciteit te maken hebben?

14. Unilever verkoopt Magnum ijsjes. Bedenk een activiteit die Unilever zou kunnen sponsoren om het imago van die ijsjes op te peppen. Verklaar waarom jouw keuze goed bij dat merk ijs past.

15. a. De logo's van Dommelsch en Coca Cola zijn al jaren opvallend aanwezig op de grote Nederlandse popfestivals. Verklaar waarom deze aanbieders graag popfestivals sponsoren.
    b. Omschrijf de doelgroep van Grolsch bij de sponsoring van activiteiten op het gebied van film.

12.4 Persoonlijke verkoop

Geen marketing zonder communicatie met je klanten. Communiceren gaat nog altijd het best in een persoonlijk gesprek, vandaar dat persoonlijke verkoop een belangrijk onderdeel van de promotiemix is. Bij *persoonlijke verkoop* is de communicatie persoonlijk en interactief: klant en verkoper kunnen op elkaar reageren. De verkoper kan een boodschap op maat snijden. Het nadeel is dat de kosten per contact hoog zijn. Als je naar de voor- en nadelen kijkt, is persoonlijke verkoop zo'n beetje het tegengestelde van reclame.

Verkopers zijn een belangrijke schakel in de communicatie. Ze verstrekken informatie aan klanten, maar tegelijk komen ze ook veel te weten over die klanten. Voor de marketingmensen is het dus belangrijk om goed naar de verkopers te luisteren.

Hoe hoger het aankoopbedrag, hoe makkelijker persoonlijke verkoop zich terugverdient. Je ziet het daarom veel bij duurzame gebruiksartikelen, zoals auto's of witgoed. Daarbij is voorlichting nodig, soms ook een demonstratie. Een verkoopgesprek bestaat niet alleen maar uit voorlichting: een goede verkoper helpt de klant bij het maken van een keuze, gaat in op bezwaren en probeert de klant te overtuigen. Als dat lukt, handelt hij de koop af. Daarna is vaak service nodig als de klant nog vragen over het gebruik heeft.

Ook in bedieningswinkels, zoals fotozaken of schoenenwinkels, kom je persoonlijke verkoop tegen. Je ziet het ook bij colportage en party-selling.

Op de zakelijke markt (verkoop aan instellingen en bedrijven) gaat het vaak om flinke bedragen. Persoonlijke verkoop verdient zich daardoor makkelijker terug en wordt dan ook veel ingezet. Het is vaak belangrijk om het aanbod op maat te snijden. Het is ook belangrijk om op de hoogte te blijven van ontwikkelingen bij een bedrijf dat klant is. Op de zakelijke markt is persoonlijke verkoop tegelijk een instrument bij het relatiemanagement. Het onderhouden van een goede relatie met bestaande klanten is goedkoper dan het werven van nieuwe klanten.

Bij verkoop aan groothandelaren of detaillisten heeft de verkoper van de fabrikant de belangrijke taak de distributie veilig te stellen. De handelaar moet bereid zijn het product in het assortiment op te nemen. De taak van de verkoper houdt daarmee niet op. Hij kan ondersteuning verlenen bij verkoopactiviteiten van de wederverkoper of advies geven. Ook geeft hij informatie door, zowel van fabrikant naar handelaar als andersom. De handelaar kan de fabrikant waardevolle informatie over de afzet van zijn producten verschaffen, omdat hij dichter bij de klant staat.

vertegenwoordiger

Een verkoper die zakelijke klanten bezoekt is een *vertegenwoordiger*. Niet alle vertegenwoordigers hebben hetzelfde takenpakket. Hieronder zie je een aantal verschillende soorten vertegenwoordigers.

- De *orderophaler* sluit vooral orders af. Hij bezoekt zakelijke afnemers om te verkopen.
- De *merchandiser* is de verkoper die detaillisten bezoekt. Hij doet aan verkoopondersteuning en verzorgt de presentatie van het product in de winkel.
- De *missionary salesman* is de verkoper die op zoek gaat naar nieuwe klanten.
- De *technische* verkoper is de verkoper met specialistische kennis van het product.
- De *troubleshooter* lost problemen op tussen onderneming en klant.
- De *accountmanager* is de vertegenwoordiger die zorgt voor het contact met een aantal grotere klanten. Een belangrijke klant noemt men een *account*.

Het marketinginstrument persoonlijke verkoop is effectiever als het wordt ondersteund door andere marketing- en promotie-instrumenten. Reclame kan zorgen voor bekendheid van de onderneming en haar producten.

Opdrachten

16. Leg uit waarom je persoonlijke verkoop meer ziet op de zakelijke markt dan op de consumentenmarkt.

17. Waarom doen veel bedrijven aan relatiemanagement?

18. Welk soort vertegenwoordiger richt zich speciaal op wederverkopers? Wat is zijn taak?

12.5 Verkoopacties

Als een aanbieder denkt dat het nodig is om klanten en mogelijke klanten een zetje te geven richting aankoop, dan komt sales promotions in beeld als instrument. *Sales promotions* ofwel *verkoopacties* bestaan uit alle acties waarbij de verhouding tussen prijs en waarde van het aanbod tijdelijk verbetert (zoals prijsacties, cadeautjes, prijsvragen). Het doel is om op korte termijn meer te verkopen.

verkoopacties

Er zijn drie hoofdsoorten verkoopacties:
- *consumenten*promoties, gericht op de consumentenmarkt;
- *handels*promoties (*trade* promotions), gericht op de tussenhandel;
- *verkopers*promoties (*sales force* promotions of *verkoopstaf*promoties), gericht op het verkopend personeel.

Consumentenpromoties kun je ondersteunen met:
- actiereclame, waarmee je de actie bekend maakt;
- POP-reclame (Point Of Purchase) en andere activiteiten op het verkooppunt (artikelpresentatie, displays, posters, proefmonsters, enzovoort).

Een aanbieder kan de verhouding tussen prijs en waarde van z'n aanbod op drie manieren tijdelijk veranderen;
- het aanbod is tijdelijk *goedkoper*;
- de klant krijgt een *extraatje*;
- de klant krijgt een *kans* op een prijs.

Het doel is dat er meer wordt verkocht. Dat kan op twee manieren:
- bestaande klanten gaan meer gebruiken (promotie met *diepte*werking);
- nieuwe klanten gaan het product aanschaffen (promotie met *breedte*werking).

korting

De bekendste manier om het aanbod tijdelijk goedkoper te maken, is korting geven (*korting*actie). Het doel hiervan kan zijn:
- impulsaankopen uitlokken;
- klanten bij de concurrentie weglokken;
- overtollige voorraad snel kwijtraken.

De aanbieder zet naast promotie ook de P van Prijs in. Dat kan niet bij alle producten. Bij de indruk van kwaliteit hoort een wat hogere prijs, dus een

teveel aan prijsacties kan ten koste gaan van kwaliteitsimago en prijsbeleving. Als het mogelijk is om een kortingactie speciaal op bepaalde klanten of een bepaald segment te richten, dan kan het doel zijn:
- trouwe klanten belonen en vasthouden.

Het gaat in al deze gevallen om *promotionele* kortingen.

couponactie

Een winkel kan ook korting verlenen als de klant een bonnetje of coupon invult (*coupon*korting). Die coupon staat dan in de folder, een mailing of een advertentie. Deze vorm van korting verlenen, heeft als extra voordeel dat je de respons op de actie kunt meten. Het levert ook klantgegevens op voor de database. Het nadeel is dat het een extra tijdsbelasting voor het winkelpersoneel kan betekenen.

cash refund

Bij een *cash refund* stort de fabrikant of de importeur geld terug na de aankoop. De klant moet daarvoor een streepjescode of bonnetje en persoonlijke gegevens insturen. Vergeleken met een coupon- of kortingactie is het voordeel hiervan dat de winkelier er geen last van heeft. Couponacties gaan dan ook meestal uit van een winkelbedrijf en cash refunds van fabrikanten of grossiers. Ook een actie met cash refund levert gegevens op voor de database. Beide soorten acties hebben als voordeel dat maar een klein deel van de klanten de korting ook echt verzilvert. Dat geldt nog meer als er meerdere streepjescodes nodig zijn: die raken veel mensen weer kwijt. Tegelijk maakt het toch een sympathieke indruk en vindt er dus marketingcommunicatie plaats.

Korting, coupons en cash refunds zijn alledrie *prijs*acties. In consumententaal is het artikel 'in de reclame', net als bij de product-plus acties.

product-plus

Men kan een artikel ook goedkoper maken door tijdelijk meer waar te leveren voor de normale prijs: een *product-plus* actie (ook wel *volume-plus* actie genoemd). Dat kan in de vorm van '3 halen, 2 betalen' (een *meerstuksaanbieding*) of met een *bonus*verpakking ('nú 20% extra!'). Deze actievorm is geschikt om de afzet snel omhoog te krijgen: veel klanten zijn hiervoor gevoelig en je lokt extra impulsaankopen uit.

Kortingacties en meerstuksaanbiedingen hebben het nadeel van hamsteren: mensen slaan extra voorraad in, dus na de actie zakt de afzet in. Bij de bonusverpakking heeft de aanbieder daar veel minder last van: veel klanten consumeren gewoon wat meer.

sampling

Het uitdelen van gratis proefmonsters (of *samples*) is heel geschikt om een product te introduceren. Dat kan op straat, door de brievenbus (geadresseerd of niet), in de winkel, op een beurs of braderie. Het is een dure actievorm (productie, distributie), maar het maakt een prettige indruk en kan veel extra verkoop opleveren. Deze manier van goedkoper maken gaat niet ten koste van de prijsbeleving.

premium

Een extraatje kan een cadeautje zijn ofwel een *premium*. Denk aan een gratis glas, knuffeltje of flesopener bij het artikel. Een goed gekozen premium lokt niet alleen extra verkopen uit, maar heeft ook communicatiewaarde: dat knuffeltje versterkt het imago van zachte was, die flesopener met merknaam ligt nog jaren in de keuken. Bijverpakte premiums kunnen lastig zijn voor de detaillist, omdat er meer schapruimte nodig is. Aan de andere kant levert een goede premiumactie ook voor het winkelbedrijf extra omzet op.

Een speciaal geval van een premium is de *self liquidator*: een premium die zichzelf terugverdient doordat de klant ervoor betaalt; bijvoorbeeld een 'zwaar verzilverd' kettinkje à raison van vijf wikkels plus € 1,95 (dit is dus tegelijk een spaaractie). Vroeger golden er wettelijke beperkingen aan cadeautjes zoals premiums, maar de Wet beperking cadeaustelsel is ingetrokken.

Goed bedachte premiums kunnen een rage worden. Dat is zeker zo met verzamelingen voor kinderen, denk maar aan speldjes, flippo's of stickers. Door het verzamelelement zorgen de kinderen ervoor dat de ouders extra afzet mee naar huis nemen.

reclamegeschenk

Reclamegeschenken zijn kleine weggevertjes met merk- of winkelnaam en logo: pennen, kalenders, sleutelhangers, tassen, petjes, paraplu's, t-shirts, mokken, enzovoort. Men geeft ze zomaar weg, niet zoals een premium bij aankoop van een bepaald artikel. Dat kan op het verkooppunt of bijvoorbeeld op een beurs of braderie. Deze weggevertjes maken een aardige indruk en ze zijn goed voor de merkbekendheid. Een weggevertje voor kinderen is een goede binnenkomer voor communicatie met de ouders. De tegenhanger op de zakelijke markt is het relatiegeschenk.

spaaractie

Ook met het *sparen* van zegeltjes of punten kan een aanbieder zijn klanten een extraatje bieden, al dan niet tegen bijbetaling. Een knipkaart en 'de tiende keer gratis' zijn er ook voorbeelden van. Een goede spaaractie bevordert de merktrouw of winkeltrouw. De cadeaus kunnen communicatiewaarde hebben.

clubactie

*Club*acties richten zich nog duidelijker op merktrouw (of winkeltrouw): trouwe klanten kunnen lid worden (meestal met een pasje) en krijgen dan extra voordeeltjes. Club- en spaaracties laten zich goed combineren. Deze acties vormen een uitzondering binnen de verkooppromoties, omdat ze voor de langere termijn zijn; hoewel er ook kortlopende spaarprogramma's mogelijk zijn. Het is zelfs mogelijk om binnen een bestaande spaaractie een actie te organiseren: tijdelijk extra zegels.

prijsvraag

De meest bekende kansactie is de *prijsvraag*. Raadseltje oplossen, slagzin afmaken, paar streepjescodes meesturen, naam en adres invullen. En dat hele kleine kansje op..... Zo'n actie is goed voor de merkbekendheid, want de mensen die meedoen zijn er een poos mee bezig geweest; zij vergeten die naam voorlopig niet. Ook op mensen die niet meedoen, maakt zo'n actie een goede indruk en de prijs kan communicatiewaarde hebben. Je hebt hierbij wel te maken met de wet op de kansspelen (zie hoofdstuk 15).

sweepstake

Een *sweepstake* is een loterij, waarbij de winnende lotnummers al van tevoren willekeurig getrokken zijn. Je vindt ze vaak tussen de brievenbusreclame. 'Vandaag is uw geluksdag, win......' en of je het bonnetje maar in wilt sturen. Voordat je zover bent, ben je een poosje aan het lezen en heb je de merknaam heel wat keren gezien. Het is niet toegestaan om de deelnemers inleg te laten betalen of om een aankoop als voorwaarde te stellen.

De Nederlandse wet staat loterijen alleen maar toe voor goede doelen. De sweepstake is dan ook een uitvinding die zich nét op het randje van de wet bevindt. Na jarenlang touwtrekken geldt er tegenwoordig een Code voor sweepstakes. De kosten van het organiseren van wedstrijden en sweepstakes zijn relatief laag. Tegelijk is de respons gemiddeld ook niet zo hoog.

Rond verkoopacties is allerlei tamtam te bedenken, zeker op het verkooppunt: productdemonstraties, prijzencircus, gek doen met carnaval, een paar onweerstaanbare prijsstunts waarvoor mensen op de stoep gaan liggen slapen om de eerste te zijn en waarmee je dus publiciteit krijgt in de lokale media, enzovoort. Het doel hiervan is mensen naar het verkooppunt te krijgen en de actie op te laten vallen. Dit soort happenings of 'commoties' hoort strikt genomen niet bij de verkooppromoties zelf. Het is wel een vorm van actiecommunicatie.

Hoofdstuk 12   Promotie

Onthoud

Instrumenten consumentenpromoties:

Goedkoper:
- prijsacties:
  - korting
  - coupons
  - cash refund
- product-plus:
  - meerstuksaanbieding
  - bonusverpakking
- sampling

Extraatjes:
- premium
- reclamegeschenk, relatiegeschenk
- spaaractie
- clubactie

Kansen:
- prijsvraag
- sweepstake

Opdrachten

19. Deel de bovenstaande acties in.
    a. Welke actievormen zijn geschikt als lokkertje (voor impulsaankopen, probeeraankopen, om klanten naar de winkel te krijgen)?
    b. Welke actievormen zijn goed voor de merk- en winkeltrouw?
    c. Welke actievormen zijn geschikt als ondersteuning van de themacommunicatie?
    d. Welke zijn geschikt voor het verzamelen van klantgegevens?
    e. Welke zijn geschikt bij een productintroductie?
    f. Welke zijn geschikt voor het wegwerken van overtollige voorraad?

20. a. Welke nadelen zitten er aan een kortingactie?
    b. Wat zijn de voordelen?
    c. Bedenk een voorbeeld van seizoenskorting voor consumenten dat iedereen kent.

21. Op welke manieren kun je aan een verpakking zien dat het een bonusverpakking is?

22. a. Wat is het verschil tussen breedtewerking en dieptewerking van een actie?
    b. Welk soort actie heeft vooral dieptewerking?
    c. Welke is beter voor breedtewerking?

23. a. Waarom heeft een premium meer communicatiewaarde dan een waardebon?
    b. Geef nog een voorbeeld van een premium met communicatiewaarde.

24. Waarom geven aanbieders van etenswaren vaak met recepten aan hoe hun producten gebruikt kunnen worden?

---

handelspromoties

Handelspromoties zijn gericht op de distribuerende handel. Een fabrikant wil dat handelaren het product opnemen in het assortiment en actief moeite doen om de verkoop te stimuleren. Een groothandel wil hetzelfde bereiken bij de detailhandel.

korting

Ook bij handelspromoties werkt men veel met tijdelijke kortingen. Dit is een manier om een voet tussen de deur te krijgen bij de grossier of detailhandel. Zo'n distributiestrategie is een *duw*strategie. De fabrikant geeft zijn producten als het ware een flinke duw het distributiekanaal in.

De detailhandel heeft de laatste veertig jaar meer macht gekregen, door de opkomst van grootwinkelbedrijven en samenwerkingsverbanden. Daardoor gaan winkelbedrijven er vaak al van tevoren vanuit dat ze voordeeltjes krijgen. Op de zakelijke markt is onderhandelen gebruikelijker dan op de consumentenmarkt. Vertegenwoordigers kunnen kortingen daarbij gebruiken als 'wisselgeld'.

extra's

Premiums kom je op de zakelijke markt minder tegen, relatiegeschenken juist meer. Belangrijker voor een winkelier is een goede ondersteuning bij het doorverkopen. Dat helpt om een goede relatie met handelspartners te onderhouden. Hierbij kan de aanbieder *merchandisers* inzetten, vertegenwoordigers die de detailhandel helpen bij de presentatie in de winkel, promotiemateriaal en bij het uitvoeren van acties en *tailor-made promotions*. Dat zijn acties die men op maat snijdt voor een winkelbedrijf, in overleg met fabrikant (of grossier) en detaillist.

toelagen

Bij zulke acties kan de aanbieder *toelagen* geven aan de winkelier, bijvoorbeeld een *display*toelage. Een display is een voorwerp waarop de artikelen uitgestald worden. Je kunt het zien als een tijdelijk extra schap, met als bedoeling om de aandacht op het artikel te vestigen. Het is gemaakt van goedkoop en licht materiaal, bijvoorbeeld karton. Er staat een reclameboodschap op en in veel gevallen kunnen klanten er een folder uitnemen. Een display kan meehelpen om de aandacht op een actie te vestigen. Tegelijk samplen in de winkel is ook een goede mogelijkheid.

Een detaillist heeft liever niet te veel displays tegelijk in de winkel. Het kost extra aandacht om ze netjes te houden en ze gaan ten koste van de loopruimte. De aanbieder kan de winkelier overhalen met een displaytoelage, een vergoeding voor het plaatsen van een display. Displays zijn een instrument bij de marketingcommunicatie, gericht op consumenten. Om displays in de winkel te krijgen, is handelspromotie nodig.

Voor winkelreclame kan de fabrikant een *reclametoelage* toekennen. Dat kan ook voor het opnemen van artikelen in de winkelfolder. Voor een fabrikant is POP-reclame op het verkooppunt aantrekkelijk, want daarmee bereikt hij de consument op het juiste moment en de juiste plaats. Zulke reclame kan de vorm hebben van posters, een video, mobiles, showcards of bovenborden.

Andere mogelijke extraatjes zijn: gratis advies op het gebied van management of logistiek, soepele leverings- of betalingsvoorwaarden of een voorkeursbehandeling bij het bestellen.

Verkoperspromoties ofwel *salesforce promotions* bestaan uit acties gericht op de eigen verkopers. Het doel om hen te stimuleren goede prestaties te leveren. Het kan gaan om verkopers in de winkel of showroom, om vertegenwoordigers of om zelfstandige dealers. Verkoperspromotie kan een instrument zijn om de persoonlijke verkoop (een ander instrument uit de promotiemix) te ondersteunen. Zo'n actie kan bestaan uit een bonus of een geschenk als een bepaalde omzet wordt gehaald. De beloning hoeft niet individueel te zijn. Ook een afdeling kan bijvoorbeeld een beloning krijgen (dat is goed voor de teamgeest).

Een variatie hierop is een verkoopwedstrijd met een prijs of bonus voor de beste verkoper of het beste verkoopteam. De inzet kan zijn: het aantal nieuw geworven klanten, het bedrag per klant of de totaal behaalde omzet.

Ook de normale beloning kan een bedrijf afhankelijk maken van de prestaties. Bij *premieloon* is een deel van het loon variabel. Dat deel is afhankelijk van de behaalde omzet. Dit is alleen geen tijdelijke actie.

Opdrachten

25. a. Wat is de doelgroep bij handelspromoties?
    b. Wat bedoelt men met een duwstrategie?

26. a. Waarom werken detaillisten niet zo graag mee aan een prijsactie van een fabrikant?
    b. Op welke manier(en) kan een fabrikant of groothandel dit verhelpen?

27. a. Wat is het nut van verkoperspromoties?
    b. Bedenk welke gevaren dit kan opleveren.

12.6 Samenvatting

De *promotiemix* bestaat uit de *themamix* voor de wat langere termijn (themareclame, public relations en sponsoring) en de *actiemix* voor de kortere termijn (actiereclame, verkoopacties, persoonlijke verkoop, direct marketing, beurzen en tentoonstellingen). De functies van de promotie-instrumenten zijn: belangstelling wekken, voorkeuren scheppen, tot koop aanzetten en relaties onderhouden.

Reclame is betaalde communicatie via massamedia, gericht op verkoopbevordering. Een *medium* is een informatiedrager, een hulpmiddel om een boodschap over te brengen. Reclame is onpersoonlijk, maar per bereikte persoon uit de doelgroep is het niet zo duur. Een reclameboodschap moet minstens aandacht trekken en interesse wekken.

Persoonlijke verkoop is het promotie-instrument waarbij er persoonlijke communicatie is tussen verkoper en klant. Dat is een groot voordeel, maar het is duur per contact. Op de consumentenmarkt vind je persoonlijke verkoop bij producten die het moeten hebben van kwaliteit en service. Persoonlijke verkoop is belangrijk op de zakelijke markt, de verkopers zijn vertegenwoordigers. Er zijn meerdere soorten vertegenwoordigers met verschillende takenpakketten.

Public relations is het bevorderen van een goede verstandhouding met de omgeving. Dat kan door middel van institutionele reclame, met gratis *publiciteit* (onafhankelijke berichtgeving over de onderneming in de pers) en met sponsoring. Pr gericht op de publieke opinie en de politiek heet *public affairs*. *Financiële pr* is gericht op beleggers en banken, *interne pr* op het eigen personeel. Het doel van *crisis pr* is het imago op peil te houden na grote problemen voor de onderneming. Ook de omwonenden kunnen een belangrijke doelgroep van pr zijn.

Sponsoring is meebetalen aan activiteiten, in ruil voor promotie voor de onderneming of haar producten. Sponsoring kan op het gebied van sport, cultuur of sociale activiteiten. De bedoeling is dat de doelgroep een prettige associatie krijgt bij het product of de onderneming. Daardoor ligt sponsoring in het verlengde van de pr: het doel is ook versterken van het imago.

Sales promotions bestaat uit tijdelijke acties waarbij de prijs-waardeverhouding tijdelijk verbetert. Dat is de verhouding tussen prijs en hoeveelheid product. *Dieptewerking* wil zeggen dat bestaande klanten meer kopen, *breedtewerking* betekent verkoop aan nieuwe klanten.

Consumer promotions is gericht op de consument. Er zijn acties waarbij het product goedkoper is, acties waarbij iets wordt weggegeven en acties met een kans. *Trade promotions* is gericht op de handel, het past bij een 'duw'-strategie om de producten het distributiekanaal in te krijgen. *Sales force promotions* is gericht op de eigen verkoopafdeling.

12.7 Begrippen

Actiemix	Het deel van de promotiemix dat direct gericht is op verkoopbevordering. Bestaat uit tijdelijke verkoopacties, actiereclame, persoonlijke verkoop, direct marketing, beurzen en tentoonstellingen.
Actiereclame	Tijdelijke reclame om een actie te ondersteunen.
Themamix	Het deel van de promotiemix dat is gericht op de langere termijn. Bestaat uit themareclame, public relations en sponsoring.
Persoonlijke verkoop	Promotie-instrument waarbij er persoonlijke communicatie is tussen verkoper en klant.
Promotiemix	Marketinginstrument dat bestaat uit de communicatiemix en de actiemix.

Public relations	Communicatie gericht op een goede verstandhouding met de externe en interne omgeving.
Reclame	Betaalde communicatie via massamedia, gericht op verkoopbevordering.
Sponsoring	In ruil voor het meebetalen aan activiteiten maakt de ontvanger promotie voor de onderneming.
Themareclame	Langdurige reclame om het imago van een product of onderneming te wijzigen.
Verkoopacties (sales promotions)	Acties in de vorm van tijdelijke verbetering van de prijs-waardeverhouding.

13 Plaats

13.1 Distibutiekanaal
13.2 Distributie-intensiteit
13.3 Winkelformules
13.4 Trek- of duwdistributie
13.5 Samenvatting
13.6 Begrippen

13.1 Distributiekanaal

distributie

De P van plaats staat voor *distributie*. Dat is het verspreiden van goederen naar de verkooppunten. Distributie is de kunst om de goederen op de juiste *plaats* te krijgen: dicht bij de klant; in elk geval op die verkooppunten, waar klanten het verwachten. Voor de klant staat goede distributie voor de C van Convenience: koopgemak.

distributiemix

Ook dit marketinginstrument kun je onderverdelen in deelinstrumenten. Samen vormen ze de distributie*mix*. De beslissingen die een fabrikant over distributie moet nemen, gaan over:
- het distributie*kanaal*: hoe lang, wat voor soort handelspartners;
- de distributie-*intensiteit*: hoeveel verkooppunten;
- selectie van winkels: welke winkelformule;
- trek- of duwdistributie: hoe stimuleert de fabrikant de verkoop.

distributiekanaal

De weg van het product naar de klant loopt via elkaar opvolgende distribuerende handelsbedrijven. Deze weg is het distributie*kanaal*. De laatste handelsschakel is de detailhandel, die verkoopt aan de eindgebruiker, de consument. Hoe meer handelaren er betrokken zijn bij de distributie, hoe langer het distributiekanaal.

Een producent die direct aan eindgebruikers verkoopt, doet aan *directe* distributie. Er zijn geen tussenschakels tussen fabrikant en klant. Verzekeringsmaatschappijen die hun klanten direct benaderen (*direct writers*), distribueren direct. Ook telefonische verkoop, verkoop via vertegenwoordigers, fabrieksverkoop en verkoop via de website van de fabrikant zijn voorbeelden van directe distributie (een goed voorbeeld is Dell computers). Op de zakelijke markt zie je veel directe distributie.

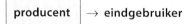

Directe distributie is kostbaar. De producent moet een eigen verkoopapparaat hebben. Dat geeft loonkosten van verkopers in binnen- en buitendienst. Ook zijn er kosten voor opslag en transport. Heeft het bedrijf de directe distributie eenmaal van de grond gekregen, dan zit daar een grote investering in. Als het even tegenzit, kan de onderneming niet even omschakelen naar indirecte distributie. De keus voor directe distributie is een keus voor de lange termijn, daar moet goed over nagedacht zijn.

indirecte distributie
kort kanaal

Een fabrikant die de distributie uitbesteedt aan handelsbedrijven, doet aan *indirecte* distributie. Daar zijn verschillende varianten van. In een *kort* indirect kanaal levert de producent aan de detailhandel, die de artikelen aan consumenten verkoopt.

lang kanaal

In een *lang* kanaal levert de producent aan de groothandel (of grossier). Die verkoopt door aan de detailhandel. Dit heet ook wel 'klassieke keten', omdat deze vorm van distributie van oudsher het meest voorkomt.

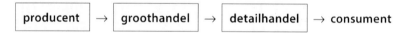

Het distributiekanaal kan nog langer zijn als er meerdere groothandelaren nodig zijn om de producten te distribueren; bijvoorbeeld als de producten eerst geëxporteerd worden. Er komt nog een schakel bij: de exporteur.

Het valt voor een fabrikant niet mee om kleinere standaardartikelen direct aan consumenten te leveren. Er zijn heel veel klanten die over een groot gebied verspreid wonen. Elke klant heeft maar een kleine hoeveelheid nodig. Contact met elke klant afzonderlijk zou erg duur worden.

Een groothandel koopt in bij een groot aantal fabrikanten tegelijk. De groothandel distribueert een heel assortiment van artikelen tegelijk naar de winkels. Dat is per artikel veel goedkoper en dus veel efficiënter. Het specialisme van de groothandel zit hem dus in het bijeenbrengen van dat assortiment en in de opslag ervan. De groothandel verleent vaak ook tijdelijk leverancierskrediet aan de detailhandel. Dat zou voor de fabrikant zelf veel rompslomp zijn.

Directe distributie is kostbaar, maar indirecte distributie is ook niet gratis. Elke schakel heeft haar winstmarge nodig. Dat betekent dat de uiteindelijke verkoopprijs een stuk hoger wordt; of dat er een lelijke deuk in de winstmarge van de fabrikant gaat zitten.

De keuze voor indirecte distributie is vrijblijvender dan de keuze voor directe distributie. Als de samenwerking met een handelsbedrijf niet bevalt, zijn er meestal andere mogelijkheden. Indirecte distributie betekent voor producenten dus meer flexibiliteit. Indirecte distributie geeft wel het risico van tegengestelde belangen. De marketingmix van de fabrikant kan anders in elkaar zitten dan die van de grossier of van de detaillist.

Opdrachten

1. Leg uit waarom een webwinkel als bol.com of Wehkamp niet aan directe distributie doet.

2. Geef van de volgende producten aan of ze zich wel/niet goed direct laten distribueren. Leg uit waarom, of waarom niet.
    a. Tandpasta.
    b. Een dagblad.
    c. Tuinplanten.
    d. Houtskool voor de barbecue.
    e. Maatpakken.
    f. Blu-ray discs
    g. Verzekeringen

3. Waarom kan een groothandel transport naar detaillisten vaak goedkoper en efficiënter regelen dan de fabrikant zelf?

4. Maak een keus tussen directe en indirecte distributie voor de volgende bedrijven. Verklaar je antwoorden.
    a. CannyFruit is fabrikant van vruchtensappen.
    b. TexPrint produceert zeefdrukmachines.

5. Maak een gemotiveerde keus tussen een kort en lang kanaal voor:
    a. huishoudzeep
    b. een A-merk mountainbike

6. Op welke punten moet een fabrikant bij de keus voor directe of indirecte distributie letten?

7. Welk soort distributiekanaal wordt ook wel 'klassieke keten' genoemd en waarom?

13.2 Distributie-intensiteit

distributie-intensiteit

De distributie-*intensiteit* geeft aan bij hoeveel en wat voor verkooppunten een aanbieder het product te koop wil zien.

Voor *gemaks*goederen (convenience goods) willen consumenten niet al te veel aankoopmoeite doen. De aanbieder komt al gauw uit bij de keus voor zoveel mogelijk verkooppunten: als de consument het broodbeleg of pakje kauwgom niet in het schap ziet staan, gaat hij er echt niet voor omrijden. Elke gemiste winkel is een gemiste kans. Voor gemaksgoederen geldt: 'Sell it where they buy it'.

intensieve distributie

Dit is een keuze voor *intensieve* distributie, via zoveel mogelijk verkooppunten. Daarbij hoort meestal een keuze voor een klassieke keten (een lang kanaal), plus eventueel een kort kanaal naar grootwinkelbedrijven die het zonder grossier afkunnen.

Er zijn ook veel artikelen die juist niet overal te koop moeten zijn. Als een kwaliteitsimago belangrijk is en het prijskaartje daarbij past, moet het artikel niet op 'goedkope' verkooppunten liggen. De aanbieder doet er goed aan om de distributie-intensiteit te beperken tot verkooppunten waarvan hij zeker weet dat hun marketingmix klopt met de marketing voor het artikel.

selectieve distributie

Vooral bij *shopping goods*, artikelen die klanten belangrijk genoeg vinden om er echt voor te gaan winkelen en vergelijken, komt de aanbieder al snel uit bij het zorgvuldig selecteren van verkooppunten. Bij zulke *selectieve* distributie gaat het erom verkooppunten te vinden een bijpassende winkelformule, met het juiste niveau van prijs en service, die het artikel voldoende aandacht willen geven.

Selectieve distributie kan via een klassieke keten lopen, maar de fabrikant kan ook voor een kort indirect kanaal kiezen. Zelf aan de detaillist leveren bevordert het contact.

exclusieve distributie

Het toppunt van beperken van de distributie-intensiteit is om per verkoopgebied één exclusief verkooppunt te selecteren. Bij *exclusieve* distributie is de intensiteit het laagst. De fabrikant wil in dat geval voorkomen dat concurrentie tussen detaillisten ten koste gaat van het imago en de prijsbeleving, dus van de winstmarge. Dit past bij *specialty goods*, artikelen die klanten zó bijzonder vinden dat ze er veel aankoopmoeite voor willen doen. Bij exclusieve distributie past een kort indirect kanaal: de aanbieder levert zonder verdere tussenschakels aan de detaillist.

Exclusieve distributie is slecht voor de concurrentie. Daarom is het in de meeste bedrijfstakken niet toegestaan om exclusieve afspraken te maken met één detaillist, ten koste van alle anderen. Er bestaan vrijstellingen op deze wetsregel voor motorvoertuigen (exclusief dealerschap per woonplaats). De aanbieder kán proberen ontheffing te vragen bij de ACM (de Autoriteit Consument en Markt).

Heeft een bedrijf eenmaal een goede distributiestructuur op orde met de gewenste intensiteit, dan kan het bedrijf in veel gevallen heel lang blijven zitten waar het zit. Het wijzigen van de distributiestructuur is moeilijk en kostbaar, het is duidelijk een strategische keuze voor de lange termijn.

Opdrachten

8. a. Beschrijf het koopgedrag van consumenten bij gemaksgoederen.
   b. Waarom is intensieve distributie voor gemaksgoederen nodig?

9. Waarom is de keuze voor selectieve distributie vaak ook een keuze voor een klassieke keten?

10.

Hoe selecteert Gsus haar verkooppunten? Jean-Pierre Raes, COO: 'De concurrentie in de fashion-industrie is groot. Alle kledingmerken zoeken een plekje in de winkel voor hun collectie, en doen hun best om de retailer voor zich te winnen. Gsus wil niet op elke straathoek liggen, dus zijn we wat kieskeuriger. "We choose the retailer" is ons uitgangspunt. We hadden wel in 1.500 Nederlandse winkels kunnen liggen, maar het werden er uiteindelijk zo'n 250.'

Ryan Ledebür, international salesmanager: 'Bij het betreden van een nieuwe buitenlandse markt ga je op zoek naar een referentiekader voor je collectie: waar wil je liggen? Dat zijn winkels in het hogere segment. Kijken naar concurrerende merken is daarbij volgens hem onvermijdelijk. 'In het ene land is Diesel populair, in andere landen Replay of G-star. Dat geeft ons belangrijke stuurinformatie: heeft zo'n merk lokaal een goed imago, dan wil je er graag naast liggen in de winkel.'

SalesExpert, mei 2007

    a. Waarom wil Gsus haar kleding niet op 1.500 verkooppunten aanbieden?
    b. Is het makkelijk voor Gsus om bij al die 250 winkels binnen te komen? Verklaar je antwoord.
    c. Wat bedoelt Ledebür met 'winkels in het hogere segment'?
    d. Waar let Gsus nog meer op bij de selectie van verkooppunten?

11. Deel het koopgedrag van de consument bij convenience, shopping en specialty goods in. Maak een tabel met drie kolommen: aankoopfrequentie, aankoopbedrag en aankoopmoeite.

12. a. Geef twee redenen waarom selectieve distributie wel bij een shopping good past, maar zelden bij een gemaksgoed kan passen.
    b. Omschrijf het soort product dat bij exclusieve distributie past.

13. a. In Nederland worden de meeste auto's exclusief gedistribueerd. Omschrijf hoe dit werkt.
    b. Wat is het voordeel hiervan voor de dealer (detaillist)?
    c. Wat is het voordeel hiervan voor de fabrikant?

14. a. Bij welke distributie-intensiteit past de volgende uitspraak: 'sell it where they buy it'?
    b. Over welk soort goederen gaat deze uitspraak?
    c. Bij welke distributie-intensiteit past de uitspraak: 'sell it where it sells best'?

13.3 Winkelformules

Een *winkelformule* is de marketingmix van de detaillist. Het ene uiterste vind je bij winkels die aan *prijs*distributie doen: een winkelformule met lage prijzen, weinig service en een ondiep assortiment (weinig keus per productsoort).

prijsdistributie

Het andere uiterste zie je bij winkels met *service*distributie: een winkelformule met service, kwaliteit, een diep assortiment en hogere prijzen. Bij prijsdistributie moet de winkelier het hebben van de snelheid waarmee de goederen verkocht worden. Bij servicedistributie zijn de winkelprijzen hoger, net als de marge voor de winkelier.

servicedistributie

Bij veel shopping goods ligt de nadruk meer op servicedistributie dan op prijsdistributie. Bij servicedistributie kan de fabrikant van de detaillist actievere medewerking verwachten dan bij prijsdistributie. De detaillist krijgt voor zijn moeite een betere marge terug. De mogelijkheden voor samenwerking met de detaillist zijn bij servicedistributie beter dan bij prijsdistributie.

Voor specialty goods geldt dat nog veel sterker. Daarbij past pure servicedistributie. De fabrikant wil een exclusief productimago, de detaillist een exclusief winkelimago. Er is een hechte samenwerking tussen detaillist en fabrikant.

Grote detaillisten gebruiken soms meerdere winkelformules tegelijk. Zo had V&D een tijdlang een 'koopjeskelder'. Dit assortiment is afgescheiden van het normale hogere assortiment. Door meerdere formules te hanteren, trekt de winkel meer klanten.

Opdrachten

15. a. Waarom is de winkelformule van de detaillist belangrijk voor de fabrikant?
    b. Geef twee voorbeelden van winkels met een sterk accent op prijsdistributie.

16. Waarom past prijsdistributie niet bij veel shopping goods en helemaal niet bij specialty goods?

17. a. Omschrijf de winkelformule bij servicedistributie.
    b. Geef een aantal voorbeelden van producten die passen in zo'n winkelformule.

c. Waarom zijn de producten in een dergelijke winkel duurder?
d. Waarom past servicedistributie minder goed bij gemaksgoederen?

13.4 Duw- of trekdistributie

Om een product bij de eindgebruikers te krijgen, zijn de meeste fabrikanten afhankelijk van handelspartners: groothandel en kleinhandel. Hoe krijg je die bereid om mee te werken, om het artikel op te nemen in het assortiment?

Er zijn twee basisbenaderingen. De fabrikant die zijn marketing vooral richt op de eindgebruiker, de consument, doet aan *trek*distributie. Over het hoofd van de handelspartners heen stimuleert hij de vraag van de consument naar het product. Dat kan door middel van veel reclame. De sterke vraag van de consument zorgt ervoor dat de handelaren het product in hun assortiment opnemen. Ze moeten wel, want de consument vraagt ernaar. Een ander woord voor trekdistributie is *pull*-strategie.

Met een sterk merk, dat veel vraag van de consument uitlokt, heeft de fabrikant een sterke positie in het distributiekanaal. De handel wil het product graag opnemen en stelt dus niet al te veel eisen. Als hij het product niet opneemt, laat hij immers een goede winstmogelijkheid schieten.

Fabrikanten met een minder onweerstaanbaar aanbod, of met een (nog) onbekend aanbod, moeten meer marketing richten op groothandel en kleinhandel. Dat is *duw*distributie, de aanbieder probeert zijn producten als het ware het kanaal in te duwen. Hij kan het product aantrekkelijk maken voor handelsbedrijven door hen voordeeltjes te bieden. Een ander woord voor duwdistributie is *push*-strategie. In dit geval is de handel de machtigste partij in het distributiekanaal.

De fabrikant moet dus vaak de medewerking van de detaillist 'kopen'. Een vertegenwoordiger van de fabrikant bezoekt de detaillist. De vertegenwoordiger legt uit hoe winstgevend het artikel zal zijn, hoeveel vraag ernaar is, hoe goed het in het assortiment past, enzovoort. Deze pogingen om bij de detaillist 'binnen te komen' noemt men *selling in*. Daar kunnen ook lokkertjes voor het handelsbedrijf bij horen, zoals kortingen of andere verkoopacties.

Voor het handelsbedrijf hangt de beslissing af van deze vragen:
- Past het product in het assortiment?
- Past het product in de winkelformule?
- Welke ervaring heeft de detaillist al met deze fabrikant en zijn producten?
- Hoe schat de detaillist de markt voor het product in?
- Wat is de winstmarge op het product?
- Welke voordelen heeft de fabrikant te bieden?

Werkt een detaillist eenmaal mee, dan kan de fabrikant de distributie verder stimuleren door de detaillist te helpen de producten snel te verkopen. Dat heet *selling out*. Een voorbeeld daarvan is hulp door een *merchandiser*. Dat is een vertegenwoordiger die winkeliers helpt bij de presentatie in de winkel. Selling out kan ook bestaan uit het organiseren van gezamenlijke promotie en verkoopacties.

selling out

Een aanbieder kan duw- en trekdistributie tegelijk toepassen, hoewel het accent meestal duidelijk op één van beide vormen ligt. Hoe langer het kanaal, hoe moeilijker duwdistributie is. Het is dan kostbaarder omdat de fabrikant meerdere handelsschakels voor zich moet zien te winnen.

Opdrachten

18. Leg uit waarom selling in en selling out samen een pushstrategie vormen.

19. Waarom hoeft een fabrikant van een bekend A-merk minder aan selling in te doen dan een fabrikant van een B-merk?

20. FastFood nv produceert magnetronmaaltijden. Onder haar vaste klanten rekent zij snackbars, institutionele klanten (de politie, het gemeentehuis) en gewone detaillisten. Het merk is niet zo bekend bij het grote publiek, maar wel bij de handel. Vertegenwoordigers van FastFood bezoeken de klanten en leggen de voordelen van het product uit: hoge marge, smakelijk en snel klaar. Grote detaillisten krijgen van FastFood een kwantumkorting. Kleine detaillisten krijgen verkoopondersteuning van de grossier.
    a. Teken de drie distributiekanalen van FastFood nv.
    b. Doet deze fabrikant aan duw- of aan trekdistributie? Waar maak je dat uit op?

c. Geef een reden waarom de handel dit product interessant vindt.
d. Is dit product een gemaksgoed of een shopping good? Leg uit waarom.
e. Noteer twee zaken die de fabrikant als selling-in-argumenten gebruikt.
f. Is er ook een selling-out-activiteit? Zo ja, welke?
g. Doet FastFood aan intensieve, selectieve of exclusieve distributie?

13.5 Samenvatting

De P van plaats is het marketinginstrument *distributie*: zorgen dat de goederen op de juiste plaatsen te koop zijn. Aanbieders proberen hun distributiedoelstelling te bereiken met behulp van de vijf instrumenten van de distributiemix: kanaallengte, organisatievorm, distributie-intensiteit, selectie van winkels en trek- of duwdistributie.

Bij directe distributie levert de fabrikant direct aan de eindgebruiker. In alle andere gevallen is er indirecte distributie. Bij een kort kanaal wordt alleen de detailhandel ingeschakeld. Bij een lang kanaal worden meerdere opeenvolgende handelsschakels ingeschakeld. In een klassieke keten zitten in elk geval groothandel en kleinhandel.

De distributie-*intensiteit* geeft aan via hoeveel verkooppunten een product wordt gedistribueerd. Een gemaksgoed heeft veel verkooppunten nodig (intensieve distributie). Een *shopping good* moet verkrijgbaar zijn bij verkooppunten die goed passen bij de marketingmix van het product (selectieve distributie). Bij exclusieve distributie is het product (specialty good) bij weinig winkels te koop, namelijk bij één verkooppunt per wijk of gebied.

Bij selectie van verkooppunten let men op de winkelformule. Bij prijsdistributie ligt de nadruk op lage prijzen; bij servicedistributie ligt de nadruk op andere marketinginstrumenten. Grotere winkels kunnen meerdere winkelformules tegelijk hanteren.

Met *selling in* probeert een fabrikant zijn producten bij de tussenhandel binnen te krijgen. Met *selling out* wil hij de verkoop stimuleren. Selling-in- en selling-out-activiteiten horen bij *duw*distributie: de fabrikant duwt de producten in en door het kanaal met behulp van marketing gericht op de handelspartners. Bij *trek*distributie is de marketing gericht op de eindafnemer, de consument. Als de consument naar het product vraagt, moet de handel het product wel opnemen.

13.6 Begrippen

Distributie	De verspreiding van goederen naar de juiste verkooppunten.
Directe ~	De fabrikant verkoopt direct aan de eindgebruiker.
Exclusieve ~	Het product is bij één verkooppunt per gebied verkrijgbaar.
Indirecte ~	De distributie wordt verzorgd door één of meer tussenhandelaren.
Intensieve ~	Zoveel mogelijk verkooppunten.
Prijs~	Winkelformule met nadruk op lage prijzen.
Selectieve ~	Het product is niet overal verkrijgbaar (selectie van verkooppunten).
Service~	Winkelformule met service, kwaliteit, een diep assortiment en hogere prijzen.
Distributie-intensiteit	Geeft aan bij hoeveel en wat voor verkooppunten een product wordt gedistribueerd.
Distributiekanaal	Bestaat uit de opeenvolgende handelaren die een product distribueren.
Kort ~	De distributie wordt verzorgd door één handelsschakel.
Lang ~ (klassieke keten)	De distributie wordt verzorgd door meerdere handelsschakels: groot- en kleinhandelaren.
Distributiemix	Het marketinginstrument plaats; bestaat uit beslissingen over distributiekanaal, distributie-intensiteit, selectie van winkels en trek- of duwdistributie.
Duwdistributie (push strategie)	Marketinginspanningen gericht op de handel; bestaat uit selling in en selling out.
Trekdistributie (pull strategie)	Marketinginspanningen gericht op de consument.
Winkelformule	De marketingmix van een detaillist.

14 Personeel

14.1 Personeel en product
14.2 Personeel en promotie
14.3 Klantgericht werken
14.4 Samenvatting
14.5 Begrippen

14.1 Personeel en product

Een onderneming kan de eerste vier P's prachtig samenhangend ingevuld hebben, maar zonder goed en gemotiveerd personeel kan het marketingplan toch nog mislukken. Het personeel is het visitekaartje van het bedrijf. Personeelsleden moeten in het contact met anderen vriendelijk zijn en uitnodigen tot gesprek. Het personeel moet vakkundig zijn. Een slecht oordeel over de medewerkers vertaalt zich al snel in een slecht oordeel over de onderneming en haar producten.

Het personeel dat geen contact heeft met klanten is net zo goed belangrijk voor de marketing. Slechte administratieve afhandeling van orders en betalingen zorgt voor boze klanten. De doelstellingen van de marketing worden pas gehaald als alle afdelingen werk leveren van goede kwaliteit.

service

Bij het marketinginstrument Product kwam je service tegen. *Service* is het bieden van tastbare meerwaarde: dienstverlening waardoor het product aantrekkelijker wordt voor de klant. Diensten worden verricht door mensen. Service is een belangrijk onderdeel van de winkelformule. De kwaliteitsgevoelige klant wil ervoor betalen. De service is onderdeel van het product. Een klant in een goede schoenenwinkel verwacht geholpen te worden door beleefd personeel. De klant verwacht ook dat het personeel kan helpen met goede informatie.

Het is belangrijk dat het personeel met plezier werkt. Dat plezier straalt door in het contact met de buitenwereld. Het management kan dit bereiken met goed personeelsbeleid: rechtvaardige beloning, maar ook mogelijkheden bieden voor bijscholing en doorgroeien in het werk. Mensen werken beter als ze ergens naartoe werken, in plaats van elke dag werken omdat het nu eenmaal moet.

Bij een goed personeelsbeleid heeft de leidinggevende regelmatig contact met zijn medewerker. Op gezette tijden vindt er een functioneringsgesprek plaats. Dat is gericht op verbetering van bestaande werkzaamheden, of op doorgroeien naar zwaardere taken.

Plus behandelt klant het best
PLUS is uitgeroepen tot Klantvriendelijkste Bedrijf van Nederland 2013. Daarvoor diende het onderzoek van marktonderzoeksbureau MarketResponse onder ruim 2.700 consumenten als basis. De supermarktketen was dit jaar een nieuwkomer in de top-10 van klantvriendelijkste bedrijven en wist de titel meteen in de wacht te slepen. Consumenten roemen PLUS om oprechte betrokkenheid en het nakomen van wat de reclame belooft.

Willem Brethouwer, directeur MarketResponse: 'Klanten merken direct wanneer personeel met plezier werkt en oprecht gemotiveerd is om het de klant naar de zin te maken. Wanneer het een trucje, een protocol of een checklist is dat van hogerhand is opgelegd, wordt daar door klanten direct doorheen geprikt.

Marketingtribune.nl, 25-09-2013

Alle medewerkers moeten begrip hebben van de marketingmix van het bedrijf waar ze werken. Hun eigen werk moet immers kloppen met die marketingmix. Het personeel moet dezelfde boodschap uitstralen als de overige marketinginstrumenten.

kwaliteit

Kwaliteit is de waarde die de klant hecht aan de eigenschappen van een product. De kwaliteit van dat product hangt ook af van de kwaliteit van het personeel. Werken de verschillende afdelingen goed samen? Is het personeel goed op de hoogte van haar taken? Zijn er mogelijkheden voor scholing? Wordt er regelmatig overlegd? Is er inspraak mogelijk? Luistert de leiding naar het personeel dat contact heeft met de klanten? Zo niet, dan gaan er kansen verloren.

Het product zelf moet van goede kwaliteit zijn, maar het totaalproduct ook. Het personeel heeft veel invloed op het totaalproduct. Het personeel moet kennis van zaken hebben, zorgen voor goede bezorging, administratieve afhandeling van koop en verkoop, en voor veel meer zaken die invloed hebben op de kwaliteit van het totaalproduct.

Opdrachten

1. a. Bij welke twee instrumenten uit de productmix kwam je personeel al tegen?
   b. Leg uit wat de P van personeel te maken heeft met deze instrumenten.

2. Waarom zijn functioneringsgesprekken belangrijk?

3. a. Waarom is goed personeel extra belangrijk voor winkelbedrijven en dienstverleners?
   b. Waarom is goed personeel ook belangrijk voor een productiebedrijf?

4. Waarom is het belangrijk dat leidinggevenden goed luisteren naar medewerkers die contact hebben met klanten?

14.2 Personeel en promotie

Personeel is ook bij het marketinginstrument promotie onmisbaar, vooral bij persoonlijke verkoop en bij pr. Persoonlijke verkoop staat of valt met de kwaliteit van het personeel. Kan de medewerker een goed verkoopadviesgesprek voeren? Heeft hij of zij goede kennis van het assortiment? Kan die vertegenwoordiger goed onderhandelen? En hoe zit het met zijn sociale vaardigheden?

Bij public relations gaat het erom de contacten met de buitenwereld te onderhouden en te verbeteren. De mensen die de pr verzorgen, moeten kunnen denken vanuit het belang van de onderneming, maar moeten zich ook kunnen inleven in de verschillende publieksgroepen. De pr moet de brug zijn tussen de onderneming en de externe omgeving.

Ook het personeel dat niet bij de pr betrokken is, doet eigenlijk aan pr. De conducteur die snel en vakkundig een probleem oplost, beïnvloedt de beeldvorming over de NS. De uitstraling van het personeel naar de buitenwereld is een belangrijk element van de public relations.

Opdrachten

5. Wat heeft de P van personeel te maken met de P van promotie?

6. a. Welke eigenschappen zijn van belang voor een pr-medewerker?

b. Welke eigenschappen zijn van belang voor een administratief medewerker?

14.3 Klantgericht werken

Klanten lijken op het eerste gezicht de belangrijkste relatie voor een onderneming: alleen klanten laten de kassa rinkelen. Ondernemingen besteden dan ook veel geld aan communicatie met hun klanten. Dat merk je als je de televisie aanzet, een tijdschrift inkijkt, naar het voetballen gaat of gewoon in de bus zit.

Het is dan wel zonde van al dat geld voor reclame en sponsoring als klanten afknappen op het personeel. Het personeel is een heel belangrijke schakel in de communicatie. Bij een goede, prettige verkoper kopen mensen makkelijker. Ook heeft elk personeelslid contacten met mensen van buiten het bedrijf; tijdens werktijd maar ook in de vrije tijd.

front office

back office

Een vriendelijke telefoniste, een duidelijke en hulpvaardige monteur, een goede helpdesk: bij zulke functies heb je regelmatig contact met klanten. Dat zijn de zogenaamde *frontoffice* functies. Je communicatie is bij zulke functies heel belangrijk. Toch is klantgericht werken net zo goed belangrijk voor medewerkers met een *backoffice* functie. Denk aan de medewerker van de financiële administratie: een 'foutje van de computer' dat je niet klantgericht oplost, kan klanten kosten. Medewerkers van de debiteurenadministratie hebben contact met klanten over betaling.

klant

Wat is een klant precies? Het woordenboek zegt: iemand die gebruik wil maken van de diensten van een handelaar of een producent. Een *klant* is dus iemand met een bepaalde behoefte. Als jij in die behoefte kunt voorzien, wordt die persoon jouw klant. Er is een ruilrelatie en als beide partijen tevreden zijn, is de kans groot dat de relatie langdurig is.

Dat klantgericht werken goed is voor de verkoop, snapt iedereen. Toch is het gevaarlijk om alleen maar klantgericht te zijn naar relaties die betalen. Waarom heb je al die andere relaties dan, met het eigen personeel (collega's), met leveranciers, enzovoort? Om de betalende klant beter van dienst te kunnen zijn!

Chantal is secretaresse bij groothandel DistriFresh. Ze belooft de inkoper van Super 1-Uit-1000 (een belangrijke zakelijke klant) dat de gevraagde zending morgenochtend aankomt. Willen Chantal en haar bedrijf deze belofte waar kunnen maken, dan heeft ze medewerking nodig van:
- leveranciers (op tijd leveren);
- de inkoopmedewerker (inkoop goed regelen);
- de verkoop binnendienst (de transactie administratief afhandelen en informatie zenden aan magazijn en boekhouding);
- de magazijnmedewerkers (correct en op tijd orderpikken en de zending gereed hebben);
- de expeditie (op tijd uitleveren).

interne klant

Een goede relatie met betalende klanten hangt af van een gesmeerde samenwerking binnen het eigen bedrijf. Daarom is het nuttig om je collega's te zien als *interne* klanten. Zij hebben ook behoeften: medewerkers hebben de juiste actie en informatie nodig van elkaar, anders kunnen ze hun werk niet goed doen.

Als Ramesh – de medewerker verkoop binnendienst – denkt 'ach, het is Chantal maar, ik word alleen wakker als het hoofd Verkoop wat zegt', is hij niet klantgericht bezig. Hij moet in Chantals behoefte voorzien: meewerken aan een snelle zending aan 1-Uit-1000.

Tevreden interne klanten zorgen samen voor tevreden betalende klanten. Dat betekent dat een bedrijf met teamspelers het beter doet dan een bedrijf met een hokjesgeest ('die lui van de boekhouding…').

klantgericht werken

Een *klant* is een relatie die gebruik wil maken van de diensten van jouw onderneming of afdeling. Klant*gericht* is veel meer dan klantvriendelijk. Iemand kan vriendelijk willen zijn en toch compleet de mist in gaan.

Gehoord van mijn oma, meegemaakt in de jaren vijftig:
Mensen staan in de rij om de bus in te stappen.
Een mevrouw tegen een zwarte man: 'Gaat u maar voor, hoor!'
De man: 'Natuurlijk niet, dames gaan voor.'
De vrouw: 'Maar ach, jullie hebben het toch al zo moeilijk!'

Je kunt erom lachen, je hoofd schudden of boos worden om zulke goedbedoelde discriminatie. Of je kunt de moraal van het verhaal eruit pikken: een goede bedoeling is niets waard als je niet zorgt dat je weet waar anderen behoefte aan hebben; in dit geval heel gewoon aan respect.

Een ander voorbeeld:

'Kan ik u helpen?'
'Nee hoor, ik kijk alleen maar even rond.'

De vraag van de verkoper is vriendelijk, maar niet klantgericht. Het kan ook zo:

'Goedemiddag, ik zie dat u op zoek bent naar een muziekstreamer?'
'Inderdaad, ik kijk eens rond om te zien wat er te koop is.'
'Hebt u al een idee welke eisen u aan de speler stelt?'
'Nou, niet echt, het is lastig om door de bomen het bos te zien...'

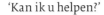

Deze verkoper vindt een aanknopingspunt om echt in gesprek te raken. Zo kan hij erachter komen wat de klant wil en daarop inspelen. Hij leert de klant beter kennen. Zo'n gesprek is goed voor de klant, die tenslotte een speler nodig heeft die bij hem past, en het is goed voor de verkoper, die graag resultaat wil boeken.

Hoe vind je aanknopingspunten bij klanten, collega's en andere relaties? Door goed op te letten en goed te luisteren.

Klantgericht werken doe je in vier fasen:

uitnodigen →
    luisteren →
        ontdekken van behoeften en verwachtingen →
            tevredenstellen

Radjesh werkt op de verkoop binnendienst van Opmaat bv, een leverancier van specialistische reinigingsmiddelen. Hij krijgt een klant aan de telefoon.

Radjesh 'Goedemorgen, Opmaat bv, met Radjesh Balgobind.'
Klant 'Ook goedemorgen. Ik zit hier te zoeken in jullie catalogus, maar ik kom er niet helemaal uit.'
Radjesh 'Dat komt goed uit, we zijn er om u daarbij te helpen. Waar bent u precies naar op zoek?'
Klant 'Nou, we hebben hier een gebouw, dat is bekleed met betonplaten met van dat uitgewassen grint erop, en daar zit wat algengroei op. Dat willen we schoonmaken en ik zoek het juiste middel ervoor.'
Radjesh 'Heeft u de catalogus voor u? De middelen daarvoor vindt u vanaf bladzijde 52.'
Klant 'Ja, daar had ik al naar gekeken, maar dan heb je nog veel mogelijkheden. Hoe vind ik nou de juiste?'
Radjesh 'Daarvoor moet u de precieze samenstelling van het beton kennen. Dat komt doordat de ene soort poreuzer is dan de andere. Weet u nog welk bedrijf die gevelbekleding heeft aangebracht?'
Klant 'Ja, daar kan ik nog wel achter komen.'
Radjesh 'Dan adviseer ik u om hen te vragen naar de precieze samenstelling. U kunt mij die e-mailen, dan vraag ik onze technische dienst welk middel daar precies bij past.'
Klant 'Akkoord, dat doe ik.'

Radjesh geeft zijn e-mailadres en belooft terug te bellen.
Aan het eind van de middag belt Radjesh terug met het resultaat. Hij kan gelijk een order noteren.

Hoe kun je uitnodigend zijn naar klanten? Je werkgever doet daar het nodige aan met reclame en pr, en misschien een servicenummer en een goede website. Jij doet dat:
- met een glimlach;
- met een uitnodigende houding;
- door goed op te letten;
- met je kleding en verzorging.

Vriendelijkheid met aandacht dus. Na het uitnodigen komt het (actief) luisteren, ook dat weer met je volle aandacht. Je kunt alleen klantgericht zijn als je goed luistert, hoe kun je anders deze klant tevreden stellen? Daarvoor moet je precies weten wat deze klant wil. Bij actief luisteren hoort ook regelmatig samenvatten en doorvragen, en dan zit je meteen in de fase 'ontdekken van behoeften en verwachtingen'.

Aan de telefoon zou je denken dat die glimlach, houding en kleding minder belangrijk zijn. Voor de kleding kan dat kloppen, al moet je wel om je collega's (interne klanten) denken. Maar die glimlach en een goede houding kunnen je enorm helpen bij je telefoonstem en je toon. Bij klantgericht werken horen die glimlach en goede houding dus ook bij telefonisch contact met klanten.

Het hoeft helemaal niet om verkopen te gaan. Door je gastvrij en uitnodigend op te stellen naar je collega, maak je het voor hem of haar gemakkelijker om te komen met vragen of suggesties. Als je wederzijds goed naar elkaar luistert, kun je de samenwerking verbeteren. Dat is goed voor de kwaliteit en dus ook voor de omzet. Betalende klanten houden nu eenmaal van kwaliteit.

Klantgericht werken doe je net zo goed voor klanten die om informatie vragen, bij het doorverwijzen van een klant die je op dit moment niet kunt helpen, voor de relatie die een routebeschrijving nodig heeft, enzovoort. Allemaal houden ze aan jouw klantgerichtheid een goed idee over jouw bedrijf over.

Betekent dit dat je voor elk klantcontact minstens een uur uittrekt? Natuurlijk niet. De meeste klanten hebben daar ook helemaal geen behoefte aan, die hebben nog meer te doen. Als je echt klantgericht werkt, kun je klanten juist doeltreffender en vlotter verder helpen. Verder spreekt het voor zich dat je meer tijd besteedt aan klanten die veel bij jullie kopen, of die een grote aankoop overwegen.

Opdrachten

7. Omschrijf wat een klant is, in de ruime betekenis.

8. Wat kan er mis gaan voor een onderneming als de fase *uitnodigen* ontbreekt in het klantgericht werken?

9. Geef het ontbrekende woord:
Als je bezig bent met de tweede en derde fase van klantgericht werken, ben je bezig met ....

10. a. Is jouw opleidingsinstelling klantgericht bezig? Geef aan op welke punten wel en op welke punten niet. Maak gebruik van de vier fasen van klantgericht werken.
    b. Ben jijzelf klantgericht bezig tijdens je opleiding? Beantwoord deze vraag op dezelfde manier als a.

11. a. Ben jij aan het leren voor een backoffice functie of voor een frontoffice functie? Verklaar je antwoord.
    b. Welke gevolgen zal dat hebben voor je omgang met klanten?

12. Welke fase van klantgericht werken ontbreekt?
    a. De helpdesk van SnelKoop is nog steeds 24 uur per dag in gesprek.
    b. Dingeman zoekt een blu-ray speler. In de GigaMart lukt het hem niet een verkoper te vinden die tijd heeft.
    c. Angela doet de klantenservice. Een oudere meneer brengt een vertaalcomputertje terug, omdat hij er niet mee overweg kan. Angela schrijft al een tegoedbon uit, maar meneer wordt ongeduldig: hij wil écht een vertaalcomputertje!
    d. Aniel van de abonnementenadministratie belt Michel van de boekhouding met een vraag over een betaling. Michel zegt dat het nu écht te druk is, kan dat niet morgen?
    e. Mevrouw van Driel belandt met haar nieuwe laptop uiteindelijk bij de klantenservice van SnelKoop. 'Ah, dat klopt, de voeding is doorgebrand, geen wonder dat-ie het niet doet! Maar helaas valt dit niet onder de garantie, mevrouw. De reparatie zou op € 65,- komen.'

13. a. Geef twee redenen om interne klanten tevreden te stellen.
    b. Waarom is het zo belangrijk dat betalende klanten tevreden zijn? Bedenk twee redenen.

14.4 Samenvatting

De P van personeel is onmisbaar bij de marketing, omdat het personeel de andere P's moet uitvoeren. In de productmix kom je personeel tegen bij *service*. Goede dienstverlening rond het aanbod is beslissend voor de *kwaliteits*beleving van de klant. In de promotiemix kom je personeel tegen bij persoonlijke verkoop en pr. Vakkundigheid en klantgerichtheid van het personeel is bij deze activiteiten vaak doorslaggevend.

Wil een organisatie echt klantgericht werken, dan moeten de medewerkers elke soort relatie als een klant beschouwen. Als je *interne* klanten (collega's) niet tevredenstelt, kan de organisatie externe klanten niet tevredenstellen. Ook een goede samenwerking met andere relaties draagt bij aan de tevredenheid van betalende klanten. Klantgericht werken begint met een uitnodigende houding naar relaties om hun behoefte te laten weten. Je luistert goed en gaat in gesprek om hun verwachtingen te ontdekken. Vervolgens probeer je de relatie tevreden te stellen.

14.5 Begrippen

Backoffice	Bestaat uit die afdelingen waar de medewerkers geen regelmatig contact met klanten hebben.
Frontoffice	Bestaat uit die afdelingen waar de medewerkers veel contact met klanten hebben.
Klant	Iemand die gebruik wil maken van de diensten van een handelaar of een producent.
interne ~	Collega die een dienst of informatie van jou nodig heeft.

15 Marketing en de wet

15.1 Garantiewetgeving
15.2 Productaansprakelijkheid
15.3 Privacy
15.4 Regels voor reclame
15.5 Regels voor direct marketing
15.6 Regels voor kansspelen
15.7 Intellectueel eigendom
15.8 Samenvatting
15.9 Begrippen

15.1 Garantiewetgeving

Net als bij veel andere activiteiten heb je bij marketing te maken met wettelijke beperkingen. De meeste daarvan komen in dit hoofdstuk aan de orde.

Je wilt je klanten een product van goede kwaliteit leveren. Het mooiste is het als je je klanten zo'n goed gevoel over jullie dienstverlening kunt geven, dat ze zich amper zorgen maken over garantie. Toch is een garantieregeling nodig. Ook al is de productie goed georganiseerd, er kan een klein percentage producten zijn dat een defect vertoont.

Klachten over producten met mankementen komen al snel in de garantiesfeer. Garantie is een vorm van dienstverlening die vooral bij gebruiksgoederen niet weg te denken is. Een apparaat zonder garantie wordt gewoon niet verkocht. Met *garantie* geeft een aanbieder zijn klanten de zekerheid dat het product minstens een bepaalde periode blijft functioneren. Die zekerheid kan verschillende vormen aannemen:

- niet goed, geld terug (of een tegoedbon);
- reparatie;
- vervanging.

garantie

Op een duurzaam artikel krijg je bijvoorbeeld een jaar of twee jaar garantie. Dat is de *verkopers*garantie. De verkoper is verantwoordelijk voor de uitvoering van die garantie.

verkopersgarantie

wettelijke garantie

Er is ook een *wettelijke* garantie, geregeld in de Wet Koop en Garanties. Die wet hoort bij de vertaling van de Europese richtlijn Koop en Garantie. De wet geldt alleen voor tastbare consumentengoederen. Diensten en onroerende zaken (zoals huizen) vallen er niet onder. Ook dingen die je van een particulier koopt, vallen erbuiten.

De Europese richtlijn schrijft een garantietermijn voor van minstens twee jaar. De Nederlandse wet richt dat anders in. Deze wet maakt verschil tussen het eerste halfjaar en een langere periode die niet precies is afgebakend. De klant kan een artikel dat niet aan redelijke verwachtingen voldoet, binnen een half jaar terugbrengen naar de verkoper. Die moet dan zijn verplichtingen nakomen: zorgen dat hij die redelijke verwachtingen alsnog waarmaakt of je geld teruggeven. Afhankelijk van de situatie kun je van de verkoper eisen dat hij:

- het artikel repareert of je een nieuwe geeft;
- alsnog ontbrekende onderdelen erbij geeft (en zo nodig monteert) als er dingen aan het artikel ontbraken;
- de verkoopprijs teruggeeft of een deel daarvan als reparatie of vervanging niet mogelijk is;
- de koopovereenkomst ontbindt.

Als alleen een lampje in je stereo niet werkt, is het niet redelijk om vervanging te eisen. Niet alles is te repareren, denk aan serviesgoed dat bij normaal gebruik in de afwasmachine barst. De verkoper moet dat dus vervangen. Maar als het een onvervangbaar, zeldzaam servies was? Als de koper nog niet heeft betaald, eist hij ontbinding van de koopovereenkomst. Anders vraagt hij de aankoopprijs terug of een deel daarvan als hij het artikel al een poos heeft gebruikt.

Als je een gebrek vaststelt, ben je wel verplicht om dat binnen twee maanden aan het verkopende bedrijf te melden. Als de verkoper het niet eens is met het gebrek dat jij eraan hebt vastgesteld, moet hij bewijzen dat het artikel wel aan redelijke verwachtingen voldoet of dat het wel in orde was op het moment dat je het kocht. Als hij dat niet kan bewijzen, geldt de wettelijke garantie.

Ook na dat halve jaar heb je als consument nog steeds recht op een deugdelijk product. Als je dat product normaal hebt gebruikt en onderhouden, dan kun je ook na afloop van de verkopersgarantie vaak nog wettelijke garantie claimen. Alleen is de bewijslast nu omgekeerd; de consument moet nu bewijzen dat het product niet goed functioneert door een defect dat al bestond toen hij het kocht.

Hoe lang is die termijn? De Nederlandse wet is hier vaag over. Van een dure wasmachine kun je meer gebruiksjaren verwachten dan van een goedkope dvd-speler. Als de motor van die wasmachine het na drie jaar normaal gebruik begeeft en je hebt de gebruiksaanwijzing goed opgevolgd, dan is het waarschijnlijk dat de fabriek iets niet goed heeft gedaan. Je kunt dan reparatie eisen, ook al is de verkopersgarantie verlopen. Dat je die machine normaal hebt gebruikt, kun je bijvoorbeeld bewijzen met een inspectierapport van een onafhankelijke expert. Dat doe je alleen als de verkoper je recht op garantie betwist.

Wat je van een deugdelijk product mag verwachten, hangt dus af van het soort product en van de prijs. Het kan ook afhangen van het soort winkel: bij een ramsjwinkel is de verwachting lager dan bij een verkooppunt met een goede reputatie. Verder hangt het af van de informatie die de fabrikant en de verkoper over het product verstrekken.

Als een artikel reparatie nodig heeft, dan moet de verkoper ervoor zorgen dat die vlot wordt uitgevoerd. De koper mag er niet veel last van hebben (bijvoorbeeld wekenlang zonder wasmachine zitten).

De verkopersgarantie is dus extra, naast de wettelijke garantie. Als de voorwaarden van de verkopersgarantie slechter zijn dan de wettelijke regels, blijft de wet gewoon gelden. Andersom is het voor de consument toch prettig als de verkopersgarantie langer duurt dan een halfjaar. Zolang deze garantie geldt, moet de verkoper bewijzen dat het product geen defect had en dat de klant het onjuist heeft gebruikt. Nadat de garantie is verlopen, ligt de bewijslast bij de klant.

Garantie is niet alleen belangrijk voor ondernemingen die tastbare goederen verkopen. Ook dienstverlenende bedrijven kunnen ermee te maken hebben. Denk aan de Stichting Garantiefonds Reisgelden (SGR). Daar gaat het om het garanderen van vooruitbetaald geld. Ook een dienstverlenend bedrijf moet zich aan de gemaakte overeenkomst houden. Alleen is de garantie in veel van deze gevallen niet wettelijk geregeld. Het is voor de klant dus belangrijk om van tevoren een goede overeenkomst op te stellen. Die kan ook de vorm hebben van een vaste offerte waarin de dienst en de kwaliteit daarvan precies is omschreven.

Hoofdstuk 15 Marketing en de wet

Een onderneming heeft een garantieregeling en een garantieprocedure nodig. De garantieregeling is een juridisch document met regels. De garantieprocedure geeft precies aan welke stappen klanten en medewerkers moeten volgen bij garantiegevallen.

product recall

Als een producent zelf een defect ontdekt bij een productserie, kan hij beter niet wachten tot er klachten komen. Een voedingsmiddel met een verontreiniging? Leeghalen die schappen en het publiek oproepen pas gekochte exemplaren terug te brengen. Hoe sneller de onderneming handelt, hoe beter. Goede voorlichting kan helpen om de schade te beperken. Ook bij gebruiksgoederen kan dit nodig zijn. Denk aan een autofabrikant die een serie auto's terugroept om iets aan het remsysteem te verhelpen. De onderneming heeft een fout gemaakt, maar laat zien dat ze die serieus neemt en er alles aan doet om goede kwaliteit te garanderen.

Opdrachten

1. Een vraag bij VARA Kassa-online:
   'Afgelopen week heb ik weer een hockeystick in tweeën geslagen. Net als vorig jaar valt dankzij de winterstop van twee maanden mijn defect buiten de garantietermijn van hockeysticks die twee maanden bedraagt. Tegenwoordig zijn hockeysticks redelijk hightech met dure composieten als basismateriaal. Ik als student kan het mij niet veroorloven om meerdere sticks van al snel € 150,– per jaar te verslijten.'
   Geef deze klant advies.

2. Mevrouw Stoomer komt met een strijkijzer in de winkel waar ze dat 14 maanden geleden gekocht heeft. Het werkt niet meer. De verkoper stelt vast dat de garantie is verlopen en dat reparatie duurder is dan een nieuwe.
   Geef mevrouw Stoomer advies.

3. Zoek uit bij welke branche de volgende producten horen en welke garantieregels gebruikelijk zijn:
   a. Een pc.
   b. Een rol drop.
   c. Een auto.

4. a. Wat heeft garantie met positionering te maken?
   b. Wat is de relatie tussen klachtenbehandeling en garantiebehandeling?

5. Zoek een voorbeeld van een garantieprocedure.

6. Zoek uit of er in Nederland een garantieregeling bestaat voor spaargeld dat mensen op een bankrekening hebben staan.

15.2 Productaansprakelijkheid

Als een gebrekkig product schade aan mensen of zaken veroorzaakt, nadat het in de handel is gebracht, kun je de producent aansprakelijk stellen. Dat heet productaansprakelijkheid. Dit geldt alleen voor industrieel vervaardigde zaken, dus niet voor landbouwproducten of voor producten die iemand zelf thuis maakt.

Enkele delen uit de Wet Aansprakelijkheid voor Producten (artikel 6:187 van het Burgerlijk Wetboek):

> De *producent* is aansprakelijk voor de schade veroorzaakt door een gebrek in zijn product.
> Onder *producent* wordt (…) verstaan de fabrikant van een eindproduct, de producent van een grondstof of de fabrikant van een onderdeel.
> Een product is *gebrekkig*, indien het niet de veiligheid biedt die men daarvan mag verwachten, alle omstandigheden in aanmerking genomen.

Een product is dus gebrekkig als het onveilig is, bijvoorbeeld als er schadelijke stoffen kunnen vrijkomen uit het plastic. Het is ook onveilig als de informatie op het etiket niet genoeg waarschuwt tegen bepaalde risico's. Als er bijvoorbeeld een giftige stof in zit, moet dat op het eerste gezicht duidelijk zijn.

Als een klant schade lijdt als gevolg van een duidelijk gebrek aan een product, kan hij de producent aansprakelijk stellen. Wie dat is, is niet altijd makkelijk vast te stellen. De wet helpt ons daarom een handje. Niet alleen de eindproducent is aansprakelijk, maar ook de producent van een grondstof of een onderdeel. Ook iemand die de indruk wekt producent te zijn, doordat hij zijn naam aan het product geeft, wordt behandeld als producent. Dat geldt bijvoorbeeld voor huismerken. Als het product van buiten de Europese Unie komt, kun je ook de importeur aansprakelijk stellen.

*risico-
aansprakelijkheid*

Juridisch gezien is productaansprakelijkheid een *risicoaansprakelijkheid*. Dat betekent dat het er niet toe doet of de producent echt schuldig is aan het gebrek. Wie een gebrekkig product verkoopt, is aansprakelijk.

Een producent kan zich van zijn aansprakelijkheid bevrijden als:
- een andere persoon het product in de handel heeft gebracht;
- het product niet bedoeld is om te worden verhandeld;
- het gebrek pas is ontstaan nadat het product in de handel is gebracht;
- het gebrek een gevolg is van overheidsvoorschriften;
- het gebrek niet gekend had kunnen worden op het moment dat men het product in de handel bracht. Het kan gebeuren dat een producent iets op de markt brengt waarvan pas later blijkt dat het gevaarlijk is. Op dat moment kon men dat nog niet weten. Als een producent niets had kunnen weten van een gebrek van het product, gezien de stand van de techniek en de wetenschap op dat moment, is hij niet aansprakelijk voor dat gebrek.

gevolgschade

De onderneming die aansprakelijk is, hoeft alleen de *gevolg*schade te vergoeden als die hoger is dan € 500,-, en dan alleen voor zover die *materieel* is en in de privésfeer valt. Immateriële schade (smartengeld) valt dus niet onder deze verplichting. Ook de *transactie*schade valt er niet onder, dat is de schade die je lijdt doordat je het product zelf hebt betaald en het kwijt bent.

Op een kwade dag ontploft je televisie spontaan. Dat geeft zorgkosten en er is een brandplek ontstaan in de boekenkast. De producent moet deze kosten vergoeden. De productaansprakelijkheid geldt niet voor de televisie zelf (dat is transactieschade, schade van de aankoop zelf).

Die transactieschade kun je wel claimen, maar dat valt niet onder deze wet. Het valt onder het verbintenissenrecht. Je kunt een vordering instellen tegen het bedrijf waar je het hebt gekocht wegens wanprestatie. Als het product nog niet zo oud is, kun je wettelijke garantie claimen.

Dat minimum van € 500,- is een drempel. Schade onder die drempel hoeft de producent niet te vergoeden. Boven de drempel moet hij het hele bedrag vergoeden.

*product-
aansprakelijkheid*

Met deze kennis kun je *productaansprakelijkheid* precies omschrijven: het is een risico-aansprakelijkheid voor gevolgschade door een gebrek aan een industrieel product, ontstaan in de privé-sfeer.

Het is nodig om de wet te kennen. Toch blijft het beter om de marketing los te zien van de wettelijke verplichtingen. Een ongelukkig voorval met een product kan veel slechte publiciteit opleveren. Een bedrijf dat dan een paar honderd euro wil besparen, kan miljoenen verliezen doordat het een slechte naam krijgt.

Onthoud

Twee soorten schade in verband met productaansprakelijkheid:
- Producenten zijn niet aansprakelijk voor *transactie*schade.
- Ze zijn wel aansprakelijk voor *gevolg*schade als die:
- in de privésfeer ligt;
- en meer bedraagt dan € 500,-.

Opdrachten

7. Murat laat zijn televisie vaak op stand-by staan. Op een nacht ontstaat er brand, die veroorzaakt blijkt te zijn door de televisie. Murat slaagt erin het vuur te blussen. De schade aan de woonkamer bedraagt € 375,-. De aankoopprijs van de televisie was € 500,-.
   a. Valt dit voorval onder de productaansprakelijkheid? Zo ja, wie is er aansprakelijk?
   b. Hoeveel kan Murat vorderen als gevolg van de productaansprakelijkheid?
   c. Wat raad jij Murat aan in deze situatie?

8. Dorus gaat zijn huis schilderen. De ladder heeft hij vorig jaar gekocht bij LuckyKlus. Bij het schilderen breekt een sport door en Dorus maakt een lelijke val... een hersenschudding, een gebroken arm, het huis en het terras zitten onder de verfspatten. Volgens LuckyKlus is de Italiaanse fabrikant Sporto aansprakelijk. Sporto gebruikte een grondstof die werd geleverd door de Franse fabriek AluMiné. De ladder heeft het LuckyKlus huismerk.
   a. Valt dit voorval onder de productaansprakelijkheid? Verklaar je antwoord.
   b. Wie kan Dorus aansprakelijk stellen, en voor welke schade?

15.3 Privacy

De gegevens van de meeste mensen zijn op allerlei plaatsen opgeslagen: bij de gemeente, de Belastingdienst, de huisarts, de bibliotheek, de supermarkt, je sportvereniging, je werkgever, Air Miles, enquêteresultaten enzovoort. Mensen hebben behoefte aan privacy en houden er niet van als hun persoonsgegevens van hand tot hand gaan of op straat komen te liggen. Bij de marketing verzamel je graag veel persoonsgegevens. Daar goed en zorgvuldig mee omgaan, verhoogt de kwaliteit en is ook een element van service.

Wbp

Daarnaast heeft de overheid een stok achter de deur. De Wet bescherming persoonsgegevens (Wbp) is een privacywet. Het is de Nederlandse vertaling van een Europese richtlijn. Het doel van de Wbp is dat gegevens van personen beschermd zijn en dat ze alleen gebruikt worden voor het doel waarvoor we ze hebben afgegeven.

De Europese richtlijn bepaalt dat privacybescherming geen excuus mag zijn om de handel binnen Europa te bemoeilijken. Maar dan moet de privacybescherming wel goed geregeld zijn. De Wbp stelt regels en voorwaarden aan het registreren en verwerken van persoonsgegevens door organisaties.

De meeste mensen hebben geen probleem met de manier waarop organisaties hun gegevens gebruiken. Ze profiteren van voordeeltjes en extra service die zij met een klantenkaart krijgen, en ze vinden het prettig om informatie te ontvangen. Toch bestaat het gevaar dat een instelling die gegevens niet alleen gebruikt voor het doel waarvoor je ze hebt afgegeven; of ze ongevraagd doorgeeft aan andere organisaties.

Het Bureau Kredietregistratie in Tiel (BKR) registreert gegevens zoals opgenomen kredieten, hypotheeklasten, bezit van een creditcard en niet betaalde schulden. Bij het BKR heeft men regels opgesteld over de verstrekking van deze gegevens aan anderen. Als je een lening wilt aangaan, kan de bank bij het BKR informeren of het veilig is om jou geld te lenen. De kredietverlener krijgt niet te horen hoeveel schuld je hebt en of je je schulden wel altijd hebt terugbetaald.

Als deze gegevens op straat komen te liggen, zouden heel wat mensen problemen krijgen.

De wet maakt verschil tussen persoonsregistratie, persoonsgegevens en bijzondere gegevens. Een *persoonsregistratie* is een systematische verzameling van gegevens over personen, bijvoorbeeld:

- een lijst of database met je naam, voornaam, klas, adres, postcode, telefoonnummer, vorige school, leerlingnummer enzovoort;
- het klantenbestand van een bank;
- het bestand van een winkelbedrijf waarin de aankopen per klantenkaart zijn te vinden.

Elke persoonsregistratie bevat *persoonsgegevens*. Dat zijn alle gegevens die informatie bevatten over een persoon, zoals je naam, geboortejaar, geloof, bloedgroep, ziekteverleden, politieke voorkeur, lengte, ouders en voorouders, kinderen en welke artikelen je koopt.

De Wbp regelt hoe bedrijven om moeten gaan met persoonsgegevens. In de wet staan voorwaarden voor verzamelen, opslaan, bewaren, vergelijken en koppelen van persoonsgegevens en voor het verstrekken van die persoonsgegevens aan anderen. Bedrijven mogen persoonsgegevens doorverkopen aan andere organisaties als ze toestemming hebben gevraagd aan de betreffende personen. Bedrijven mogen alleen die gegevens van personen opslaan, die nodig zijn voor de bedrijfsvoering.

Sommige persoonsgegevens zijn gevoelig. De wet ziet gegevens over iemands ras, politieke gezindheid, godsdienst of levensovertuiging, gezondheid, seksuele leven en lidmaatschap van een vakbond als *bijzondere* persoonsgegevens. Ook strafrechtelijke persoonsgegevens, bijvoorbeeld over veroordelingen, zijn bijzondere gegevens.

Als iemands bijzondere persoonsgegevens op straat komen te liggen, is dat een grote inbreuk op zijn privacy. Daarom mogen alleen door de wet genoemde instanties bijzondere gegevens registreren en verwerken. Andere organisaties mogen dat alleen met uitdrukkelijke toestemming van de betrokkenen. Zo mogen in principe alleen instellingen in de gezondheidszorg gegevens registreren over iemands gezondheid.

Elke organisatie die aan persoonsregistratie doet, moet:
- zelf zorgen voor goed beheer ervan en een eigen privacyreglement of gedragscode opstellen. In een gedragscode staan bedrijfsregels voor geheimhouding en verstrekking van gegevens aan derden.
- de persoonsregistratie aanmelden bij het College bescherming persoonsgegevens (CBP, zie www.cbpweb.nl). Deze instelling registreert deze bestanden en ziet toe op zorgvuldig gebruik en beveiliging van persoonsgegevens. Het bedrijf moet ook melden op welke manier het de persoonsgegevens heeft verwerkt.

gedragscode

CBP

De wet geldt niet voor alle registraties. Een adreslijst met telefoonnummers in jouw agenda valt er niet onder. Openbare registers ook niet. Voor een deel van de instellingen geldt de wet wel, maar zij hebben vrijstelling van de meldingsplicht. Er is wel een beveiligingsplicht, bijvoorbeeld voor:
- ledenlijsten
- personeelsadministraties
- wetenschappelijke registers
- de gegevens uit telefoonboeken.

Voor personeelsgegevens geldt dat de werkgever die alleen aan anderen mag verstrekken:
- als dat noodzakelijk is voor de uitvoering van de arbeidsovereenkomst (bijvoorbeeld gegevens doorgeven aan de UWV);
- op grond van een wettelijk voorschrift (zoals gegevens verstrekken aan de belastingdienst);
- als de werknemer toestemming heeft gegeven aan de werkgever (bijvoorbeeld om gegevens aan een pensioenfonds door te geven).

Als burger heb je drie belangrijke rechten ten opzichte van instanties die je gegevens bewaren.
- Het recht op *inzage* in het gebruik van je persoonsgegevens. Als je daarnaar vraagt, moet het bedrijf informatie verstrekken over het doel van het gebruik van de gegevens, de ontvangers van de gegevens en over de herkomst van de gegevens.
- Het recht op *correctie* van gegevens. Als je kunt aantonen dat de gegevens onjuist of achterhaald zijn, kun je eisen dat men de gegevens verbetert, aanvult, afschermt of verwijdert.
- Het recht van *verzet* tegen gebruik van je persoonsgegevens. Als het om direct marketing gaat, moet dat bedrijf altijd gehoor geven aan je verzet:

ze moeten jouw gegevens schrappen als jij dat wilt. In andere gevallen moet je kunnen aantonen dat de registratie van jouw persoonsgegevens nadelig voor je is, in verband met jouw omstandigheden.

Als een burger schade lijdt doordat een instelling onzorgvuldig met zijn persoonsgegevens is omgegaan, is de instelling aansprakelijk. De burger kan de instelling dus aanspreken voor schadevergoeding. Dat geldt ook voor immateriële schade.

De meeste gedragscodes gaan verder dan de Wbp. Organisaties hebben ook vaak te maken met geheime gegevens. Denk aan productiecijfers, winstmarges, uitbreidingsplannen of notulen van een vergadering over een fusie. Zulke informatie wil men niet lekken naar de concurrentie.

Een deel van de medewerkers heeft toegang tot vertrouwelijke gegevens, denk bijvoorbeeld aan de inhoud van je functioneringsgesprek. De secretaresse die het verslag daarvan uitwerkt, moet de inhoud voor zich houden. Op personeelszaken heeft men gegevens over je opleidingen en vorige werkkringen. Ook deze gegevens zijn vertrouwelijk. In de gedragscode is geregeld welke gegevens geheim en vertrouwelijk moeten blijven. Als werknemer heb je je daaraan te houden (zolang de gedragscode tenminste redelijk is en overeenstemt met de wetgeving).

Ook de *Telecommunicatiewet* bevat bepalingen over privacy. Een artikel van die wet bepaalt dat een website alleen *cookies* (kleine tekstbestandjes) op de harde schijf van de bezoeker mag plaatsen als die bezoeker daarmee instemt. Dit artikel noemt men vaak de 'cookiewet', ook al is het maar een wetsartikel. In 2012 bepaalde de wet dat de bezoeker eerst op 'Ja' moest klikken voordat hij de website kon bezoeken. Dat leidde tot balken en pop-ups die de meeste mensen hinderlijk vonden. Bovendien liep de Nederlandse wet uit de pas met de internationale en Europese wetgeving.

Op dit moment (eind 2013) is een wetswijziging in de maak. Waarschijnlijk hoeft de bezoeker alleen maar stilzwijgend toe te stemmen met het gebruik van cookies. Dat betekent dat de eigenaar van de website een balkje plaatst, bijvoorbeeld onderin het scherm, met de mededeling dat deze website cookies gebruikt. Klikt de bezoeker dat balkje weg, dan heeft hij toestemming gegeven. Doet hij dat niet, dan verdwijnt het balkje na een poosje en is er ook niets aan de hand.

Hoofdstuk 15   Marketing en de wet

De ACM (Autoriteit Consument en Markt) houdt toezicht op uitvoering van de Telecommunicatiewet. ACM en CBP werken samen, daar waar het om privacy gaat.

Opdrachten

9. Welke problemen kan een organisatie krijgen die zich niet houdt aan de Wet bescherming persoonsgegevens? Denk daarbij niet alleen aan juridische problemen.

10. Zoek de antwoorden op www.cbpweb.nl.
    a. In welke gevallen zijn persoonsgegevens vrijgesteld van de meldingsplicht aan het CBP?
    b. Zoek uit of elk bedrijf een Functionaris Gegevensbescherming moet aanstellen.
    c. Welke functie heeft het CPB op het gebied van klachten en bemiddeling?

11. Bij een bedrijf worden klantgegevens verzameld in een database. Klanten registreren zich voor een klantenkaart. Geef steeds aan of het is toegestaan en verklaar je antwoorden.
    a. Het bedrijf stuurt deze klanten ongevraagd post.
    b. Het bedrijf verkoopt de database aan EasyTrend.
    c. Een politieke partij vraagt het bedrijf om de database te gebruiken voor een ideëel doel, namelijk om potentiële stemmers te benaderen.
    d. Mevrouw Klantenaer vraagt om inzage van haar geregistreerde persoonsgegevens. Een medewerker vertelt haar dat dit niet is toegestaan op grond van het privacyreglement.

12. Jullie zijn bezig met klachtenregistratie en jij vraagt waar je de gedragscode voor omgang met persoonsgegevens kunt vinden. Als antwoord krijg je: 'Gedragscode? Dat is nergens voor nodig zolang je maar de Wet bescherming persoonsgegevens naleeft'.
    Geef goede tegenargumenten.

13.

Consumentenbond wil betere beveiliging bonuskaart
De bonuskaart van Albert Heijn moet beter worden beveiligd, omdat privacygevoelige informatie over wat iemand koopt voor iedereen toegankelijk is. Dat stelt de Consumentenbond vanochtend in De Telegraaf. Door iemands bonuskaartnummer in te vullen op de website of de app van Albert Heijn kan iedereen zien wat de bezitter van de kaart de afgelopen drie maanden heeft gekocht. Een groot deel van het bonuskaartnummer staat ook op de kassabon, die vaak achteloos wordt weggegooid. De eerste paar cijfers ontbreken, maar die zijn volgens de Consumentenbond gemakkelijk te achterhalen omdat dat een standaardcode is.

De gegevens zouden moeten worden beveiligd met een wachtwoord. Babs van der Staak van de bond zegt in de krant:
"Naast onschuldige dagelijkse boodschappen staan er vaak privézaken tussen iemands aankopen. Niemand wil dat uitlekt hoeveel sigaretten of condooms hij koopt, of dat onlangs een zwangerschapstest is aangeschaft."

AH schond eerder privacy met bonuskaart. Het College Bescherming Persoonsgegevens meldde vorig jaar dat Albert Heijn de Wet Bescherming Persoonsgegevens overtrad door meer NAW-gegevens op te slaan dan is toegestaan. Onder andere omdat bezitters van een anonieme bonuskaart toch bij het bedrijf geregistreerd stonden als ze boodschappen online hadden besteld.

nrc.nl 26-09-2013

a. Kun je privacygevoelige gegevens ontdekken tussen de boodschappen van sommige mensen?
b. Welke gevolgen kan dat hebben voor het privacyreglement (gedragscode) van AH?
c. Welke fout maakte AH in 2012, volgens het CBP?

14. a. Wat heeft het plaatsen van cookies met privacy te maken?
b. Hoe moeten bedrijven hiermee omgaan?

15.4 Regels voor reclame

Bij reclame maken heb je te maken met de Mediawet en de Wet oneerlijke handelspraktijken. Daarnaast doen ondernemingen ook aan *zelfregulering*: de meeste bedrijfstakorganisaties zijn aangesloten bij de Stichting Reclame Code (SRC). Volgens de Mediawet zijn alle media-instellingen die reclame doorgeven verplicht aangesloten bij de SRC. Die reclamecode stelt regels voor reclame. Het verschil tussen de wet en zelfregulering is dat er op overtreding van een wet sancties staan, zoals een boete. De SRC kan geen sancties opleggen. Maar een onderneming die de reclamecode aan haar laars lapt, krijgt wel slechte publiciteit.

De Wet oneerlijke handelspraktijken verbiedt precies dat: oneerlijke handelspraktijken. De ACM houdt toezicht op deze wet. De wet geldt voor alle verkoop aan consumenten, dus niet alleen voor verkoopacties. Zo is *misleidende* reclame verboden. Een aanbieder die een consument laat weten 'Gefeliciteerd, u heeft een prijs gewonnen!' moet die prijs ook echt uitreiken, zonder dat de consument daar aanvullende moeite voor hoeft te doen. Iets wat 'gratis' wordt aangeboden, moet ook echt gratis zijn zonder aanvullende voorwaarden. 'Alles moet weg' is niet toegestaan als de verkoper na deze actie gewoon doorgaat met hetzelfde assortiment verkopen.

misleidende reclame

Ook in de code van de Stichting Reclame Code is misleidende reclame niet toegestaan. De afzender moet niet alleen aan kunnen tonen dat de boodschap waar is, de boodschap mag ook geen verwarring zaaien. *Sluik*reclame is een vorm van misleidende reclame, waarbij niet duidelijk is dat het om een reclameboodschap gaat. Dat maakt ontvangers argelozer en zo komt de boodschap iets makkelijker binnen. Bij reclame geldt de verplichting dat duidelijk is dat het om een reclameboodschap gaat.

sluikreclame

In *vergelijkende* reclame wordt het aanbod vergeleken met producten of diensten van de concurrent. Dat is in Nederland alleen toegestaan als:

vergelijkende reclame

- er geen verwarring gezaaid wordt over het andere product of merk (de vergelijking mag niet misleidend zijn);
- het andere product niet gekleineerd wordt (de vergelijking is niet denigrerend);
- de adverteerder geen ongerechtvaardigd voordeel trekt uit de bekendheid van het merk waarmee vergeleken wordt.

spot
non spot

Omroepen onderscheiden *spot* reclame (reclamespotjes, tijdvakken voor commercials) en *non-spot* reclame, commerciële uitingen buiten de spotjes om. Een voorbeeld daarvan is *sponsoring*: een bedrijf sponsort een programma en in ruil daarvoor is de naam van het bedrijf op de aftiteling te zien. Zulke sponsoring is toegestaan, zolang het maar geen echte reclame-uiting wordt. Dan zouden namelijk het programma en de reclame door elkaar gaan lopen. Een voorwaarde voor reclame is dat het altijd herkenbaar is als reclame.

aanhakende reclame

Hoe meer rumoer rond een product of een merk, hoe meer mensen het oppikken en er even bij nadenken. Daardoor komen omroepen in de verleiding om *aan te haken*: een product wordt genoemd in een show en gelijk daarna wordt in een reclamespotje daarbij aangehaakt. De mediawet staat dat niet toe, omdat de scheiding tussen reclame en andere programmering daardoor vervaagt. Toch proberen omroepen regelmatig uit wat wel en niet mag, er is tenslotte veel geld mee op te halen.

Gedurende een week werd op 3FM uitgebreid aandacht besteed aan de nieuwe cd van Marco Borsato. Daarbij werden interviews, spelletjes en promotiespots uitgezonden. In de STER-reclameblokken werd vooraf aangekondigd dat de nieuwe cd voor het eerst te horen zou zijn in de actieweek van 3FM. Daarnaast verscheen een advertentie in De Telegraaf met de tekst: Heb jij de nieuwe cd van Marco Borsato nu al gehoord? Dan luister jij naar 3FM. De in de actieweek uitgezonden interviews, spelletjes en promotiespots, in samenhang met de 'aanhakende reclame' in de STER-blokken en de advertentie in de Telegraaf, en het veelvuldig noemen van de naam Borsato en diens cd stond in geen verhouding tot het niet-commerciële karakter van de publieke omroep. Het Commissariaat beboette de betrokken omroepen.

Commissariaat voor de Media

Met een reclameboodschap *inhaken* op de actualiteit (bijvoorbeeld een WK of een zaak die in het nieuws is) mag gewoon, zolang je de regels naleeft. Snel inhaken kan de effectiviteit flink verhogen, doordat de boodschap makkelijker opvalt.

De Mediawet bevat daarnaast allerlei regels over de hoeveelheid reclame, op welke tijdstippen reclame mag worden uitgezonden, enzovoort. Zo mag reclame voor bier of sterke drank alleen na 9 uur 's avonds uitgezonden worden.

Hoofdstuk 15 Marketing en de wet

Het Commissariaat voor de Media (CvdM) houdt toezicht op de uitvoering van de mediawet.

Opdrachten

15. a. Omschrijf zo precies mogelijk het begrip 'misleidende reclame'.
    b. Wat is het verschil tussen misleidende reclame en sluikreclame?

16. a. Wat is het verschil tussen wetgeving en zelfregulering?
    b. Bedenk waarom het bedrijfsleven aan zelfregulering doet.

17. Toegestaan of niet? Verklaar steeds je antwoord.
    a. In een commercial beweert een man in een witte jas dat WhiteWash veel beter wast dan product X.
    b. In het volgende spotje beweert die man dat WhiteWash veel minder risico voor uw tere was oplevert dan Dobbelman.
    c. Weer een spotje van WhiteWash later zien we een vrouw op een sputterend Solexje, grote ton Dobbelman op de bagagedrager. Ze wordt ingehaald door een snelle meid op een scootertje met een pakje WhiteWash achterop.
    d. Jerry Springer vertelt op televisie dat z'n overhemd is gewassen met WhiteWash, een ultranieuw wasmiddel. In de pauze van de show wordt een spotje uitgezonden waarin je ziet hoe dat overhemd uit de wasmachine kwam.
    e. UltraClean glazenwasmiddel meldt trots dat het is gebruikt voor het ramenlappen in het nieuwe Olympisch stadion.
    f. In een commercial voor een nieuw model Audi vraagt de bijrijder waarom het zicht zo goed is. 'Gewoon gelapt met UltraClean', zegt de bestuurster in een snelle bocht.
    g. In een landelijk dagblad staat een artikel over het nieuwe Olympisch stadion, waarin wordt ingegaan op de overeenkomst met UltraClean, dat de ruiten helder houdt in ruil voor buitenreclame. Pal naast het artikel staat een advertentie van UltraClean.

18. a. Zoek een praktijkvoorbeeld waarin een ondernemer niet aan de Wet oneerlijke handelspraktijken voldoet (als je dat niet zo snel kunt vinden, kun je ook de consumentengids erop nazoeken).
    b. Waar kan een consument terecht die benadeeld is door een oneerlijke handelspraktijk? Je kunt dit vinden in de Brochure oneerlijke handelspraktijken (snel te vinden op het internet).

15.5 Regels voor direct marketing

direct marketing

Direct marketing hoort bij de actiemix. Het bestaat uit directe communicatie met klanten en mogelijke klanten, zonder tussenschakels zoals bij reclame. Reclame zonder tussenschakels wil zeggen zonder massamedia. Dat kan via de brievenbus, e-mail, de telefoon of via de website. Er zijn drie hoofdvormen van zulke directe oftewel rechtstreekse reclame.

direct mail

- Bij *direct mail* komt de boodschap binnen in een geadresseerde envelop. Voor zulke mailings maakt men gebruik van adresbestanden. De elektronische variant is *direct e-mail*.

direct non-mail

- *Direct non-mail* valt ongeadresseerd in de bus: folders en overige brievenbusreclame.

telemarketing

- Bij *telemarketing* worden mensen uit de doelgroep telefonisch benaderd met een commerciële boodschap.

Ook bij direct marketing heb je te maken met wettelijke beperkingen en met zelfregulering. Niet iedereen wil ongevraagd promotie ontvangen. Bij direct mail hebben bedrijven een adressenbestand nodig. Dat valt onder de Wet bescherming persoonsgegevens, of ze dat bestand nou zelf hebben opgebouwd of hebben gekocht. Mensen die aangeven dat ze geen ongevraagde post willen ontvangen, mag je geen direct mail sturen. Op grond van het recht op verzet moeten bedrijven zich houden aan het *postfilter*. De stichting Postfilter is opgericht door een aantal bedrijfstakorganisaties.

postfilter

Op www.postfilter.nl kunnen mensen zelf aangeven dat ze geen geadresseerde post willen ontvangen. Het is ook mogelijk om alleen post vanuit bepaalde bedrijfstakken te weren. Daarnaast kunnen mensen een overleden familielid via www.postfilter.nl inschrijven in het Nationaal Overledenenregister. Bedrijven mogen ook deze mensen geen post meer sturen. Bedrijven kunnen zelf hun bestanden opschonen. Ze kunnen dit ook uitbesteden aan de stichting Postfilter. Daarnaast moeten bedrijven in elke geadresseerde brief aangeven hoe de geadresseerde zich kan afmelden.

NEE-JA-sticker

De stichting Reclame Code zorgt ook voor uitvoering van de Code Verspreiding Ongeadresseerd Reclamedrukwerk. Mensen die geen ongeadresseerde reclame (direct non-mail) in de bus willen krijgen, kunnen een NEE-JA-sticker op hun brievenbus plakken. Wil je ook geen huis-aan-huisbladen, dan gebruik je een NEE-NEE-sticker. Tegen bedrijven die deze stickers niet respecteren, kunnen de ontvangers een klacht indienen bij de Reclame Code Commissie. De stickers zijn verkrijgbaar bij de gemeente.

E-mailreclame is de elektronische variant van direct mail. Het verschil met direct mail is dat bedrijven wettelijk alleen commerciële e-mail mogen sturen aan mensen en bedrijven die hiervoor bewust toestemming hebben gegeven. Dit heet de 'opt-in' regeling, die is opgenomen in de Code Reclame via E-mail.

Code Reclame via E-mail

Je vindt deze code op ddma.nl. Enkele belangrijke punten van de opt-in regeling:
- De ontvanger moet meteen zien van welk bedrijf het bericht afkomstig is.
- De ontvanger moet kunnen antwoorden aan het e-mailadres waar de e-mail vandaan komt.
- Een bedrijf is verplicht om mensen bij het inschrijven duidelijk te informeren over het soort e-mail dat ze kunnen verwachten en de frequentie (hoe vaak ze e-mail kunnen verwachten).

Op overtreding staan flinke boetes. De ACM en de Reclame Code Commissie zien toe op de naleving.

Ook bedrijven die aan telemarketing doen, gebruiken een bestand met persoonsgegevens. Dus ook voor ongevraagd opgebeld worden geldt het recht van verzet uit de Wbp. Bovendien schrijft de Telecommunicatiewet voor dat er een register moet zijn voor mensen die zulke telefoontjes niet willen, en dat bedrijven die ook niet ongevraagd mogen bellen. Zulke mensen kunnen hun telefoonnummer inschrijven in het *Bel-me-niet register* van de stichting Infofilter. Dit kan op www.bel-me-niet.nl. Daarnaast zijn bedrijven verplicht om na elk ongevraagd gesprek de klant te wijzen op de mogelijkheid van het bel-me-niet Register.

bel-me-niet register

Het Bel-me-niet Register telt inmiddels acht miljoen inschrijvingen. Daarnaast daalt inmiddels het aantal klachten over telemarketeers. Veel mensen komen in het Bel-me-niet Register omdat telemarketeers consumenten aan het einde van een gesprek de mogelijkheid moeten bieden om in het register te worden opgenomen. Het aantal klachten over telemarketing neemt af, meldt Stichting Infofilter. De toenmalige OPTA registreerde in 2012 38 procent minder klachten dan in 2011. Het ligt voor de hand dat de twee ontwikkelingen met elkaar te maken hebben, maar een direct verband is niet aan te tonen. Eerder liet telecomwaakhond OPTA weten meer dan een miljoen euro aan boetes te hebben uitgedeeld na klachten over het negeren van het Bel-me-niet Register. Daarbij zouden loterijen het vaakst in de fout gaan.

tweakers.net, 12 april 2013

De ACM (Autoriteit Consument en Markt) ziet toe op uitvoering van de Telecommunicatiewet (OPTA uit het artikel is opgegaan in de ACM).

onderzoekfilter

Tot slot bestaat er nog een *onderzoekfilter* voor mensen die niet mee willen werken aan marktonderzoek: onderzoekfilter.nl.

DDMA

DDMA is de Nederlandse brancheorganisatie voor direct marketing. Ook deze branche doet aan zelfregulering. De stichtingen Infofilter en Postfilter zijn daar voorbeelden van. DDMA heeft samen met Thuiswinkel.org, Vereniging Contactcenters Nederland (VCN) en de Werkgeversvereniging voor de Facilitaire Callcenters (WGCC) een zelfreguleringscode opgesteld, de *Richtlijn Telemarketing*, inclusief een *aanvullende* richtlijn. Ook deze richtlijn kun je vinden op ddma.nl. De belangrijkste bepalingen zijn:

aanvullende richtlijn telemarketing

- de branche voert de telecommunicatiewet uit;
- het bellende bedrijf neemt het initiatief om de ander te wijzen op het recht van verzet en de mogelijkheden daartoe;
- het bellende bedrijf moet de gegevens van mensen die verzet aantekenen, noteren en verwerken;
- het bedrijfsleven wisselt eens per kwartaal informatie uit met de ACM;
- bedrijven die deze richtlijn overtreden, worden geschrapt als lid van hun branchevereniging.

Opdrachten

19. Wat heeft het recht op verzet uit de Wbp te maken met de verschillende filters en registers tegen direct marketing?

20. Lees het artikel van tweakers.net, aan het eind van de paragraaf. Welke reden voert de auteur aan voor de afname van het aantal klachten over telemarketing?

21. Hoe zou je de regeling voor direct mail kunnen noemen, als je die vergelijkt met de regeling voor direct e-mail?

15.6 Regels voor kansspelen

Eén van de mogelijke verkoopacties is een kansspel. Daarbij heb je te maken met de Wet op de kansspelen. In Nederland heb je speciale toestemming nodig om een commerciële loterij te organiseren.

promotioneel kansspel

Toch mag een bedrijf zonder vergunning een promotioneel kansspel organiseren, zolang dat voldoet aan de Gedragscode promotionele kansspelen. Een *promotioneel* kansspel heeft als doel om een product, merk of onderneming in het zonnetje te zetten. Voorbeelden zijn: bel-en-win acties, SMS-en-win acties, een prijspuzzel of een sweepstake (een soort loterij waarbij de loten al van tevoren getrokken zijn).

Op www.rijksoverheid.nl kun je deze gedragscode vinden. De gedragscode in het kort:
- Per product, dienst of organisatie mag je maar één keer per jaar een promotioneel kansspel organiseren. De tijdsduur moet beperkt zijn en er mogen niet meer dan dertien trekkingen zijn.
- De kosten voor de consument mogen niet meer bedragen dan de communicatiekosten: een postzegeltje of het lokale telefoontarief.
- De totale waarde van de prijzen mag per jaar niet meer bedragen dan € 100.000,- (excl. kansspelbelasting, 29% over prijzen boven de € 454,-).
- De organisator moet ervoor zorgen dat kinderen jonger dan 16 alleen met toestemming van de ouders deelnemen.
- De organisator moet algemene voorwaarden opstellen en ervoor zorgen dat iedereen die kan lezen.

klein promotioneel kansspel

Daarnaast kent de gedragscode ook het *klein* promotioneel kansspel. De totale waarde van de prijzen daarvan is maximaal € 4.500,-. Een aanbieder mag zo'n klein promotioneel kansspel zo vaak als hij wil organiseren. Ook is hij hierbij niet verplicht om spelvoorwaarden op te stellen (maar dat is wel verstandig).

Opdrachten

23. Geef aan of de volgende kansacties zijn toegestaan.
    a. De marketingorganisatie van Winkelcentrum De Buurt heeft in alle brievenbussen in de buurt een envelop gedaan. Door de juiste stickers te plakken en de envelop terug te sturen maak je kans op leuke prijzen. Die bestaan uit producten van de organiserende winkels. Er is geen enkele aankoopverplichting.

b. De klanten van supermarkt 1-Uit-1000 maken kans op de hoofdprijs van een jaar lang gratis boodschappen doen als ze een slagzin afmaken.
c. Je krijgt een brief van de garage om de hoek:
'Geachte klant,
Goed nieuws! Alle aangesloten BOVAG garages hebben een trekking georganiseerd onder hun klanten en het winnende lot is op uw naam gevallen. Dat betekent dat u morgen weg kunt rijden in uw nieuwe Rolls Royce!'
d. Prijspuzzel! De goede inzenders maken kans op een van de tien plasma tv's. Plak op uw briefkaart € 2,- extra postzegels voor administratiekosten.

24. Waarom is het ook voor een klein promotioneel kansspel toch verstandig om wel algemene voorwaarden op te stellen?

15.7 Intellectueel eigendom

Bij het werk aan de marketing ben je vaak aan het schrijven en heb je regelmatig illustratiemateriaal nodig voor een webpagina, een folder, of een brochure. Daarbij kun je niet zomaar materiaal gebruiken dat door anderen is gemaakt, want in veel gevallen is de maker daarvan beschermd door de wet.

auteursrecht

Het *auteursrecht* bepaalt dat alleen de auteur zelf recht heeft op zijn materiaal. Je mag alleen met voorafgaande toestemming van de auteur(s) gebruik maken van materiaal dat onder het auteursrecht valt. Je mag er geen tekst uit overnemen, je mag het ook niet kopiëren. Deze wettelijke regel beschermt auteurs, anders zouden anderen makkelijk van hun werk kunnen profiteren. Door een aantal internationale verdragen is het auteursrecht over vrijwel de hele wereld geldig.

In veel gevallen heeft de auteur dit recht afgestaan aan een uitgever, een onderneming die zorgt voor de productie en de verkoop van het werk. In dat geval moet je voor toestemming voor reproduceren van het materiaal bij de uitgever zijn. Geldt het auteursrecht voor een publicatie, dan moet dat erin staan. Staat het er niet in, dan ben je vrij om dat materiaal te gebruiken.

plagiaat

Gebruik je tekst uit materiaal van een ander zonder toestemming en geef je het ook niet aan, dan pleeg je *plagiaat*. Dat is strafbaar. Auteursrecht geldt niet alleen voor tekst, maar voor alle uitingen van kunst. Een fotograaf heeft auteursrecht op zijn foto's. Een architect heeft auteursrecht op zijn ontwerpen. Een foto van een ander zonder toestemming publiceren is een inbreuk op het auteursrecht. In Nederland geldt dat als misdrijf.

portretrecht

Anouk laat een mooi fotoportret van zichzelf maken. De fotograaf heeft het auteursrecht op die foto, maar Anouk heeft het *portret*recht: voor reproductie van die foto is ook haar toestemming nodig, naast de toestemming van de fotograaf. Zulk portretrecht geldt niet voor foto's die niet in opdracht zijn gemaakt. Kom je op straat op bijvoorbeeld een nieuwsfoto, dan mag de fotograaf die zonder jouw toestemming verspreiden. Je kunt er alleen bezwaar tegen maken als de openbaarmaking inbreuk maakt op je persoonlijke levenssfeer; bijvoorbeeld als je er op die foto belachelijk uitziet.

naburige rechten

Artiesten hebben *naburige rechten* op de manier waarop zij een kunstwerk uitvoeren. Het maakt daarbij niet uit of de artiest dat werk zelf heeft gemaakt of niet. Stel dat Anouk een lied van John Lennon zingt en een andere zangeres aapt haar precies na. Zij schendt dan Anouks naburige rechten. Anouk mag dat lied op de plaat zetten en laten verkopen, op grond van haar naburige rechten (zolang ze royalty betaalt aan de nabestaanden van John Lennon). Ook uitzending en uitlening van dat lied valt onder de naburige rechten. Voor een video of film geldt dit net zo goed.

Sena

Buma/Stemra

In Nederland zorgt *Sena* (Stichting ter Exploitatie van Naburige Rechten) voor inning en verdeling van de vergoedingen voor uitzending en uitlening van muziek. *Buma/Stemra* behartigt de belangen van muziekauteurs, en incasseert en verdeelt voor hen de vergoeding voor het openbaar maken van hun werk op grond van het auteursrecht.

octrooirecht

Iets uitgevonden? Je kunt er *octrooi* op aanvragen. Dat is het alleenrecht om die uitvinding te produceren en te verkopen. Anderen mogen je vinding dan alleen gebruiken als jij het daarmee eens bent en zij je daarvoor betalen. Daarmee voorkomt de uitvinder dat anderen met z'n uitvinding aan de haal gaan. Het verschil met auteursrecht is dat een auteur of artiest zijn recht niet hoeft aan te vragen, dat ontstaat automatisch. Een uitvinder moet het octrooi (ook wel *patent* genoemd) aanvragen, en dat geldt maar voor één land. Wel is het mogelijk om bij het Europees Octrooibureau octrooi aan te vragen voor alle landen van de EU tegelijk. De uitvinding moet wel echt iets nieuws zijn, het moet niet al te zeer voor de hand liggen (het moet 'inventief' zijn) en het moet industrieel toepasbaar zijn. Een octrooi geldt maximaal 20 jaar.

merkenrecht

Ook voor merken geldt dat een nieuw merk pas beschermd is, nadat de eigenaar het merk heeft geregistreerd. Dat kan bij het Benelux-Bureau voor de Intellectuele Eigendom in Den Haag, of bij het Harmonisatiebureau voor de Interne markt van de EU in Alicante. In paragraaf 11.2 las je al dat in de marketing registratie onderdeel is van een merk. Zonder registratie is het merk vrij waardeloos omdat anderen het zomaar kunnen gebruiken. Een ander mag een geregistreerd merk niet gebruiken. Doet hij dat toch, dan kan de eigenaar de rechter vragen om dwangmiddelen te gebruiken en om een schadevergoeding op te leggen.

handelsnaam

De naam van een bedrijf, de *handelsnaam*, is soms gelijk aan het merk, maar lang niet altijd. Handelsnamen zijn beschermd: een ander bedrijf mag niet onder dezelfde naam aan het werk gaan; en ook niet met een naam die daar al te veel op lijkt. Verder mag een handelsnaam geen verwarring wekken. De handelsnamenwet geldt alleen voor ondernemingen. Voor bescherming van een handelsnaam is registratie niet verplicht, maar inschrijving bij de Kamer van Koophandel is wel verstandig. Als de onderneming de handelsnaam ook als merk wil gebruiken, dan is registratie toch noodzakelijk.

domeinnaamrecht

Vrijwel elk bedrijf heeft tegenwoordig een of meer websites. Daarbij is het belangrijk dat het adres van de website herkenbaar is en makkelijk te onthouden. In Nederland is de keuze van zulke *domeinnamen* vrij en het is makkelijk om een domeinnaam te registreren. Een apart *domeinnaamrecht* bestaat (nog) niet. 'Domeinkaping' komt dan ook veel voor: snel domeinnamen registreren die nuttig zouden kunnen zijn voor grote bedrijven, in de hoop die domeinnaam voor een leuk bedrag door te kunnen verkopen.

Om toch de domeinnamen te beschermen, is het verstandig om die als merk te registreren. Merken zijn namelijk veel beter beschermd. Ook internationaal is de bescherming van domeinnamen nog maar matig geregeld. Wel kun je bij een meningsverschil arbitrage (bemiddeling) vragen door het WIPO (World Intellectual Property Organization, www.wipo.int). Zulke arbitrage is bindend voor beide partijen, en in de praktijk blijkt dit vaak goed te werken.

Opdrachten

25. a. Geef kort aan wat het auteursrecht inhoudt.
    b. Wie heeft het auteursrecht, als je in werktijd een brochure schrijft?
    c. Geef aan waarom het belangrijk is dat auteursrecht bestaat voor schrijvers.

26. a. Kijk voorin dit boek. Geef aan uit welke tekst blijkt dat deze uitgave onder het auteursrecht valt.
    b. Bedenk waarom toestemming van de auteur in dit geval niet voldoende is om tekst uit dit boek in een andere publicatie te verwerken.

27. Je bent al twee dagen bezig een moeilijke kwestie zo te formuleren dat het begrijpelijk wordt. De derde dag zie je op een website een superduidelijke uitleg staan. Voor het gemak kopieer je even een paar zinnen.
    a. Hoe noem je dat met een duur woord?
    b. Geef de mogelijke gevolgen van jouw handelen aan voor jouw organisatie (en voor jezelf).
    c. Kun je achteraf nog om toestemming vragen?

28. a. Je loopt mee met een demonstratie en wordt gefotografeerd op straat. 's Avonds staat je foto in de krant. Kun je hiervoor vergoeding vragen op grond van het portretrecht? Verklaar je antwoord.
    b. In wat voor gevallen kun je publicatie van de foto laten verbieden?

29. Welke twee belangrijke verschillen zijn er tussen octrooirecht en auteursrecht?

30. a. Waarom is het verstandig om de domeinnaam van een website als merk te laten registreren?
    b. Welke van de twee is beter beschermd: een merk of een handelsnaam? Verklaar je antwoord.

15.8 Samenvatting

Garantie is een onderdeel van de dienstverlening waarmee de verkoper waarborgt dat het product minstens een bepaalde tijd aan redelijke verwachtingen voldoet. Zolang deze garantie geldt, en wettelijk minstens een half jaar lang, moet de verkoper bewijzen dat een geretourneerd product geen defect had bij de verkoop. Daarna kan nog steeds wettelijke garantie gelden, maar de bewijslast ligt dan bij de klant. Een *product recall* kan nodig zijn als de producent een defect aan een hele productserie vaststelt, nadat ze al zijn verkocht of bij de tussenhandel zijn.

Productaansprakelijkheid is een risico-aansprakelijkheid. Het gaat om schade ontstaan door een gebrek aan een (industrieel gemaakt) product. De veiligheid van het product wordt beoordeeld op drie punten: presentatie, gebruik en moment waarop het in de handel gebracht werd. Meestal is de fabrikant aansprakelijk, maar in sommige gevallen kan dat ook de toeleverancier, de importeur of de handelaar (bij huismerken) zijn. De *transactieschade* is de schade die iemand lijdt omdat het product zelf niet voldoet. Deze schade valt niet onder productaansprakelijkheid. De consument kan wel een vordering instellen wegens wanprestatie. De *gevolgschade* is de schade die ontstaat als gevolg van het gebrek. Om schadevergoeding te kunnen krijgen, moet voldaan zijn aan twee voorwaarden: de schade moet groter zijn dan € 500,- en het moet gaan om schade in de privésfeer. In een aantal gevallen kan de verantwoordelijke zich vrijpleiten van aansprakelijkheid.

In de *Wbp* staat omschreven dat persoonsgegevens beschermd moeten worden en hoe deze gebruikt mogen worden. Mensen kunnen bezwaar maken tegen het opslaan van *gevoelige* gegevens. Betrokkenen hebben recht op *inzage, correctie* en *verzet*. Het CBP ziet toe op uitvoering van de Wbp. Alle bedrijven die aan persoonsregistratie doen, moeten een gedragscode hebben voor het omgaan met en het beschermen van persoonsgegevens.

De eigenaar van een website moet het plaatsen van *cookies* melden, en heeft daar stilzwijgende instemming van de bezoekers voor nodig.

Misleidende reclame is niet toegestaan. *Sluikreclame* ook niet, het moet altijd duidelijk zijn dat het om een reclameboodschap gaat. *Vergelijkende* reclame mag onder voorwaarden. *Aanhakende* reclame, waarbij een commerciële afzender samenspant met een niet-commerciële, is niet toegestaan. *Inhaken* op een actualiteit mag wel. De regelgeving voor reclame vind je in de Mediawet, de Wet oneerlijke handelspraktijken en in de Reclame Code.

Voor direct marketing is het recht op verzet in de Wbp van doorslaggevend belang. Daardoor mogen bedrijven geen geadresseerde reclame (*direct mail*) sturen aan mensen die zich hebben geregistreerd bij het *postfilter*. Voor *telemarketing* (ongevraagd opbellen) geldt hetzelfde met het *bel-me-niet* Register. De Code Verspreiding Ongeadresseerd Reclamedrukwerk zorgt ervoor dat mensen zich voor *direct non-mail* kunnen afschermen met een sticker op de brievenbus. Voor *direct e-mail* geldt een opt-in regeling: bedrijven mogen alleen commerciële e-mail sturen aan mensen die daarvoor toestemming hebben gegeven.

Bij een kansspel als verkoopactie moet je voldoen aan de *Gedragscode promotionele kansspelen*. Een bedrijf mag één keer per jaar zo'n kansspel organiseren. De kosten voor de consument moeten beperkt zijn tot de communicatiekosten. De totale waarde van de prijzen mag niet meer zijn dan € 100.000,-. Kinderen jonger dan 16 jaar mag je alleen mee laten doen met toestemming van de ouders, en een organisator moet algemene voorwaarden opstellen en openbaar maken. Voor een *klein* promotioneel kansspel zijn de regels soepeler (totale prijzen maximaal € 4.500,-).

Auteursrecht is het exclusieve recht op materiaal. Auteurs kunnen dit overdragen. Het geldt voor alle kunstuitingen, niet alleen voor geschreven werk. Om gebruik te mogen maken van het materiaal dat onder het aureursrecht valt, moet je *vooraf* toestemming vragen. Stilzwijgend gebruik zonder toestemming van materiaal dat onder het auteursrecht valt, is *plagiaat*.

Wie zich heeft laten portretteren, heeft *portret*recht op de afbeelding: voor publicatie is dan ook toestemming van de geportretteerde nodig, niet alleen van de auteur (fotograaf). Muzikanten kunnen naast auteursrecht ook *naburige* rechten hebben op hun uitvoering. Sena en Buma/Stemra verzorgen inning en verdeling van vergoeding voor deze rechten.

Octrooi op een uitvinding geldt onder voorwaarden pas na aanvraag, en is maximaal 20 jaar geldig. Ook een *merk* is pas beschermd na registratie. Ook een *handelsnaam* is beschermd. Als een bedrijf die ook als merk wil gebruiken, is het beter om de naam te registreren. De bescherming voor *domeinnamen* van websites is in Nederland nog niet goed geregeld. Daarom is het verstandig om die ook als merk te registreren.

15.9 Begrippen

Aansprakelijkheid	Degene die schade veroorzaakt, is verplicht de schade te vergoeden.
Auteursrecht	(Exclusief) recht van de auteur op zijn eigen werk.
Direct mail	Geadresseerde brievenbusreclame.
Direct marketing	Bestaat uit directe communicatie met klanten en mogelijke klanten, zonder tussenschakels.
Direct non-mail	Ongeadresseerde brievenbusreclame.
Garantie	Een waarborg waarmee de verkoper ervoor zorgt dat het product minstens een bepaalde tijd aan een redelijke verwachting voldoet. Na afloop van de verkopersgarantie kan nog wettelijke garantie gelden.
Gevolgschade	Schade die door een product wordt veroorzaakt.
Naburige rechten	Recht van artiesten op de manier waarop zij een kunstwerk uitvoeren.
Octrooi	Het alleenrecht om een uitvinding te produceren en te verkopen.
Persoonsregistratie	Een systematische verzameling van gegevens over personen.
Portretrecht	Geldt voor portretten die in opdracht zijn gemaakt. Voor publicatie is ook toestemming van de afgebeelde persoon nodig.
Plagiaat	Overnemen uit werk van een ander zonder toestemming en zonder het aan te geven.
Product-aansprakelijkheid	Risico-aansprakelijkheid voor gevolgschade door een gebrek aan een industrieel product ontstaan in de privésfeer.
Promotioneel kansspel	Kansspel met als doel promotie voor een product, merk of onderneming.
Reclame	
aanhakende ~	de boodschap haakt aan bij een programma-inhoud, waarbij de grens tussen reclame en programma vervaagt.
inhakende ~	de boodschap sluit aan op een actualiteit.
misleidende ~	bevat onjuistheden.
sluik~	het is niet duidelijk dat het om reclame gaat.
vergelijkende ~	het aanbod wordt vergeleken met concurrerend aanbod.
Risico-aansprakelijkheid	De aansprakelijkheid geldt ook als de schade niet duidelijk verwijtbaar is.

Telemarketing	Telefonisch benaderen van mensen met een commerciële boodschap.
Transactieschade	Schade ontstaan aan het product zelf doordat het niet voldoet aan de verwachtingen.

Dankwoord

De auteur bedankt Esther Eikmans (docent/trajectbegeleider sector Economie – commerciële opleidingen ROC Gilde Opleidingen Venlo) en Bas van der Vliet (docent afdeling economie ROC TOP Amsterdam) voor hun inhoudelijke opmerkingen bij het manuscript.

Register

Symbolen
Δ 141
E_K 149
E_v 141

A
aanbod 7, 18
aanbodcurve 8
aanhakende reclame 240, 252
aansprakelijkheid 252
aanvalsstrategie 108
aanvullende richtlijn telemarketing 244
abstracte markt 49, 62
ACM 95, 98, 209, 237, 239, 243, 244
actiecommunicatie 185
actiemix 185, 203
actiereclame 185, 203
actuele vraag 13, 18
additionele vraag 14, 18
afgeleide vraag 13, 18
afzet 102
ambulante handel 59, 62
A-merk 172
arbeid, productiefactor 21
assortiment 179, 183
assortimentsmix 180, 183
auteursrecht 246, 252

B
b2b 118, 134
backoffice 219, 225
bedrijfskolom 64, 81
bedrijfstak 68, 81
behoeften 1, 18
behoeftenconcurrentie 99, 112
Bel-me-niet register 243
bestedingsinflatie 30, 37
bezitsgraad 104, 112
bijzondere persoonsgegevens 234
B-merk 172
bonusverpakking 196
branche 68, 81
brancheorganisatie 68, 81
branchevervaging 75, 81
breed assortiment 179
breedtewerking 195
Buma/Stemra 247
business-to-businessmarketing 118, 134
business-to-businessmarkt 51

C
cash-and-carrygrossier 58
cash-and-carrywinkel 60
cash & carry 63
cash refund 196
cataloguswinkel 60, 63
CBP 235
clubactie 198
C-merk 172
Code Reclame via E-mail 243
Code Verspreiding Ongeadresseerd Reclamedrukwerk 242
collecteren 52, 62
collecterende groothandel 52
collectieve sector 41, 47
colportage 60, 63
commerciële functie, verpakking 178
Commissariaat voor de Media 241
complementaire goederen 9, 18, 149, 155

concrete markt 49, 62
concurrentie 82, 98
concurrentiedoelwit 107, 112
consistent assortiment 180
consumentenmarketing 118, 134
consumentenmarkt 51, 62
consumentenpromotie 195
consumeren 4, 18
consumptiegoederen 22, 37
consumptiehuishouding 4, 18
convenience goods 10, 18, 208
cookies 236
couponactie 196
couponkorting 196
crisis pr 190
CRM 131
culturele ontwikkelingen 128
customer relationship management 131

D
DDMA 244
deflatie 33, 37
delta 141
demografie 128
DESTEP 127
detailhandel 54
detaillistenmarketing 118, 134
dienst 3, 18
dienstenmarketing 118, 134
dienstverlenende bedrijven 40, 47
dieptewerking 195
differentiatie 70, 81
directe distributie 215
directe reclame 242
direct mail 242, 252
direct marketing 242, 252
direct non-mail 242, 252
displaytoelage 200

distribuantenmerk 172
distribueren 53, 62
distributie 205, 215
distributie-intensiteit 208, 215
distributiekanaal 205, 215
distributiemix 205, 215
domeinnamen 248
doorzichtigheid 83, 98
drempelinkomen 158, 167
duurzame gebruiksgoederen 9, 18
duwdistributie 212, 215

E
ecologische omgeving 129
economische kringloop 24
economische omgeving 128
economisch handelen 3, 18
effectieve vraag 13, 18
elastische vraag 144, 155
exclusieve distributie 209, 215
exporteur 52, 63

F
fabrikantenmerk 172
filiaalbedrijf 61, 63
finale vraag 13, 18
financiële pr 190
financieren 57, 62
franchising 79, 81
free publicity 190
frontoffice 219, 225
full service grossier 58, 63
functionele producteigenschappen 169
fysieke producteigenschappen 169

G
garantie 176, 183, 226, 252
garantieregeling 229

gebonden koopkracht 158, 167
gebruiksgoederen 9, 18, 175
gedragscode 235
Gedragscode Promotionele Kansspelen 245
geïmporteerde inflatie 31, 37
gemaksgoederen 10, 18, 176, 208
gemakswinkel 60, 63
gemengde economie 45, 47
generieke concurrentie 99, 112
generieke vraag 12, 18
gesloten economie 45, 47
gevestigde handel 59, 62
gevolgschade 231, 252
goed 3, 18
grootfiliaalbedrijf 60, 63
groothandel 52, 62
grossier 54, 63

H
handelsbedrijven 40, 48
handelsnaam 248
handelspromoties 200
herhalingsvraag 14, 18
heterogeen oligopolie 91, 98
heterogene goederen/producten 10, 19, 84
hoeveelheidsverschil 56
homogeen oligopolie 91, 98
homogene goederen/producten 10, 19, 84
hoog assortiment 180
huishouding 4, 19
huismerk 172

I
importeur 54, 63
indirecte distributie 206, 215
individueel merk 171, 183

industriële revolutie 39
inelastische vraag 144, 155
inferieure goederen 163, 167
inflatie 29, 37
inhakende reclame 240, 252
initiële vraag 14, 19
inkomenselasticiteit 159, 167
inkoopcombinatie 77, 81
integratie 71, 81
intensieve distributie 208, 215
internationale marketing 118, 134
interne klant 220, 225
interne omgevingsfactoren 125
interne pr 190
investeren 23, 37

K
kapitaal, productiefactor 21
kartel 94, 98
kennisverschil 57
keurmerk 176
keuzeprobleem 2, 19
klant 219, 225
klassieke keten 206, 215
klein promotioneel kansspel 245
kleinhandel 54, 62
koopkracht 29, 37, 157, 167
    bronnen 167
kopersmarkt 62
kort assortiment 180
kortingactie 195
kort kanaal 206, 215
kosteninflatie 31, 37
kranten- of sigarettenkiosk 60
kruisprijselasticiteit 155
kruiselingse prijselasticiteit 148
kwaliteit 169, 183, 217
kwaliteitsverschil 57

L

laag assortiment 180
lang assortiment 180
lang kanaal 206, 215
loon-prijsspiraal 32, 37
luxegoederen 144, 161, 167

M

macro-omgeving 127, 134
marketing 118, 134
marketingconcept 115, 134
marketinginstrumenten 120, 134
marketingmix 123, 134
marketing pr 189
markt 49
marktaandeel 102, 112
marktleider 107, 112
marktnisser 108, 112
marktpartijen 126, 134
marktpotentieel 14, 19, 104
marktuitbreiding 109, 112
marktuitdager 107, 112
marktverdelingskartel 95, 98
marktvolger 107, 112
marktvorm 82, 98
massamedia 187
media 187
mediawet 240
meerstuksaanbieding 196
merk 170, 183
merkconcurrentie 100, 112
merkenrecht 248
merkenregister 170
merknaam 170
merkteken 170
meso-omgeving 126, 134
micro-omgeving 125, 134
middelen 2, 19
misleidende reclame 239, 252
model 24, 37
monetaire inflatie 31, 37
monopolie 92, 98
monopolistische concurrentie 88, 98

N

naburige rechten 247, 252
nationaal inkomen 26, 37
nationaal product 27, 37
natuur, productiefactor 21
NEE-JA-sticker 242
nichemarketing 108, 112
nichestrategie 108
nominaal bedrag 31
non-price competition 91, 98
non-profitmarketing 118, 134
noodzakelijke goederen 145, 155, 162, 167

O

octrooi 247, 252
octrooirecht 247
oligopolie 90, 98
omzet 102
omzetpotentieel 104
onafhankelijke goederen 151, 155
ondernemerschap, productiefactor 24
onderzoekfilter 244
one stop shopping 75
ontwijkstrategie 108
open economie 45, 48
opkoper 52, 63
opt-inregeling 243
overlegeconomie 45, 48

P

P
   van personeel 123

van plaats 123
van prijs 122
van product 122
van promotie 123
parallellisatie 73, 81
paraplumerk 171, 183
party-selling 63
penetratiegraad 104, 112
persoonlijke verkoop 193, 203
persoonsgegevens 234
persoonsregistratie 234, 252
plaatsverschil 57
plagiaat 247, 252
planeconomie 44, 48
politiek-juridische omgeving 129
portretrecht 247, 252
positioneren 169
postfilter 242
postorderbedrijf 60, 63
potentiële vraag 14, 19
pr 189
premium 197
prijs
   en concurrentie 136
   en kosten 136
   en vraag 136
   gevoelig 136
   signaal 135
prijsacties 196
prijsdistributie 211, 215
prijsdoelstelling 137
prijselasticiteit 140, 155
prijselasticiteit van de vraag 140
prijskartel 94, 98
prijsmix 137, 155
prijsvraag 198
primaire behoeften 1, 18
primaire goederen 145, 155, 162, 167
primaire sector 38, 48

primaire vraag 12, 19
private sector 41, 48
procentuele verandering 141
produceren 4, 19
product 169, 183
productaansprakelijkheid 230, 231, 252
productconcept 114, 134
productdifferentiatie 88, 98
producteigenschappen 169
   emotionele 169
   functionele 169
   fysieke 169
productiebedrijven 38, 48
productieconcept 114, 134
productiefactor
   ondernemerschap 24
productiefactoren 21, 37
productiegoederen 22, 37
productiehuishouding 4
productiekartel 95, 98
productimago 172
productmix 168, 183
product-plus actie 196
productvormconcurrentie 99, 112
promotiemix 184, 203
promotioneel kansspel 245, 252
promotionele korting 196
public affairs 189
publiciteit 188, 190
public relations 189, 204
publieksgroep 127, 134
pull-strategie 212
push-strategie 212
put-outstrategie 108

Q

quartaire sector 41, 48

R

rechtstreekse reclame 242
reclame 187, 204, 252
reclamegeschenk 197
reclametoelage 201
Richtlijn Telemarketing 244
rijdende winkel 60
risico-aansprakelijkheid 231, 252
ruilmiddel 2, 19

S

salesforce promotions 201
sales promotions 195, 204
sampling 197
schaarse middelen 2, 19
schakel, in bedrijfskolom 64, 81
secundaire behoeften 1, 18
secundaire sector 38, 48
secundaire vraag 12, 19
selecteren en sorteren 57, 63
selectieve distributie 208, 215
selectieve vraag 12, 19
self liquidator 197
selling in 212
selling out 213
Sena 247
service 175, 183, 216
servicedistributie 211, 215
shopping goods 10, 19, 175, 208
sluikreclame 239, 252
smal assortiment 179
sociaal-culturele omgeving 128
sociaal marketingconcept 115, 134
sociale partners 45
sociografische ontwikkelingen 128
spaaractie 197
speciaalzaak 59, 63
specialisatie 73, 81
specialty goods 10, 19, 175, 209

sponsoring 92, 204
stakeholders 126, 134
statusgoederen 145, 156
Stichting Reclame Code 242, 243
substitutie 108, 112
substitutiegoederen 10, 19, 150, 156
substituut 100
supermarkt 59, 63
sweepstake 198

T

tailor-made promotions 200
technische functie, verpakking 178
technologische omgeving 128
telecommunicatiewet 236, 243
telemarketing 242, 253
tertiaire sector 40, 48
themacommunicatie 185
themamix 185, 203
themareclame 185, 204
tijdsverschil 57
toegevoegde waarde 27, 37, 66
toetreding 83, 98
transactieschade 253
trekdistributie 212, 215

U

uitbreidingsvraag 14, 20

V

vaste lasten 158, 167
vechtmerk 172
venter 63
verbruiksgoederen 9, 20
verdedigingsstrategie 108
vergelijkende reclame 239, 252
verkoopactie 195, 204
verkoopcombinatie 78, 81
verkoopconcept 114, 134

verkopersgarantie 226
verkopersmarkt 51, 63
verkoperspromoties 201
vermogensverschil 57
verpakking 178, 183
vertegenwoordiger 194
vervangingsvraag 14, 20
vier C's 121
vier P's 120
volledige concurrentie 86, 98
volume-plusactie 196
vraag 7, 20
vraagcurve 7
vrije goederen 3, 20
vrije koopkracht 158, 167
vrijemarkteconomie 44, 48
vrijwillig filiaalbedrijf 78, 81

W
warenhuis 60, 63
webwinkel 60, 63
welvaart 6, 20
welzijn 6, 20
Wet bescherming persoonsgegevens 233
Wet oneerlijke handelspraktijken 239
wettelijke garantie 227
Wet van Engel 162, 167
wet van vraag en aanbod 9
winkelformule 211, 215
wit merk 172

Z
zakelijke markt 51, 63